Erna Putz

Gefängnisbriefe und Aufzeichnungen
Franz Jägerstätter verweigert 1943 den Wehrdienst

Aus einem Brief von Franz Jägerstätter

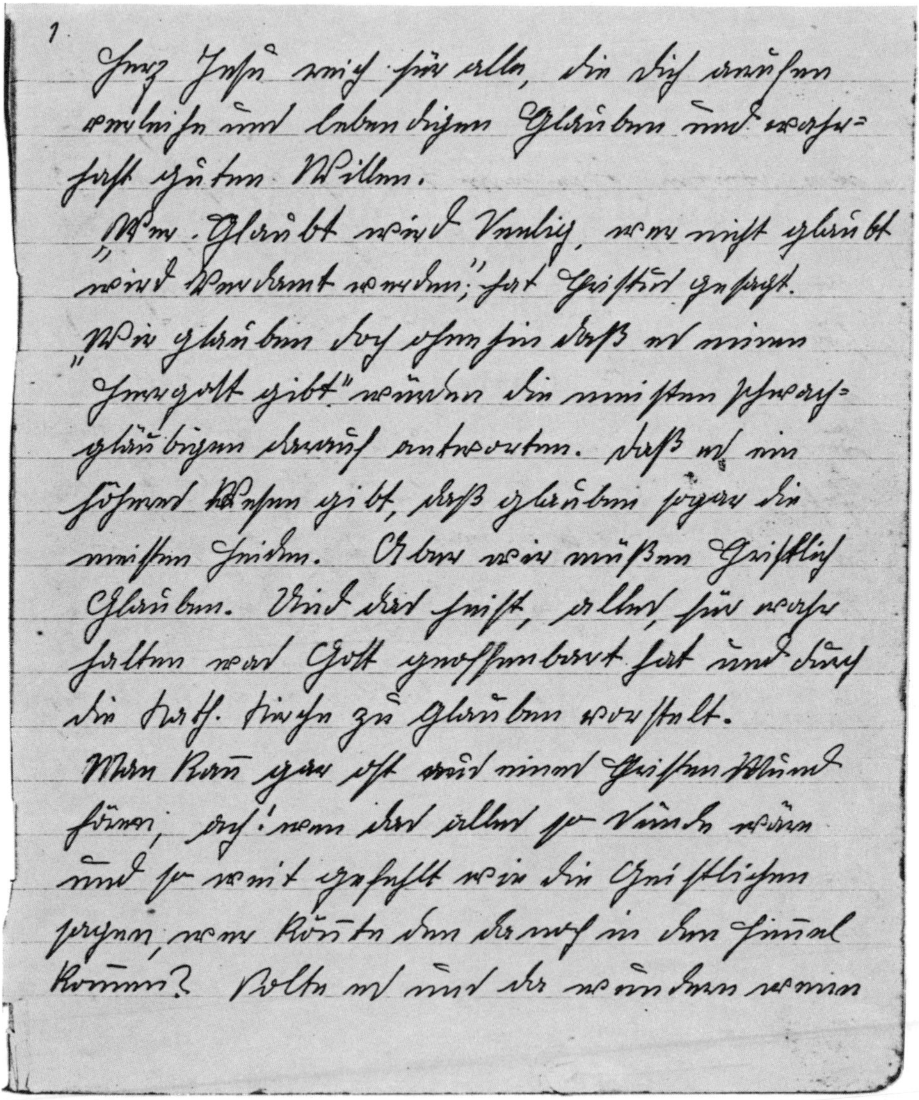

1 Herz Jesu mich für alle, die dich suchen einen lebendigen Glauben und wahrhaft guten Willen.

„Wer glaubt wird selig, wer nicht glaubt wird verdammt werden;" hat Christus gesagt.

„Wir glauben doch eh, daß es einen Herrgott gibt" würden die meisten Schwachgläubigen darauf antworten. Daß es ein höheres Wesen gibt, daß glauben sogar die meisten Heiden. Aber wir müßen christlich Glauben. Und das heißt, alles, für wahr halten was Gott geoffenbart hat und durch die kath. Kirche zu glauben vorstellt.

Man kann gar oft aus einem Christen Mund hören; ach: wenn das alles so Sünde wär und so weit gefehlt wie die Geistlichen sagen, wer könnte denn da noch in den Himmel kommen? Sollte es uns da wundern wenn

Erna Putz

Gefängnisbriefe und Aufzeichnungen

Franz Jägerstätter verweigert 1943 den Wehrdienst

VERITAS Linz — Passau

CIP-Kurztitelaufnahme der Deutschen Bibliothek

Jägerstätter, Franz:
Franz Jägerstätter: Gefängnisbriefe u. Aufzeichn./Erna Putz. — Linz; Passau: Veritas-Verl., 1987

ISBN 3-85329-578-9

NE: Jägerstätter, Franz: (Sammlung); HST

Gedruckt in Österreich; 1. Auflage/87
Gesamtherstellung: LANDESVERLAG Ges.m.b.H. Linz
Umschlaggestaltung: Tell Werbeagentur Ges.m.b.H., Georg Stephan Schmertzing, Maria Enzersdorf

ISBN 3-85329-578-9

Inhalt

Vorwort

Seit dem Herbst 1985, dem Zeitpunkt des Erscheinens der Jägerstätter-Biographie, wurde von verschiedenen Seiten der Wunsch geäußert, die Schriften Jägerstätters in ihrer Gesamtheit kennenzulernen. Daneben war zu erkennen, welch überraschend positives Echo die Texte des einfachen Bauern bei jungen Menschen fanden. Während der Vorbereitung dieser Ausgabe ist zudem in Österreich die „Vergangenheit“ wieder aktuell geworden. Das Soldatsein im 2. Weltkrieg in der deutschen Wehrmacht wurde zum Thema.

In dieser Situation mag es interessant sein zu lesen, was der Bauer aus dem entlegenen St. Radegund als seine Pflicht und als sein Vaterland ansah, was er, der nur eine einklassige Volksschule besucht hatte, über die Vorgänge wußte.

Nicht zufällig ruft Franz Jägerstätter, der den Wehrdienst verweigerte, bei einer lautstarken Gruppe ehemaliger Soldaten heftige Emotionen hervor. In Briefen und Leserbriefen (in nahezu allen oö. Tages- und Wochenzeitungen) bezeichnen sich Weltkriegsteilnehmer als „getroffen“ durch Jägerstätter, man solle „endlich mit ihm aufhören, weil das viele ärgern“ würde, schließlich hätten andere „viel mehr mitgemacht“. Immer wieder heißt es, man solle mit einer Anerkennung Jägerstätters warten, „bis der letzte Soldat gestorben“ sei.

Auf der anderen Seite sind Kriegsteilnehmer durch die Beschäftigung mit Jägerstätter in der allerletzten Zeit dazu gekommen, sich erstmals mit dem eigenen Erleben auseinanderzusetzen: „Jägerstätter wirkt auf mich befreiend, weil ich durch ihn erkenne, welche Tabus damals das Denken des kleinen Mannes beherrschten“ oder „man muß das Vorbild Jägerstätter in Demut annehmen“.

Nüchterne Worte, wie sie uns der Bauer aus St. Radegund hinterlassen hat, können in der gegenwärtigen Situation vielleicht manchen helfen, zur leidvollen eigenen Kriegsvergangenheit eine gewisse Distanz zu finden.

Ist es für einen Teil der Kriegsgeneration peinlich, nur an den Namen Jägerstätter erinnert zu werden, hat diese Person für junge Menschen, für die zweite Nachkriegsgeneration, eine sehr große Bedeutung. Was sollen junge Menschen vom Menschen, von Gott halten, wenn sie nach einem Besuch im KZ Mauthausen unten an der Todesstiege stehen? Sie betonen und zeigen immer wieder, daß sie an Menschen wie Jägerstätter, die trotz allem Druck noch gewußt haben, was recht ist und danach auch gehandelt haben, daß sie an solchen wieder Vertrauen zum Menschen und zu sich selbst finden. Franz Jägerstätter vermittelt auch Vertrauen zu den Werten, die ihn gehalten haben, zum christlichen Glauben.

Franz Jägerstätter ist kein glatter Held. Seine Haltungen stellen nicht nur die Weltkriegssoldaten in Frage. Sein Glaubensverständnis stellt einen hohen Anspruch an jeden, der Christ sein will.
Ein herzlicher Dank an Franziska Jägerstätter; für sie und die Familie hat ihr Mann diese Texte geschrieben. Über vierzig Jahre lang waren diese Trost in der großen Einsamkeit und Kraft für den Alltag.
Die Zustimmung zur Veröffentlichung ist das Teilen des kostbarsten Vermächtnisses ihres Mannes. Möge es in beider Sinne fruchtbar werden!

Ostermiething, 22. Juli 1987

Erna Putz

Einleitung

Ein knappes Lebensbild Franz Jägerstätters soll dem Leser den Zugang zu seinen Schriften erleichtern. Es ersetzt aber keineswegs die umfassende Biographie (Putz, Franz Jägerstätter, Linz [2]1987); Biographie und Textausgabe ergänzen einander.
An den Beginn sind zwei Briefe an Frontsoldaten, Verwandte, aus den Jahren 1941 und 1942 gestellt; aus ihnen geht hervor, wie Jägerstätter versucht, sie gegen die NS-Weltanschauung zu immunisieren. Es folgen Abschiedsbriefe an die Schwiegereltern und an den Freund Pfarrer Karobath im Exil.
Die Briefe Jägerstätters an seine Frau aus den Wehrmachtsuntersuchungsgefängnissen in Linz und Berlin sind die menschlich bewegendsten Schriften aus dem Nachlaß dieses oberösterreichischen Bauern. Aus diesen werden die Krisen der ersten Haftwochen ebenso ersichtlich, wie manches aus dem Gefängnisalltag. An den Mesnerdienst, den seine Frau nach ihm übernommen hatte, denkt Jägerstätter ebenso wie an die Wirtschaft auf seinem Hof. Das Bitterste für ihn ist die Trennung von der Familie, sehr schwer auch die Unmöglichkeit, etwa zu Ostern an einem Gottesdienst teilnehmen zu können. Der letzte Brief, unmittelbar vor der Hinrichtung an die Familie geschrieben, zeigt, was den Mann gehalten hat: „Liebste Gattin und Mutter! Es war mir nicht möglich Euch von diesen Schmerzen, die Ihr jetzt um meinetwegen zu leiden habt, zu befreien. Wie hart wird es für unsern lieben Heiland gewesen sein, daß er durch sein Leiden und Sterben seiner lieben Mutter so große Schmerzen bereiten mußte, und das haben sie alles aus Liebe für uns Sünder gelitten."
Von Kindheit an liest Franz Jägerstätter gern und schreibt offensichtlich ebenfalls gern. Zwei Gedichte aus dem Jahr 1932 geben Einblick in seine Gedankenwelt und — in seine nur mäßige dichterische Begabung.
Ein Bindeglied zwischen familiären Briefen und umfassenden Reflexionen ist das für den Patensohn Franz verfaßte Schreiben aus der Zeit um 1935. Der Charakter und die Denkweise Jägerstätters zeigt sich bereits in diesem Brief. Sinn- und Lebenskrisen sind ihm nicht fremd. Er betont die Bedeutung von Verstand und freiem Willen, auch hinsichtlich des „ewigen Glücks". Der Umwelt und der dörflichen Scheinmoral steht der junge Bauer kritisch gegenüber. Das Lesen guter Bücher ist gerade für einen jungen Menschen die Orientierungshilfe schlechthin. Franz Jägerstätter setzt sich mit der strengen kirchlichen Moral auseinander, auch hier ist er kompromißlos. Seine Vorbilder sind bereits zu diesem Zeitpunkt „Helden und Märtyrer", die für den Glauben ihr Leben gaben.

Sowohl was den Umfang als auch was den Inhalt betrifft, sind die Schriften aus den Kriegsjahren 1941 und 1942 ein bedeutender Teil seines Nachlasses.
Vom ersten sechsmonatigen Dienst in der Deutschen Wehrmacht 1940/1941 kehrt Franz Jägerstätter mit dem Entschluß nach Hause zurück, einer weiteren Einberufung nicht mehr Folge zu leisten. Auf Betreiben seiner Heimatgemeinde war er „unabkömmlich" gestellt worden, und konnte noch beinahe zwei Jahre auf seinem Hof mit seiner Familie sein. In dieser Zeit der Siege und der größten NS-Machtentfaltung, befürchtete der Vater Jägerstätter, seine Kinder würden keinen Religionsunterricht mehr erhalten können. Die religiösen Texte (Heft 1) dachte er als Art „Katechismus" für die Familie, als „Ziel", das sie dem Leben geben sollten, wie er in einer Widmung ausdrückt.
Gleichzeitig haben diese Aufzeichnungen aus den Jahren 1941—1942 der Rechtfertigung des Vorhabens vor sich und vor der Familie zu dienen. Franz Jägerstätter beginnt mit ganz einfachen theologischen Überlegungen, mit Gedanken, die seinen Zeitgenossen vertraut sein müßten. Der Unterschied ist nur der, daß er aus den nur allzu bekannten Glaubensformeln und Inhalten Konsequenzen zieht. Konsequenzen, die bis in den bäuerlichen Arbeitsalltag reichen.
Die Reflexionen Jägerstätters lassen auch die Vorwürfe erkennen, mit denen er sich auseinanderzusetzen hatte. Nicht zufällig steht an zweiter Stelle: „Von der Demut". Die auch damals „von der modernen Menschheit als etwas Feiges hingestellt" wurde. Dagegen sei Demut Dienst und Unterwerfung einem Höheren gegenüber: Gott und der „weltlichen Autorität". Wobei der Gehorsam den weltlichen Führern und Vorgesetzten gegenüber durchaus kein stummer sein muß: „Ein offenes Wort zur rechten Zeit, oder eine ernste Bitte können uns oft weit nützlicher sein, als stundenlanges Geschimpfe oder Gemurre hinter der Vorgesetzten Rücken." Der Gehorsam Christi bis zum Tod ist für Jägerstätter Vorbild, doch blind soll diese Tugend nie geübt werden: „Wir müssen aber auch Gott bitten, daß er uns soviel gesunden Menschenverstand schenkt oder behalten wolle, daß wir auch wissen, wann, wem und wo wir zu gehorchen haben." Immer wieder betont Franz Jägerstätter den Vorrang des „Suchet zuerst das Reich Gottes" vor der Sorge um den irdischen Besitz oder der „kindischen" Menschenfurcht.
Ermöglicht und entscheidend gefördert sieht der junge Bauer die selbständige Meinungs- und Gewissensbildung des einzelnen Christen durch den in seiner Zeit erstmaligen Zugang zu religiösen Schriften und vor allem zur Bibel. Das Lesenkönnen ist für ihn ein Talent im biblischen Sinne, d. h. eine Fähigkeit, für deren Gebrauch oder Nichtgebrauch in der Ewigkeit Verantwortung abzulegen ist.

Einzig und allein aus seiner gläubigen Gesinnung heraus und mit einfachen logischen Schlüssen bewertet Franz Jägerstätter die politische Situation seiner Zeit. Er erkennt den Nationalsozialismus als Unheil für Österreich und als noch größeres für die von diesem überfallenen Völker; er sieht es als Schuld an, für den Sieg dieser Bewegung in irgendeiner Weise zu kämpfen. Er verweigert finanzielle Spenden genauso wie das Schießen auf schuldlose Menschen, die berechtigterweise ihre Heimat verteidigen.

In seinen politischen Aufzeichnungen (Heft 2) diagnostiziert Franz Jägerstätter die Friedenssehnsucht seiner Zeitgenossen und spricht von den vielen Gebeten um Frieden. Doch wie sollten Gebete von Menschen erhört werden können, wenn sie in ihren Taten das genaue Gegenteil von dem tun, was sie ersehnen. Der Kampf für den NS-Sieg kann nach Jägerstätter keinen Frieden bringen. Er bedauert das Schweigen der Kirche und Seelenführer zu den politischen Vorgängen. Das Verhalten der österr. Bischöfe im Frühjahr 1938 vor der „Anschluß-Abstimmung“ bewertet er als „Sich-gefangennehmen-lassen“ der Kirche, die seitdem „in Fesseln liege“. Er weiß sehr wohl, daß offenes Reden die Priester ins Gefängnis bringen würde. Allerdings fragt er, was es denn für ein Unterschied sei, wenn auch nicht eine Kirche mehr geöffnet sei, wenn die Kirche doch ohnehin zu allem schweige, was geschehe.

Ein sehr wesentlicher weiterer Teil dieser Textausgabe sind die Gefängnisaufzeichnungen des Verweigerers Jägerstätter. Der Hauptteil ist eine Art Kommentar und Aktualisierung des Neuen Testaments. Er nimmt die Aussagen Jesu und der Apostel beim Wort und zieht klare Konsequenzen.

In den knappen Kommentaren findet Franz Jägerstätter seine Ausdrucksform, eine klare, eigenständige Sprache. Auf den letzten Seiten schreibt er Passagen aus der Heiligen Schrift ab, die ihm offensichtlich Trost waren; dies sollten sie auch für die Familie sein. Den allerletzten Abschnitt übernimmt Jägerstätter aus Mathäus (10, 26—42) und betitelt ihn mit: „Vertrauen und Ausdauer“: „Und fürchtet euch nicht vor denen, die den Leib töten, aber die Seele nicht töten können . . . Wer mich nun vor den Menschen bekennen wird, den werde auch ich bekennen vor meinem Vater, der im Himmel . . . Wer Vater und Mutter mehr liebt als mich, ist meiner nicht wert . . . Wer sein Leben findet, wird es verlieren, und wer sein Leben um meinetwillen verliert, wird es finden.“

Franz Jägerstätter — ein Lebensbild

Am 20. Mai 1907 gebar in St. Radegund, Bezirk Braunau, OÖ., die Bauernmagd Rosalia Huber ihren Sohn Franz. Den Eltern des Kindes war es nicht möglich zu heiraten, da sie als Dienstboten zu arm dazu waren.
Der kleine Franz wird von seiner Großmutter, einer tiefgläubigen und liebevollen Frau, erzogen. Während des 1. Weltkrieges herrscht in der Region große Lebensmittelknappheit und Not. Der kleine Franz wird als armes Kind in der Schule benachteiligt, was ihn mehr geschmerzt hat als der Hunger. 1917 kann seine Mutter auf einen Bauernhof einheiraten und ihr Kind zu sich nehmen. Der Ehemann der Mutter adoptiert bei der Hochzeit den kleinen Franz und gibt ihm damit den Namen „Jägerstätter". Im neuen Elternhaus findet der Zehnjährige Bücher vor, religiöse wie geschichtliche; die Lektüre bezeichnet er später als die Bildungs- und Orientierungsmöglichkeit schlechthin.
Als 20jähriger verläßt Franz Jägerstätter Elternhaus und Heimatort und arbeitet für drei Jahre im steirischen Erzberg. Im sozialdemokratischen Arbeitermilieu gibt er vorübergehend seine Glaubenspraxis auf, erlebt eine ernste Sinnkrise, kommt aber als vertieft Glaubender 1930 in seine Heimat zurück.
Seine Zeitgenossen erinnern sich an ihn als liebenswürdigen, lebensfrohen Menschen. Er ist am technischen Fortschritt interessiert und erwirbt als erster im Dorf ein Motorrad.
Am 1. August 1933 wird Franz Jägerstätter Vater einer Tochter; Mutter des Kindes ist Theresia Auer, Magd auf einem Hof in der Nachbarschaft. Die Beziehung war kurz gewesen. Die Mutter des Kindes sagt darüber: „Wir sind im Frieden auseinandergegangen, er hat mich um Verzeihung gebeten". Sehr lebendig ist bis in die Gegenwart die Beziehung und Erinnerung der Tochter Hildegard an den Vater.
1936 heiratet Franz Jägerstätter nach halbjähriger Bekanntschaft die Bauerstochter Franziska Schwaninger aus der Nachbarpfarre Hochburg. Auf seinen Vorschlag hin macht das Brautpaar eine für diese Kreise ungewöhnliche Hochzeitsreise nach Rom. In der Ehe erfährt das Glaubensleben des nunmehrigen Bauern eine entscheidende Vertiefung. Die Ehefrau Franziska ist von einer pfarrlichen Jugendgruppe wie von einem gläubigen Elternhaus geprägt; sie hält die Herz-Jesu-Freitage oder regt zum gemeinsamen Beten an. Dem Mann tun sich neue Bereiche auf, die er sehr schätzt. Die Frau sagt über diese Zeit jetzt: „Wir haben eins dem anderen weiter geholfen im Glauben." In der Öffentlichkeit fällt auf, daß Franz ab dem Zeitpunkt der Eheschließung häufig zur Kommunion geht.

Drei Kinder vervollständigen das Glück der Ehe, manchmal sagt der junge Ehemann: „Ich hab mir nie vorstellen können, daß Verheiratetsein so schön sein kann."
Das Familienglück wird erstmals im Zusammenhang mit dem Einmarsch Hitlers im Frühjahr 1938 gestört. Franz Jägerstätter erklärt, daß er nicht zur Abstimmung über den Anschluß gehen werde; die Ehefrau hat Angst vor vermeintlichen Folgen und sagt zu ihrem Mann, daß sie ihn nicht mehr lieben könne, wenn er nicht wie alle anderen zur Abstimmung gehen würde. Dieser ist betroffen von der Drohung, und die Frau lernt bei diesem Anlaß, daß sie Gewissensentscheidungen des Gatten ernst nehmen muß. Nie mehr wieder, auch in der größten Sorge um das Leben des Mannes nicht, stellt sie die Liebe in Frage.
Die 500-Personen-Gemeinde St. Radegund steht nach der Machtergreifung der Nationalsozialisten vor der Aufgabe, eine neue Gemeindeleitung aufzustellen. Es gab keine illegalen Nationalsozialisten und auch nach dem „Anschluß" keine Bewerber; erst als mit der Einsetzung eines ortsfremden Kommissars gedroht wurde, erklärte sich ein Bauer bereit, die Bürgermeisterstelle zu übernehmen. Die Machtergreifung 1933 im angrenzenden Deutschland hatte sich für die kleine Grenzgemeinde nämlich sehr negativ ausgewirkt; zu den im Ort aufgeführten Passionsspielen durften keine deutschen Besucher kommen und die großen Vorbereitungen waren umsonst gewesen. — Unter denen, welchen im März 1938 das Bürgermeisteramt angeboten worden war, war Franz Jägerstätter.
Hinsichtlich der Erfolge bei der Jugend wie auch derer bei Geldsammlungen war das Ergebnis für die NS-Organisationen im Innviertel, der Heimatregion Jägerstätters, negativ. Als einzig greifbare Gegner wurden die Priester der Region dafür verantwortlich gemacht und unvergleichlich hart verfolgt. Im Heimatdekanat Ostermiething waren von zehn dort tätigen Priestern acht in Gestapogefängnissen. Das Vorgehen den Priestern und der Religion gegenüber war für Franz Jägerstätter der Maßstab zur Beurteilung des NS-Systems.
Schon im Jänner 1938 war Franz Jägerstätter durch einen Traum, in welchem er einen vollbesetzten Zug in den Abgrund fahren sah, vor dem Nationalsozialismus gewarnt worden. Von Anfang an lehnte er jede Zusammenarbeit mit und jeden Vorteil vom neuen System ab.
1940/41 machte Jägerstätter erstmals Dienst als Kraftfahrer bei der Deutschen Wehrmacht. Im Dezember 1940 wurde er zusammen mit einem Mitsoldaten in den Dritten Orden des hl. Franziskus eingekleidet. Im April 1941 wurde er auf Betreiben seiner Heimatgemeinde „unabkömmlich" gestellt und konnte zu seiner

Familie zurückkehren. Schon bei seiner Rückkehr war es ihm klar, daß er einer weiteren Einberufung nicht mehr Folge leisten würde.
Mittlerweile hatte er von den Morden an Geisteskranken erfahren; auch verhüllte das System längst nicht mehr seine totalitären Ansprüche an den Menschen; daß die Partei die Religion ersetzen wollte, war für Jägerstätter durch Plakate wie „Deine Spende zum Winterhilfswerk, Dein Bekenntnis zum Führer" deutlich.
Nachdem Franz Jägerstätter im Familien- und Freundeskreis seine Absicht, einen weiteren Wehrdienst zu verweigern, geäußert hatte, setzte starker Druck gegen ihn ein. Alle wollten sein Leben retten, das er mit einer solchen Entscheidung sicher verwirkt hätte. Es wurde ihm vorgeworfen, er versündige sich gegen das 4. Gebot, er sei hochmütig und ungehorsam, er sei ein Selbstmörder.
In ausführlichen Aufzeichnungen gibt Franz Jägerstätter vor sich und vor seiner Familie Rechenschaft über seine Beweggründe.
Er sieht es für sich als persönliche Schuld an, mitzukämpfen, daß dieses gottlose Regime siegen und immer mehr Völker unterjochen könnte. Auch der beginnende Krieg gegen Rußland brachte ihm keine Gewissensentlastung. Wenn es tatsächlich um die „Befreiung des russischen Volkes" gegangen wäre, wie die Propaganda weiszumachen versuchte, hätten wirtschaftliche Vorteile keine Rolle spielen dürfen; auch war für ihn der Nationalsozialismus um nichts besser als der Kommunismus, höchstens hinterlistiger. — Er intensiviert sein Beten und Fasten. Der einzige Mensch, der die Motive seines Handelns versteht und auch zu ihm hält, ist seine Frau. — In seiner Heimatpfarre übernimmt der junge Bauer den Mesnerdienst.
Für Anfang März 1943 erhält Franz Jägerstätter die erneute Einberufung; er spricht in Enns seine Verweigerung aus und wird sofort ins Wehrmachtsuntersuchungsgefängnis nach Linz überstellt; er hatte gar nicht damit gerechnet, daß er die Stunde der Verweigerung überleben würde. Die zwei Monate Haft in Linz bringen große Krisen. Zuerst ist der junge Bauer in Gefahr, seinen Glauben zu verlieren; doch die Erfahrung des Glücks in der Ehe werden ihm zum Gottesbeweis, ihm bleibt auch die Versuchung zum Selbstmord nicht fremd. In Linz bringt der Gefängnisseelsorger die Möglichkeit eines Dienstes ohne Waffe bei der Sanität ins Gespräch, Jägerstätter wäre einverstanden, doch die Wehrmacht bietet für den Fall der bedingungslosen Rücknahme der Verweigerung nur die Möglichkeit Strafkompanie.
Anfang Mai wird Franz Jägerstätter nach Berlin an das Reichskriegsgericht überstellt, damit ist sein Fall als schwerer Fall der Wehrkraftzersetzung deklariert und entschieden. Er wird zum Tod verurteilt.
In Berlin hat er ausführliche Gespräche mit den Gefängnisseelsorgern. Als er durch

den Priester erfährt, daß ein Jahr zuvor der österreichische Pallottinerpater Franz Reinisch aus denselben Gründen den Wehrdienst verweigert hatte und dafür gestorben war, ist er überglücklich.
In der Berliner Einzelzelle wird die Bibellektüre, die seit der Eheschließung für ihn wichtig gewesen war, einziger Halt. Er aktualisiert das NT für seine Situation, die Aufzeichnungen schließen mit langen Passagen des 1. Johannesbriefes und zeigen, daß er in innerem Frieden den Himmel erwartete.
Am 9. August 1943 wird Franz Jägerstätter in Brandenburg enthauptet. Der dortige Seelsorger, der ihn begleitete, sagt am selben Abend zu österreichischen Ordensfrauen, daß ihm in diesem Landsmann der einzige Heilige in seinem Leben begegnet sei.
Seine Witwe erzog die Kinder und lebt jetzt in St. Radegund als Mesnerin.

Zu den Texten

Die Abschriften aller Jägerstätter-Texte erfolgten nach den handschriftlichen Originalen.
Die Briefe aus dem Gefängnis sind in den Originalumschlägen mit den entsprechenden Post- und Gerichtsstempeln; z. T. befinden sich auf den Umschlägen Vermerke wie die Ziffern 80 oder 81 oder auch Unterschriften, jeweils mit Rotstift (dem der Zensoren?) ausgeführt.
Diese Briefe kamen mit der Post an Franziska.
Zusammen mit der mit 9. 9. 1943 datierten Verständigung über die Hinrichtung ihres Mannes bekam die Ehefrau auch den letzten Brief ihres Mannes und seine Habseligkeiten. Ob bei dieser Sendung auch ihre Briefe an den Mann dabei waren und die weiteren Aufzeichnungen ihres Mannes aus der Gefängniszeit, kann sich Franziska Jägerstätter nicht mehr erinnern. Es ist allerdings anzunehmen.
Eine andere Möglichkeit der Übermittlung wäre über die Gefängnisseelsorger Kreutzberg oder Jochmann gewesen, welche noch im August 1943 mit der Witwe Jägerstätter Kontakt aufnahmen. Pfarrer Kreutzberg hatte 1942 für den ebenfalls wegen Wehrdienstverweigerung hingerichteten Tiroler Pater Reinisch Aufzeichnungen und Briefe an dessen Familie übermittelt.
Jägerstätters Ausdrucksweise ist unverändert, Wortergänzungen oder Bibelzitationen finden sich in (runder) Klammer; Rechtschreibfehler werden korrigiert.
Die Briefe und Aufzeichnungen sind ungekürzt. Aus früheren Jahren sind zwei Gedichte Jägerstätters, die er 1932 verfaßte, gebracht, sowie der Brief an den Patensohn (etwa 1935). Die Aufzeichnungen aus der Kriegszeit sollen vollständig wiedergegeben werden; hiebei ist ein Problem, daß viele Texte zwei- oder dreimal fast gleichlautend vorhanden sind. Für diese Ausgabe wurde die jeweils ausführlichste und wahrscheinlich letzte Fassung gewählt, die von Jägerstätter selbst von den losen Blättern in Hefte übertragen wurde. Die Heftfassung dürfte auch deswegen die Endfassung sein, da sich im Schriftbild kaum Korrekturen finden. In einem Fall, beim Kapitel „Kurze Gedanken über unsere Vergangenheit — Gegenwart und Zukunft“ (Heft 2,13) läßt Jägerstätter im Heft eine Passage weg, sie ist bei den Erklärungen zu finden.
In der Biographie wurden die Jägerstätter Texte z. T. nach der Fassung auf den losen Blättern verwendet, die entsprechenden Seitenangaben finden sich in römischen Ziffern im Inhaltsverzeichnis.
Die politischen und religiösen Texte Jägerstätters sind in dieser Ausgabe vollständig

enthalten, ebenso alle Briefe, die er 1943 vor und während seiner Haft schrieb.
Nach dem Wunsche Franziska Jägerstätters sollen ihre Briefe an den Mann in der Wehrmacht und im Gefängnis zu ihren Lebzeiten nicht veröffentlicht werden (26 Briefe 1940/41 an den Ehemann bei der Wehrmacht; 26 Briefe an ihn während seiner Haft in Linz und Berlin). Zusammen mit diesen können die 54 Briefe und Karten Jägerstätters an seine Frau aus seiner Wehrmachtszeit, sowie vier an weitere Familienmitglieder herausgegeben werden.
Aus diesem Grund beginnen die Nummern der Briefe mit (62).
Während seiner Gefängniszeit verfaßt Franz Jägerstätter auch seine Bemerkungen zum Neuen Testament. Er numeriert selbst die einzelnen Abschnitte, die ein weiteres Heft (4) füllen.
Kursivdruck im Text weist darauf hin, daß die entsprechende Passage im Anhang erläutert wird.

Briefe

An Hans Rambichler
St. Radegund
30. 11. 1941

Lieber Freund Hans
Haben Deine Karte mit Freuden erhalten, wofür ich Dir herzlich danke. Hoffentlich gefällt es Dir noch ganz gut in der Wachau, hatten auch schon zwei Nächte Quartier bezogen in diesem schönen Städtchen, konnte sogar einer Hl. Messe beiwohnen, vielleicht in der selben Kirche, wo auch Du letzthin warst? Habt Ihr noch Weintrauben bekommen oder wenigstens gesehen, gibt es auch schon einen Heurigen? Wie Du vielleicht schon erfahren hast, gab es bei uns wieder ein furchtbares Unglück. Der Bote Auer fuhr gestern früh in Oberndorf in den Zug. Er selbst wurde von mehreren Waggons überfahren, natürlich entsetzlich verstümmelt, vom Auto sollen nur Trümmer übrig geblieben sein, seine Frau und der Holzhauser, die auch mit waren, blieben wie durch ein Wunder am Leben und wurden, wie es scheint, nicht besonders schwer verletzt.
Lieber Freund, halte auch in der Fremde Deine Sonntagspflicht, der Herrgott belohnt dies gewöhnlich schon auf dieser Welt, wieviel mehr erst in der Ewigkeit. Die Zeit zum Kirchengehen muß man sich halt bei diesem Verein gewöhnlich nur herausstehlen, wie hart dies noch werden wird, wirst erst später noch erfahren, wenn die Menschenfurcht nicht wäre, dann würde es, glaube ich, zahlreiche Heilige geben auf dieser Welt? Und wo ist der Mensch, der nicht ein wenig an dieser Schwachheit zu leiden hätte? Vielleicht sind auch Deine Kameraden nicht so kalt wie Du glaubst, auch bei ihnen kann es vielleicht mehr Lauheit und

Menschenfurcht sein, das sie in der Ausübung ihrer religiösen Pflichten hindert. Gib ja das Beten nicht auf, damit Du nicht von dieser Schwachheit der Menschenfurcht überwältigt wirst. Wie stark im Glauben fühlte sich Petrus und als der Herrgott ihm seine Gnade entzogen, hat ihn halt auch die Menschenfurcht überwältigt und hat seinen Herrn dreimal verleugnet.
Ich glaube, es war fast immer so, wenn Hunderte hinauszogen in die Fremde, so waren es halt immer nur einige, die auch dort ihren Glauben öffentlich bekannten. Als ich vor mehr als zehn Jahren nach Eisenerz kam, war ja schon dasselbe zu sehen. Wie uns einmal ein Hochw. Pater bei den Exerzitien erzählte, soll ein hoher Ofz. schon vor Jahrzehnten gesagt haben: „Das Militärleben ist ein großer Wendepunkt im menschlichen Leben, wer als guter Christ einrückt, wird beim Militär noch besser werden, wer dagegen als schwacher oder lauer Christ fortzieht, der wird noch schlechter werden.“
Nun lieber Freund, so hast auch Du jetzt diesen Wendepunkt angetreten und nun hoffen wir, daß es Dir nicht zum Schlechteren gereiche?
Es grüßt dich Dein Freund Franz Jägerstätter samt Fam.
Auf Wiederseh'n!

An Patensohn Franz Huber
St. Radegund
30. 8. 1942

Lieber Pate
Vor allem einen herzlichen Dank für Deine zwei Briefe, die ich mit großer Freude erhalten, den vom 13./8. hab ich vorgestern bekommen und den vom 16./8. gestern. Kannst Dir vorstellen, daß mir etwas

leichter geworden, als ich Deinen gestrigen Brief gelesen, natürlich war *meine l. Gattin noch mehr beängstigt.*
Wir haben auch manchmal eine sehr dumme Angst, denn so lange wir Gott nicht beleidigen, brauchen wir uns ja nicht zu fürchten, denn das Sterben bleibt uns nie erspart, ob es jetzt etwas früher ist oder später.
Lieber Pate, auch für Dich werden die russischen Angriffe einmal nicht so gefährlich werden, denn die können nur den Leib töten, viel gefährlicher sind oft die unscheinbaren *Angriffe der eigenen Kameraden,* die einem das beste, was man hat, aus dem Herzen reißen wollen, gegen diese Angriffe heißt es sich tapfer wehren und nach Deinem Schreiben hast Du in diesem Kampf tapfer standgehalten, was mich sehr freut, denn nur so können wir uns ein Wiedersehn hoffen, wenn es uns auch nicht mehr auf dieser Welt gegönnt sein sollte, aber desto besser dann in der Ewigkeit. Heute haben wir wieder die Sterbeglocke geläutet für einen Gefallenen und zwar für den Jahrl Loisl, den Du ja sicher gut gekannt hast. Junge Rekruten gibt es auch schon wieder, Griesbauer Franz, Hirnschrot Franz und Wolfpauli Franz, der Tiffentaller Loisl ist im Kaukasusgebirge drunten. Wir haben jetzt schon bald seit Mitte August sehr schönes und heißes Wetter, die Heugerei ist auch schon bald wieder vorüber. Gesund sind wir auch alle, was auch, wie Du schreibst, bei Dir noch immer der Fall ist. Gottes Gruß und Segen sendet Dir in die weite Ferne
Dein Pate Franz J.
samt Familie
Auf Wiederseh'n!

An die Eltern seiner Frau, Lorenz und Maria Schwaninger
(Ende Februar 1943)

Liebe Schwiegereltern
Ich fühle mich gezwungen, Euch noch ein paar Zeilen zu schreiben, denn als ich gestern von Euch fortgegangen bin, war mein Gewissen nicht ganz ruhig, denn ich mußte mir den Vorwurf machen, daß ich durch manche meiner Worte, die ich mit Euch gesprochen und gestritten habe, Euch gekränkt und beleidigt habe, ich bitte Euch daher nochmals, verzeiht mir alles, ich wollte Euch durch mein vieles Reden bloß zu einer anderen Anschauung bringen, nicht aber Euch kränken. Ich glaub es ja gerne, daß Ihr um unser Wohl besorgt seid, freilich hätt ich mir schon längst die Hölle verdient, aber durch die unendliche Barmherzigkeit Gottes hoffe ich Verzeihung aller meiner Sünden. Und dann kann ich auch Vertrauen fassen über das, was der göttliche Heiland zur Sl. M. M. Alacoque gesprochen hat in dem er die Verheißung gegeben hat, daß alle diejenigen, welche neun Herz-Jesu-Freitage hintereinander die hl. Kommunion als Sühnekommunion aufopfern, nicht in der Ungnade Gottes sterben werden.
Bedanke mich nochmals für alles, was Ihr für mich und meine Familie Gutes getan habt und daß ich durch Eure Tochter eine treue und liebe Gattin und Mutter meiner Kinder erhalten habe. Um das eine bitte ich Euch noch, so weit es Euch möglich ist, schweigt über das, *was die Priester über meinen Fall gesprochen* und vielleicht noch sprechen werden, denn sollte sich das Blatt einmal drehen, dann könnte so etwas für die Priester zum schweren Nachteil sein. Es grüßt Euch nochmals herzlich Euer dankschuldiger Schwiegersohn. Fr. J.

Lebet Wohl! Auf Wiederseh'n in einem besseren Jenseits.
Gott beschütze Euch
Grüße von Fani. (andere Handschrift)

(62)
An Pfarrer Josef Karobath
St. Radegund, 23. 2. 1943

Euer Hochw.
Grüße Sie noch vor allem herzlich. Besten Dank noch für Ihr Schreiben. Muß Ihnen mitteilen, daß Sie vielleicht bald wieder eines Ihrer Pfarrkinder verlieren werden. Habe heute den Einberufungsbefehl bekommen und sollte schon am 25. d. M. in Enns sein. Da mir eben niemand Dispens geben kann über das, was ich mir bei diesem Verein am Seelenheile Gefahr zuziehen würde, so kann ich halt meinen Entschluß, wie Sie ja wissen, nicht ändern. Es ist so schon so schwer, in der Vollkommenheit einen Schritt vorwärtszukommen, und dann erst bei diesem Verein. Christus hat auch Petrus nicht gelobt, weil er ihn bloß aus Menschenfurcht verleugnet hat und wie oft würde ich dies vielleicht wieder bei diesem Verein tun, denn tut man das nicht, so weiß man ja auch fast sicher, daß man seine Lieben auf dieser Welt kaum mehr sehen wird. Es heißt zwar immer, man soll das nicht tun wie ich, wegen Lebensgefahr, ich bin aber der Ansicht, daß auch die andren, die da mitkämpfen, nicht ganz außer Lebensgefahr sind? *Bei denen in Stalingrad* sollen, wie man sagt, auch 4—5 Radegunder darunter sein. Was werden diese Armen mitgemacht haben an Seele und Leib, möge Gott ihnen all diese Leiden im Jenseits belohnen, denn für diese Welt

sind ja, wie die Aussicht besteht, diese Opfer ja doch umsonst. Wenn auch bei diesem furchtbaren Verein vieles erlaubt ist, so glaub ich, ist es dennoch besser lieber gleich das Leben zu opfern als sich zuerst noch in die große Gefahr zu begeben zu sündigen und dann erst sterben. Ich bitte Sie, schließen Sie mich in das Meßopfer ein, so lange Ihr noch eins darbringen dürft. Ich bitte Sie noch herzlich um Ihr Gebet und verzeihen Sie mir auch alles, was ich Sie je beleidigt habe. Möge Gott mich in der letzten Stunde nicht verlassen. Meine Familie wird Gott und die Sl. Jungfrau Maria nicht verlassen, denn ich könnte sie ja so auch nicht weiter beschützen, schwer wird es für meine Lieben schon werden.
Dieser Abschied wird wohl schwer werden.
Es grüßt Sie noch herzlich Ihr dankschuldiger
Mesner Fr. J.
Gott beschütze Sie wie alle andren Priester.
Auf ein frohes Wiederseh'n im Himmel.

(63)
An Franziska
Jägerstätter
Enns, 1. 3. 1943

An alle meine Lieben
Möchte Euch noch alle herzliche Grüße senden solange ich noch in Freiheit bin. Werdet eine Familie, die einander lieben und verzeihen, dann mag kommen, was will. Verzeihet allen gern und auch mir, wenn ihr um meinetwillen noch etwas zu leiden bekommen solltet.
Lebet Wohl auf Wiederseh'n
Es grüßt Euch noch herzlich Euer Gatte Sohn Vater und Schwager Fr.

Im selben Kuvert mit Poststempel Enns vom 1. 3. 1943

Enns, 1. 3. 1943

Liebe Gattin.

Sei mir nochmals herzlich gegrüßt. Heute werde ich diesen schweren Schritt wagen, hab mich gestern und heute vormittag bei *Fam. Krenn* aufgehalten, außer die Zeit, die ich in der Kirche zugebracht. Hätte noch über eine Woche daheim bleiben müssen, daß ich noch so vielen Meßopfern hätte beiwohnen können. Wenn ich aber hier keine Bekannten gehabt hätte, wäre mir fast lieber gewesen, ich hab bei Krenn nichts von dem gesagt, was ich vorhabe, selbe werden es erst durch ein Schreiben erfahren. Denn es wäre ja doch höchstens nur zu Streitigkeiten gekommen, denn für so etwas hätte ich auch hier kein Verständnis gefunden. Verzage aber deswegen nicht, denn wenn man heute vom Geiste der Buße und Entsagung sprechen würde, fände man halt auch nicht viel mehr Verständnis. Krenn bekommt auch ab heute im Monat 100 M Gehalt.

Liebste Gattin, bedanke mich nochmals herzlich für all Deine Liebe und Treue und Opfer, die Du für mich und die ganze Fam. gebracht hast. Und für all die Opfer, die Du noch für mich bringen mußt. Das (F. J. korrigiert auf „ein“) schwerste Opfer wird es auch werden, daß Du niemand zürnen darfst, die Dich vielleicht jetzt beleidigen werden, denn die Liebe verlangt es, strebe immer mehr nach Vollkommenheit und es wird Dir immer leichter werden. Du weißt wenigstens, wem Du Deine Schmerzen anvertrauen darfst, die auch Verständnis dafür haben und Dir auch helfen können, auch Christus hat am Ölberg zum himmlischen Vater gebetet, er möge den Leidenskelch an Ihm

vorübergehen lassen, aber nie dürfen wir vergessen bei diesen Bitten: Herr, nicht mein Wille geschehe, sondern der Deine.
Hilf auch noch den Armen solange Du kannst. Und ersetze den Kindern jetzt auch den Vater. *Zürne auch der Mutter nicht,* wenn Sie uns auch nicht versteht.
Sollte es Gottes Wille sein, daß ich Euch auf dieser Welt nicht mehr sehe, so hoffen wir es uns doch bald im Himmel.
Dein Gatte.
Grüße mir noch die Kinder, erzähl ihnen oft vom Jesukind und vom Himmel.

(64)
An Franziska Jägerstätter
Enns, 2. 3. 1943

Liebste Gattin.
Jetzt ist es mir noch für kurze Zeit möglich, Dir ein paar Zeilen mitzuteilen. Hab mich gestern Abend gemeldet. Bett wäre bald keines mehr zu finden gewesen, aber heute früh kam ich doch wieder hinaus, *weshalb kannst Dir ja denken.* Vormittag hab ich mich dann wieder gemeldet, dann ging bald das Verhör los. Kompanieführer war gar nicht so, ein zweiter Oberstleutnant, der das Protokoll aufgenommen, war etwas kritischer. Hätte mir die Sache kritischer vorgestellt, von einem Zusammenschreien war gar nicht die Rede. Jetzt werde ich dann nach Linz abtransportiert. Natürlich war man auch neugierig, was *Hochw. Herr Pfarrer* dazu gesprochen hat.
Herzlichst grüßt Dich Dein Gatte Franz.
Gruß an meine lieben Kleinen, Mutter und *Resie*.
Vielleicht schaut alles schlimmer aus, als es wird.

(65)
An Franziska
Jägerstätter
Linz, 3. 3. 1943

Liebste Gattin.
Sei mir nun auch von meinem *neuen Heim* aus aufs herzlichste gegrüßt. Jetzt hab ich schon bald wieder 24 Stunden in diesem Hause hinter mir. Jetzt werde ich eine Zeit auf Untersuchung hier sein müssen, einstweilen geht es mir nicht schlecht, hier in unsrer Bude sind *uns 5 Mann.* Verpflegung ist nicht schlecht und genügend. Betreffs leiblichen Wohles braucht Ihr um mich nicht besorgt sein, vergeßt mich nur nicht im Gebet. Fügen wir uns nun ganz in den Willen Gottes und es wird uns alles zum besten gereichen, mag es noch kommen, wie es Gott will. Wenn es nur Euch noch gut geht. Was machen die Kleinen?
Zu Deinem Namenstag wünsch ich Dir nun das allerbeste, möge Gott Dir geben, was Du Dir selber wünschest, aber nur dann, wenn es Dir zum ewigen Heile nicht hinderlich ist. Denn die Leiden dieser Welt werden ja schnell vorübergehen.
Es grüßt Dich nun aufs herzlichste Dein Dich liebender Gatte Franz.
Viele Grüße an meine drei Kleinen sowie Mutter und Resie
Behüt Euch Gott auf Wiedersehn! Schreibe bald.
Liebste Gattin schicke mir ein Hemd und Gattehose, aber keine weißen, auch ein Zahnbürstl und eine Kleiderbürste, aber keine Lebensmittel.
Schicke mir beim nächsten Brief so ein Heftchen von der Mutter-Gotteserscheinung in Portugal.
Eine Seife kannst Du auch beilegen.

(66)
An Franziska Jägerstätter
Linz, 5. 3. 1943

Herzallerliebste Gattin!
Sei mir vor allem herzlichst gegrüßt. Da morgen einer diesen Brief mit hinausnehmen wird und so ohne Zensur bei Dir ankommen wird, so muß ich Dir doch einige Zeilen schreiben; es wird Euch vielleicht bald einer besuchen, der in unsrer Bude war und heute ganz plötzlich entlassen wurde. Solltest Du noch keine *Zeugenaussage* zu machen gebraucht, so kann ich Dir nur das eine sagen, wenn man dich frägt, ob Du mit dem einverstanden, daß ich nicht mehr kämpfen will, so sage ganz ehrlich aus, wie es Dir am liebsten gewesen, denn für mich glaub ich, kannst nichts erleichtern und auch kaum beschweren, denn würde ich vor Lügen und Schwindeln keinen so großen Schrecken haben, dann würde ich ohnedies nicht hier sitzen, und will mir auch weiterhin durch keine Lüge das Leben retten. Man wollte mich auch in Enns mit allen Tricks fangen und mich doch wieder zum Soldaten machen. Es war nicht so leicht, bei meinem Entschluß zu bleiben. Es kann auch weiterhin noch schwer werden, aber ich vertraue doch auf Gott, wenn es anders besser wäre mir doch noch eine Weisung zu geben. Wurde natürlich auch gefragt, was der *Herr Pfarrer* dazu gesagt hat, hätte ich seine Aussage verschweigen müssen, so würde er kaum mehr lange in Freiheit sein. So konnte ich aber ruhig sagen, daß er mir auch zum Einrücken zugeredet hat. Da kommt man erst am besten darauf, was das für einen Priester heißen würde, wenn einer anders sagen würde, wenn man um so etwas frägt. Kann Dir auch mitteilen, daß es in Enns eine Bäurin gibt, die ihre Kinder noch nicht zur Heijot hat gehen

lassen, ist auch eine Seltenheit. So erfährt man halt allerhand, daß es auch anderswo noch Menschen gibt, die sich nicht von der Masse mitreißen lassen. Ich kann Dir auch mitteilen, daß ich hoffe, hier in den Zellen in religiöser Hinsicht mehr ausrichten zu können als beim Militär. Ja es gäbe hier viel zu trösten, man trifft bitter enttäuschte Menschen, bin hier auch *unter Illegale.* Es ist furchtbar, was die alles erzählen, was die schon diese 5 Jahre mitgemacht und gelitten haben, wegen der geringsten Sachen sperrt man sie Monate ein. Monate und Jahre werden einem nachgelassen, wenn sich einer an die Front meldet. Was wird das noch für bittere Enttäuschungen geben, wenn sich die gleich alle bekehren würden, wäre es ja recht. Es gibt schon SS-Männer, auch wie ich erfahren habe, die sich vor ihrem Sterben noch bekehrt haben. Grüße mir auch unsern Herrn Pfarrer und sage ihm, die Menschen sind oft nicht so schlecht wie man glaubt, aber es fehlt so weit an religiöser Unwissenheit. Er soll sich nur die größte Mühe geben mit den Christenlehren, wenn auch der Besuch schlecht ausfällt und auch die Wirkungen oft zwecklos scheinen. Aber seine Seele kann er sich doch retten.
Es grüßt Dich herzlich Dein Gatte.

(67)
An Franziska Jägerstätter
Linz, 11. 3. 1943

Herzallerliebste Gattin!
Hoffentlich seid Ihr noch alle gesund, was auch bei mir noch immer der Fall ist. Muß Dir doch wieder einige Zeilen schreiben, wenn ich gleich nicht viel weiß, ich fürcht halt immer, Ihr habt viel zu leiden

um meinetwillen, verzeiht mir alles, wenn ich Unrecht getan. Teile Dir auch mit, daß ich mich zur Sanität bereit erkläre, denn hier kann man ja eigentlich doch Gutes tun und die christliche Nächstenliebe im praktischen Sinne ausüben, wozu sich auch mein Gewissen nicht mehr sträubt. Strafe werde ich deswegen schon erhalten. Es wird alles zu ertragen sein, wenn Gott es will, wir uns auch auf dieser Welt noch sehen werden. Was machen unsre Kleinen, könntest sie mir manchmal schicken zum Zeitvertreib. Ansonsten braucht Ihr Euch um mich keine Sorge machen, Verpflegung und Behandlung sind hier gut. Es grüßt Dich herzlich Dein Gatte Franz.
Viele Grüße an meine lieben Kleinen sowie Mutter und Resie.

(68)
An Franziska
Jägerstätter
Linz, 12. 3. 1943

Herzallerliebste Gattin
Vielen Dank für Deinen Brief und Paket welche ich mit Freuden erhalten habe. Lebensmittel solltest in Zukunft nicht mehr senden, hab sie zwar erhalten, aber es sollte nicht sein, schreiben kannst Du, wann es Dir beliebt, natürlich werden die Briefe geöffnet und gelesen. Die Bücher durfte ich mir schon mitnehmen, habe auch Zeit genug zum Lesen und b.(eten). Liebe Gattin, Du sollst nicht traurig sein, betreffs meiner jetzigen Lage, wir kennen eben Gottesratschlüsse nicht, auf welch verschiedenen Wegen Er uns wandeln läßt um danach ans richtige Ziel zu gelangen. Solange man ein ruhiges Gewissen haben kann, daß man kein schwerer Verbrecher ist, kann man auch im Gefängnis im Frieden leben.

Gerade jetzt in der Fastenzeit sollte es uns am meisten zur Besinnung kommen, daß, wenn wir noch Schweres zu leiden bekommen, doch nicht so wie Christus und seine Mutter unschuldig leiden. Mußte auch staunen, *daß die kleine Rosl schon so große Opfer bringen kann,* sie werden bestimmt nicht umsonst sein. Wie sollte ich mich da verlassen fühlen, wenn zu Hause so viele für mich beten. Möchte Dich auch bitten, wenn Du mir vielleicht einmal einige Briefkuverts schicken könntest. Jetzt werdet Ihr halt schon bald *Hafer bauen,* möchte schon dabei sein, das Wetter muß ja immer prächtig sein. Wenn Du wirtschaftliche Fragen hast, schreibe es nur, soweit ich Euch mit Ratschlägen helfen kann, bin ich ja gern bereit, freilich würde ich Euch am liebsten persönlich helfen. Die Adresse hat schon gestimmt. Bedanke mich auch für die zwei kleinen Broschüren, die Du in dem Brief beigelegt hast.
Es grüßt Dich nun herzlich wie alle meine Lieben im Hause Dein Gatte Franz.
Behüt Euch Gott auf Wiedersehen!
Briefmarken braucht Ihr keine draufkleben auf die Briefe, die Ihr mir schreibt.

(69)
An Franziska
Jägerstätter
Linz, 19. 3. 1943

Allerliebste Gattin
Habe gestern Deinen Brief mit großer Freude erhalten, wofür ich Dir herzlich danke, ich kann es nicht bestimmt sagen, ob ich mich auch für den ersten Brief bedankt habe, den Du am Sonntag vorher geschrieben. Hoffentlich seid Ihr noch alle gesund, was bei mir Gott-sei-Dank noch immer der Fall ist. Bei Dir, liebe Gattin, kann ich mirs ja

denken, daß es nicht am besten stehen kann, Kummer und Sorge, dann die viele Arbeit, sollten wir halt manchmal eine Woche tauschen können, denn Dir würde bestimmt so eine Erholung manchmal gut tun, wär schon gut, wenn ich Euch manchmal bei der Arbeit helfen könnte. Ich leg halt meine ganze Zukunft in Gottes Hand. Er wird ja doch alles so lenken wie es für uns am besten ist, nur heißt es halt Gott mehr fürchten als die Menschen.

Der Hl. Josef, den wir in diesem Monat und ganz besonders heute, wo wir sein Fest feiern, recht innig um seine Fürbitte anflehen, wird uns bestimmt auch zur Hilfe kommen, wenns auch nicht immer gerade so kommt, wie wir hoffen. Für diejenigen, welche die Freiheit noch genießen können, glaub ich, war schon lange kein so schöner Josefi-Tag mehr wie heuer.

Liebe Gattin, hätte heute schon wieder eine Bitte an Dich, ob Du mir nicht einige Stück Edelweiß in den nächsten Brief legen möchtest, denn ein Kamerad von hier hat mich ersucht, ob ich ihm nicht ein Stück verschaffen könnte, es ist ein junger Franzose, welcher vergangene Woche verurteilt wurde und da möchte er seiner Liebsten noch zum Abschied ein Edelweiß schicken, weil sie eine große Blumenfreundin ist.

Wenn du die Briefkuverts noch nicht aufgegeben hast, dann muß es vorläufig nicht sein, denn ich hab mir Feldpostbriefe gekauft. Meine drei Mädels werden jetzt schon fest bloßfüßig laufen und Blumen pflücken, es muß ja schon wunderschön sein bei Euch. Was gibt es sonst Neues in Radegund? Den *Wachter von Ach* hab ich freilich gekannt, so muß halt einer nach dem andern sein Leben lassen. *Ist der Pate Franz noch in Braunau?*

Schließe nun für heute mein Schreiben mit
herzlichem Gruß.
Dein Dich liebender Gatte Franz.
Viele Grüße an meine Kleinen sowie Mutter und
Resie.
Vergeßt meiner nicht im Gebet.
Auf Wiederseh'n!

(70)
An Franziska
Jägerstätter
Linz, 25. 3. 1943

Herzallerliebste Gattin!
Herzlichen Dank für Deinen Brief vom 18., den ich gestern mit Freude erhalten habe. Bin noch immer gesund, was ich auch von Euch hoffe. Hab schon manchmal daran gedacht, wie es Euch *mit dem Wasser* geht, vielleicht regnet es doch bald einmal. Sollte mir halt Urlaub nehmen können zum Brunnenräumen, habt Ihr die Streu von der Au auch schon heim? Wenn das Wetter so anhält, könnt Ihr ja heuer zu Ostern schon Grünfüttern. Gestern haben wir in unserm Garten schon aufgesprungene Marillenblüten gesehen, die würden einmal recht werden für unsre Kinder, ich glaub, es ist doch besser, wenn Ihr den Kindern sagt, *wo der Vater ist,* als wenn Ihr sie immer anlügen müßt. Wenn man auch hier fast keine Beschäftigung hat, so braucht man deswegen die Tage ja doch nicht unnütz vorübergehen lassen, solange man beten kann, und zu dem hat man hier Zeit genug, ist das Leben nicht umsonst. Was ist heuer mit dem *Kongregationsfest,* ist eine Einladung gekommen? Heute wäre ja das schöne Fest Mariaverkündigung, wo Christus aus Liebe zu uns Menschengestalt angenommen hat, soviel hat der König des Himmels und der Erde aus

Liebe zu uns sündigen Menschen getan, dürften wir uns da noch Christen nennen, wenn wir armselige Menschen es aus Stolz nicht einmal fertig brächten unsren Mitmenschen zu verzeihen. Wenn auch noch Schweres kommen sollte, wer in der Liebe bleibt, dem wird doch alles einmal zum besten gereichen. Liebe Gattin, sei so gut und schreibe mir in den nächsten Brief die *Kommunionbitte* für den Monat April. Bedanke mich auch herzlich für die Kuverts und das Heftchen, selbes hat auch andren gefallen. Den *Brief vom Krenn* hab ich bis jetzt noch nicht erhalten, ich weiß nicht, ob er meine Adresse weiß, außer Euch und *Lang* hab ich von hier aus noch niemand geschrieben, denn die Hauptsache ist mir doch, wenn ich nur mit meiner l. Familie in Verbindung bleiben kann. — Gut, daß ich noch ein Plätzchen freigelassen, denn ich hoffte mir ja heute noch einen Brief von Dir und jetzt beim Abendessen ist er auch schon eingetroffen, bedanke mich herzlich dafür.
Und nun an meine lieben Kleinen! Liebe *Rosl, Maridl* und *Loisi,* bedanke mich recht herzlich für Eure lieben Grüße, die Ihr mir geschickt, freut mich recht, daß Ihr sooft für mich betet und daß, wie ich hoffe, auch Ihr schon braver geworden seid, ich denke recht oft an Euch und bete auch für Euch. Es würde mich schon recht freuen, wenn ich Euch bald wieder sehen dürfte, müßt Euch recht zusammennehmen, daß Ihr es bald fertig bringt, nicht mehr zu zanken, auch lügen dürft Ihr nicht und beim Essen sollt Ihr auch recht zufrieden sein mit dem, was Ihr bekommt, dann glaub ich, wird es der Himmelvater zulassen, daß ich wieder einmal zu Euch heimkomme. Wenns auch nicht so schnell geht, die Mutter dürft Ihr *schon noch zusperren lassen*, denn ich kann ja auch beim Tag kommen.

Ich bitt Euch auch, daß Ihr der Mutter gehorcht, auch der Großmutter und Resie. Grüße Euch nun recht herzlich, meine drei lieben Mädel, möge Euch das Jesukind und die liebe Himmelmutter beschützen, bis wir uns wiedersehen.
Viele herzliche Grüße auch an Dich, liebe Gattin, sowie Mutter und Resie.

(71)
An Franziska Jägerstätter
Linz, 4. 4. 1943

Herzallerliebste Gattin!
Vielen Dank für Deine l. Briefe vom 23. 3. und 28. 3., die ich mit Freuden erhalten habe. Bald geht der zweite Herz-Jesu-Sonntag zu Ende, den ich hier zubringen muß. *Wegen besuchen,* wie Du mir geschrieben, tät ich Dir einstweilen nicht dazu raten, vielleicht zu Ostern, denn bis dorthin kann sich auch schon bei mir etwas entschieden haben, denn bis heute hab ich noch keine Verhandlung gehabt, ich glaube es gerne, daß die meisten der Meinung sind, mir geht es hier schlecht, es ist halt nicht in jedem Gefängnis gleich, wir können uns täglich satt essen, auch ist alles gut zubereitet, so daß man mit Appetit essen kann, als Köchinnen sind hier Klosterschwestern, denn hier war ja das Kloster der Ursulinen. Daß man bei dieser Kost zwar nicht fett wird, das läßt sich leicht denken, ist auch gar nicht notwendig. Denn die werden uns nicht deswegen einsperren, um uns fett zu füttern. Was wäre denn auch schon dabei, wenn es auch schlechter würde, Du weißt ja, liebe Gattin, daß ich nicht danach strebe, um mir dieses Leben schön zu gestalten und solange die Gnade Gottes mich nicht verläßt und ich meinen Glauben nicht verliere, ja eigentlich doch nicht unglücklich sein kann, wenn auch das Herz

manchmal traurig ist, wir wissen ja, daß sich unsre Traurigkeit doch einmal in Freude verwandeln wird. Könnten wir unser Leben auch auf hundert Jahre bringen, was wäre es gegen die Ewigkeit, nicht eine halbe Sekunde. Und doch handeln wir Menschen oft, als wäre es umgekehrt der Fall. Betreffs Besuch kann ich Dir noch mitteilen, daß die Besuchszeit nicht viel mehr als eine Viertelstunde dauern würde, *beim Bleikner* kannst Dich auch noch über Näheres darüber *erkundigen.* Es würde freilich das Wiedersehn große Freude machen, so möcht ich Dir raten, einstweilen doch zu warten. Liebste Gattin. Tragen wir nun unser Kreuz geduldig weiter, bis Gott es uns abnehmen wird. Diese Woche wirst Du auch ein Paket bekommen mit Hemd und Hose und *3 Orangen.* Möchte Dich auch bitten, mir wieder ein Hemd und Hose zu senden, wäre mir bald lieber, wenn Du mir ein Hemd ohne Kragen senden würdest, vielleicht eins von den blauen Wochentagshemden. Jetzt habt Ihr Gott sei Dank wieder Wasser, so daß Ihr wenigstens nicht mehr fahren braucht. Denn ich glaube, Ihr habt so auch noch Arbeit genug. Hoffentlich seid Ihr alle gesund, was auch ich, Gott sei Dank noch immer bin. Und nun an meine lieben Kleinen. Bedanke mich bei Euch, daß Ihr so viel an Euren Vater denkt und für ihn betet, von den Blumen hab ich leider nichts mehr gesehen, die die Mutter in den Brief gelegt, müßt halt beim Himmelvater recht schön herrichten mit Euren Blumen. Für heute nun einen recht schönen Gruß von Eurem Vater. Liebe Gattin, möchte Dir noch raten, ein paar Sensen zu kaufen, damit Ihr wenigstens eine gute Schneid bekommt zum Mähen. Grüße Dich nun herzlich. Dein Gatte Franz. Besten Gruß an Mutter und Resie. Grüße auch an jene, welche Dir für mich Grüße angeschafft.

(72)
An Franziska Jägerstätter
Linz, 9. 4. 1943

Gott zum Gruß Herzallerliebste Gattin.
Vor allem meinen herzlichsten Dank für die drei Briefe, die ich im Laufe dieser Woche von Dir mit großer Freude erhalten habe, trotz der vielen Arbeit, die Du hast, gibst Du Dir noch so viele Mühe, Deinem Gatten immer wieder Freude zu bereiten, die ich mir vielleicht gar nicht verdiene, mich interessiert ja doch jede Zeile, die Du mir schreibst, wirst mir schon verzeihen, daß ich Dir nicht so oft schreibe, denn ich kann Dir ja doch nicht viel Neues schreiben von hier. Verhandlung hab ich noch immer keine gehabt. Liebste Gattin, heute waren es sieben Jahre, da wir uns vor Gott und dem Priester Liebe und Treue versprochen und ich glaube, wir haben dies Versprechen auch bis heute treu gehalten und ich glaube, daß uns Gott auch weiterhin die Gnade verleihen wird, wenn wir auch jetzt getrennt leben müssen, dieses Versprechen bis zum Ende unseres Lebens treu zu halten. Wenn ich so Rückschau halte und all dies Glück und die vielen Gnaden, die uns während dieser sieben Jahre zuteil geworden sind, die manchmal sogar an Wunder grenzten, betrachte und es würde mir jemand sagen, es gibt keinen Gott oder Gott hat uns nicht lieb und würde dies glauben, wüßte ich schon nicht mehr, wie weit es mit mir gekommen wäre. Liebste Gattin, weshalb sollte uns für die Zukunft so bange sein, denn der uns bis jetzt erhalten und beglückt hat, wird uns auch weiterhin nicht verlassen, wenn wir nur auf das Danken nicht vergessen und im Streben nach dem Himmel nicht erlahmen. Dann wird unser Glück fortdauern bis in alle Ewigkeit. Wenn ich auch jetzt hinter Kerkermauern sitze, so glaub ich

dennoch auch weiterhin auf Deine Liebe und Treue bauen zu dürfen und wenn ich auch vor Dir aus diesem Leben scheiden sollte, auch noch übers Grab hinaus, denn Du weißt es ja, daß ich nicht als Verbrecher hier sitze. Freute mich sehr, daß Du *heute ein Meßopfer* hast lesen lassen, denn ich weiß ja, daß Du bei demselben ganz besonders auch an mich gedacht hast. Es grüßt Dich nun herzlich Dein neuer Gatte. Es heißt ja, daß sich in sieben Jahren der Mensch erneuert. So hast Du eben ab heute einen neuen Gatten!
Die besten Grüße auch an Mutter, Schwiegereltern und Resie, Gruß auch an Hochw. H. Pfarrer.
Auf Wiedersehn.
Meine lieben Kinder! Bedanke mich für die Veilchen, die Ihr mir geschickt, Ihr vergeßt halt doch Euren Vater nicht, der auch Euch nicht vergessen wird und so gerne bei Euch sein möchte, aber der Himmelvater will es halt anders haben. Dafür dürfen wir uns einmal im Himmel immer miteinander erfreuen, wenn Ihr nur recht brave Kinder werdet. Liebe Kinder, wir müssen dem Himmelvater recht danken, daß er mir eine so brave Gattin und Euch Mutter geschenkt hat, müßt halt die Mutter immer recht lieb haben und das könnt Ihr nur dann, wenn Ihr der Mutter recht folgsam seid, denn wenn Ihr der Mutter brav folgt, wird sie auch nicht so bald sterben und wieder gesünder werden. Denn so viele Kinder gibt es, die keinen Vater und auch keine Mutter mehr haben oder wenigstens keine so brave Mutter, wie Ihr sie habt. Jetzt werdet Ihr auch nicht mehr bloßfüßig laufen können, wir hatten heute früh sogar Schnee, bei Euch wirds halt auch kaum viel wärmer sein. Es grüßt Euch herzlich Euer recht oft an Euch denkender Vater.
Liebe Gattin, wenn Du noch Interesse hast, betreffs

dem neuen Motor, könntest einmal beim Zelbek nachfragen.
Gruß auch an Nachbar, bedanke mich bei ihm für die Karte.

(73)
An Franziska Jägerstätter
Linz, 11. 4. 1943

Gott zum Gruß Herzallerliebste Gattin.
Wieder geht ein trauriger Sonntag zur Neige, will ihn aber nicht beenden ohne ein paar Zeilen an Dich zu schreiben. Gestern früh hab ich angesucht, betreffs Kirchgehen an Sonntagen. Abends erhielt ich dann den Bescheid, daß es nicht bewilligt wird, weil eben zwei Mann als Begleitung mitgehen müßten. Auf Ostern werd ichs nochmals versuchen, vielleicht hab ich doch dort Glück. Wäre mir nicht zuviel, wenn ich hundert Kilometer zu Fuß wandern müßte um einem Meßopfer beiwohnen zu können. Es heißt halt geduldig und gottergeben sich in das Schicksal fügen. Und doch sind die Worte Wahrheit wie Christus einstens gesagt: „Mein Joch ist süß und meine Bürde ist leicht", denn wenn ich mein Kreuz und Leiden gegen das Leiden anderer betrachte, so muß ich mir doch sagen, Gott hat mir eines der geringsten Kreuze auferlegt. Letzten Sonntag wurden in die Zellen Bücher ausgeteilt und da hatte ich das große Glück, daß gerade bei den unsren ein sehr schönes dabei war, es sind nämlich mehrere Predigten von Johannes Chrysostomus und andren Heiligen darinnen. Obgleich die meisten hier gerne lesen um sich die Zeit totzuschlagen, aber dieses Buch überläßt man mir ganz gerne. In solchen Lagen erkennt man erst am besten was unser Glauben wert ist, beten wir fleißig, daß das Licht des Glaubens in uns nicht erlösche.

Liebste Gattin. Jetzt wirst Du halt wieder *schlimme Tage* gehabt haben *mit dieser Witterung.* Hoffentlich wird es bald schöner, wie geht es Euch mit dem Heu, hat der Wagner mit der Karre schon angefangen?
Es grüßt Dich nun herzlich Dein Dich liebender Gatte Franz. Besten Gruß an Mutter und Resie. Extra Grüße an meine drei Kleinen! Auf Wiedersehn!
Vielleicht hast wieder einmal einige Kuverts übrig, denn ich bin schon bald wieder fertig.

(74)
An Franziska Jägerstätter
Linz, 18. 4. 1943

Gott zum Gruß Herzallerliebste Gattin!
Das Paket diese Woche samt Inhalt erhalten, wofür ich Dir herzlich danke. Bin noch immer gesund, was ich auch von Euch hoffe. Mit großer Freude werden heute unsre Kleinen mit ihren Palmbuschen zur Kirche gegangen sein. Das Wetter glaub ich, könnte sich niemand viel schöner wünschen, als es jetzt wieder ist. Bloß das frische Grün des Grases, wenn man sieht, tut einem schon wohl, was man sonst in der Freiheit gar nicht mehr beachtet.
Gerade diese Woche muß uns wieder Mut und Kraft bringen, unser Schicksal leichter zu ertragen, was ist denn schon unser kleines Leiden gegen dem, was Christus in der Karwoche gelitten hat. Wer nicht mit und für Christus leiden will, wird auch nicht mit Christus auferstehen. Wenn auch das Kreuz, das Gott oder wir selbst uns auferlegen, manchmal ein wenig drückt, es wird niemals so hart und schwer werden, als jenes, welches der Satan seinen Anhängern manchmal auflegt, denn wie viele sind

unter dieser Last schon zuammengebrochen und warfen ihre Leben von sich. Wir dürfen zwar nur die Tat des Selbstmordes verurteilen, doch niemals den Selbstmörder. Über meine weitere Zukunft kann ich Dir noch immer nichts mitteilen, hatte aber auch diese Woche noch keine Verhandlung. Liebste Gattin. Wenn ich auch heuer nicht frohe Ostern mit Euch feiern kann, so wünsche ich Euch halt allen aus der Ferne ein recht frohes und feierliches Osterfest.
Wenn auch heuer noch keine Aussicht besteht auf ein friedliches Osterfest, deswegen brauchen wir die Hoffnung nicht verlieren. Und, sollte es Gottes Wille sein, daß wir auf dieser Welt nicht mehr mitsammen im trauten Familienkreise frohe Ostern feiern können, so erwarten wir voll freudiger Zuversicht, wenn der ewige Ostermorgen anbrechen wird, daß keines von unserer Familie fehlen soll, so daß wir dann ewig uns mitsammen erfreuen dürfen. Betreffs besuchen möchte ich Dir einstweilen noch immer abraten, denn solange ich keine Verhandlung habe, werde ich auch nicht leicht in ein anderes Gefängnis überstellt werden. Taschentücher brauchst mir keine schicken, denn die kann ich mir selber auch waschen. Wie schaut es bei Euch heuer mit den Obstbäumen aus, kommen doch welche zur Blüte? Schließe nun für heute mit einem herzlichen Gruß an Dich liebe Gattin sowie an Mutter und Resie
Auf Wiedersehn!
Meine lieben Kinder
Jetzt wird es Euch wieder freuen, daß es so warm ist, damit ihr wieder Blumen pflücken könnt und zu Ostern dann *Eier scheiben*, natürlich auch essen, wenn sie brechen. Liebe Rosl, bedanke mich herzlich für den schönen Apfel, den Du mir

geschickt, hab mir für heute gespart und werde ihn erst abends mit großer Andacht essen. Hoffentlich waren die Orangen noch gut, denn ich hab sie schon ziemlich lange gespart.
Bleibet recht brav, damit sich die Mutter nicht ärgern muß mit Euch.
Es grüßt Euch recht herzlich
Euer Vater.

(75)
An Franziska
Jägerstätter
Linz, 25. 4. 1943

Gott zum Gruß, herzallerliebste Gattin
Vor allem herzlichen Dank für Deinen Brief mit Kuverts, den ich Donnerstag mit Freude erhalten habe. Kann Dir jetzt nicht mehr sooft schreiben, denn wir dürfen nur mehr bloß alle Montage Post abgeben, Post empfangen dürfen wir schon noch öfters.
Christus ist auferstanden Alleluja. So jubelt heute die Kirche. Wenn wir jetzt auch harte Zeiten zu verkosten haben, so müssen und können wir uns doch auch mit der Kirche mitfreuen, denn was gibt es Freudigeres, als daß Christus wieder auferstanden ist und als Sieger über Tod und Hölle hervorgegangen ist, was kann es für uns Christen trostvolleres geben, als daß wir den Tod nicht mehr zu fürchten haben. Liebste Gattin; Du wirst Dir ja gut vorstellen können, wie diese Gnadentage für mich im Gefängnis waren, aber mit Gott läßt sich alles überwinden, man darf halt nicht immer an das denken, was man gegenwärtig nicht haben kann, würden unsre Leiden hier auf dieser Welt noch so groß werden, ich glaub, die Armen Seelen im Fegefeuer möchten doch jederzeit mit uns tauschen, darum helfen wir ihnen, soviel wir können.

Liebste Gattin, kann Dir auch von meinen letzten Tagen Freudiges mitteilen, bin halt noch immer ein Glückskind. Am Gründonnerstag früh suchte ich wieder an betreffs Kirchengehen zu Ostern, wurde mir aber wieder nicht gewährt, es wurde mir aber dafür *ein Priester versprochen,* der gleich nachmittags um drei Uhr gekommen ist und so konnte ich auch hier meine Osterpflicht erfüllen, denn der Priester hatte auch das Allerheiligste mit. Freitag haben wieder einige angesucht um den Priester und so konnte ich Samstag früh nochmnals die Hl. Kommunion empfangen, dort waren schon unser Sieben. Ansonsten gibt es nicht viel Neues hier, war bis heute noch keinen Tag krank und geht mir auch sonst noch ganz gut, so vergeht eine Woche um die andere, die Hauptsache ist nur, wenn kein Tag mehr umsonst vergeht, der uns für die Ewigkeit nicht nützlich wäre. Es freut mich auch von Euch, meine Lieben, *daß ihr auch für unser liebes Gotteshaus noch Opfer bringt,* obwohl ihr schon zu Hause sehr viel Arbeit habt, aber für den ewigen Lohn sollten uns keine Opfer zu groß sein. Welch große Opfer und Mühen muß sich nicht oft ein Sportler kosten lassen beim Training, wenn er einen Preis erreichen will. Die Gräber müssen heuer vielerorts wieder herrlich gewesen sein, da es ja heuer schon sehr viele Blumen gibt. In einigen Tagen werdet ihr auch schon den Marienaltar schmücken, tut es unsrer lieben Gottesmutter zu Ehren. Sie wird uns bestimmt nicht verlassen. Nun geht auch dieser Ostersonntag langsam zu Ende, wie viele werden noch vergehen, bis wieder ein friedlicher Ostersonntag kommen wird, nur gut, daß man nicht in die Zukunft sehen kann, so nehmen wir halt jeden Tag an, wie Gott sie uns schickt. Schließe nun mein Schreiben mit vielen herzlichen

Ostergrüßen an Dich liebe Gattin, sowie an Mutter, Schwiegervater, Resie und Freunde. Lebt wohl, auf Wiedersehn. Meine lieben Kinder. Wie ist es euch mit den Ostereiern gegangen, waren sie doch nicht zu stark, so daß doch ziemlich viel gebrochen sind beim Eierscheiben? Jetzt werdet Ihr die Blumen auch nicht mehr alle wegpflücken können, jetzt wird halt die Mutter oder die Resie so manchmal schimpfen, wenn Ihr zuviel im Gras herumschwänzt. Es grüßt Euch herzlich Euer Vater.
Vergesset meiner nicht.

(76)
An Franziska
Jägerstätter
Linz, 2. 5. 1943

Gott zum Gruß herzallerliebste Gattin.
Vielen Dank für Deine zwei Briefe, die ich vergangene Woche mit Freude erhalten habe. Wie ich aus Deinem Schreiben entnehmen kann, seid Ihr noch alle so ziemlich gesund, was auch bei mir noch immer der Fall ist. Jetzt haben wir halt schon den dritten Herzjesusonntag, den ich nicht mehr in meiner Heimat verbringen kann. Nun sind auch die Osterfeiertage wieder vorübergegangen, wenn auch heuer ein wenig anders als ansonsten. Hoffentlich sind unsre Kleinen den Ostereiern Meister geworden. Wie es betreffs meiner Zukunft bestellt ist, kann ich Dir noch immer nichts mitteilen, es sind einige hier, die schon weit länger da sind als ich und haben auch noch keine Verhandlung gehabt, da heißt es halt einfach geduldig warten, denn was Besseres, heißt es, kommt ohnehin selten nach. Nun beginnt halt der schöne Monat Mai, der eben ganz besonders für die Landbewohner der schönste Monat ist, weil es dort auch für gewöhnlich nicht so viel

Arbeit gibt als in den andern Sommermonaten. Die Natur läßt sich nichts anmerken von all dem Elend, das über die Menschheit gekommen ist, wenn ich auch nicht viel davon sehe hier, so kommt es mir doch vor, als würde heuer alles noch viel schöner grünen und blühen als in den vergangenen Jahren. Kaum fängt der Tag zu grauen an, so kann man schon vor unsrem Fenster das laute Singen der Amsel hören, auch die Vögel haben, scheints, noch mehr Frieden und Freude, obwohl sie bloß unvernünftige Tiere sind, als wir mit einem Verstande begabten Menschen, die wir doch wissen, welch großer Lohn nach diesem kurzen Erdendasein uns erwartet. Soll uns denn das schon so sehr betrüben, wenn wir auch so manches entbehren und entsagen müssen, was unser Herz verlangt, was uns doch in der Ewigkeit tausendfach vergolten wird, wenn wir mit dem uns begnügen, was wir gegenwärtig haben können, würden wir nicht auch mehr zu jenen gehören, wie es in einem Evangelium heißt, dessen Gott der Bauch ist, wenn unser Begehren und Sorgen mehr nach Speise, Trank und Vergnügungen gerichtet sind als nach den ewigen Gütern. Heute wird bei Euch wahrscheinlich die Erstkommunionfeier gewesen sein.
Liebste Gattin, schreibe mir in dem nächsten Brief auch wieder die Kommunionbitten vom Monat Mai und Juni. Besuchet fleißig die Maiandachten, damit Ihr das herein bringt, was mir hier nicht möglich ist, denn Maria hat immer geholfen und sie wird auch weiter helfen. Wäre mir schon lieber, ich könnte die lieblichen Marienlieder hören, als die modernen Schlager, die man gewöhnlich hier in den Zellen hören kann. Wie Du mir geschrieben hast, habt Ihr auch wieder Zuwachs bekommen, nämlich im Stall, wünsche Euch auch hier viel Glück u.

Segen, das wie ich glaube bis jetzt Euch noch nicht verlassen hat, Gottes Segen kann man immer und überall brauchen. Beim Schmied könntet Ihr auch wieder einmal nachfragen wegen neuer Wendepflugscharen, denn es täten schon ein paar not auf unserem Pflug. Wie schaut sich heuer das Getreide, neugierig bin ich nicht wenig, wirst Dir's denken, wie's in der Heimat aussieht interessiert halt einen immer, wenn man die Heimat liebt. Schließe nun für heute mit einem herzlichen Gruß an Dich liebe Gattin, sowie an Mutter und Resie. Und extra Grüße an meine kleinen Herzpinkerln.
Lebet wohl auf Wiedersehen. Die besten Grüße auch an Nachbarn und Bekannte.
Die besten Grüße auch an Paten Franz.

(77)
An Franziska
Jägerstätter
Linz, 4. 5. 1943

Herzallerliebste Gattin. Und alle meine Lieben.
Sende Euch noch die letzten Grüße aus dem Linzer Bahnhof, um 10 Uhr 13 fahre ich weg nach Berlin. Ins Wehrmachtsuntersuchungsgefängnis (Zweigstelle Berlin Tegel Seidelstr. 39) auf diese Adresse könnt Ihr schreiben. Macht Euch weiter keine Sorgen um mich, der Herrgott wird mich auch weiterhin nicht verlassen.
Es grüßt Euch noch alle herzlich Euer Gatte, Sohn und Vater.
Viele Grüße und Busserl noch an meine Kleinen.
Lebet wohl auf Wiedersehn
Gruß an Schwiegereltern, Verwandte und Bekannte

(78)
An Franziska
Jägerstätter
Regensburg um 2 Uhr
(4. 5. 1943)

Herzallerliebste Gattin
Muß Dir auch von hier aus noch einige Zeilen schreiben, hoffe daß Du mein Schreiben von heute morgen erhalten hast, die Abreise kam eben ganz überraschend, so daß man keine Zeit mehr hat, sich von den Kameraden zu verabschieden.
Unter einem Berliner als Begleiter fahr ich jetzt um halb drei Uhr nach Berlin ab, ein sehr netter Mensch. Kann Dir mitteilen betreffs meinem Fall, daß ich bis jetzt noch zu keiner anderen Überzeugung gekommen bin, durch all diese Vorgänge, die sich hier abspielten, kam ich eher noch mehr zur Überzeugung, nicht anders zu handeln. Bei den Verhören wollte mir man halt alles abstreiten, daß der Natsz. gegen die Kirche geht, wie man halt auch anderswo macht. Heute morgen sagte mir sogar noch einer, dessen Vater sogar General ist, daß man in höheren Stellen auch spricht: „Jetzt muß man erst die äußeren Feinde bekämpfen und dann kommt erst das innere daran, nämlich die K.“ Betreffs meines seelischen Zustands brauchst noch nicht besorgt sein. Wenn es mir in Berlin vielleicht auch schlechter ergehen sollte, so macht euch deswegen keinen Kummer. Muß nun wieder schließen, da es schon bald Zeit ist zur Abfahrt. Es grüßt Dich nochmals herzlich Dein Dich l. Gatte. Ich bin noch immer auf alles gefaßt.
Viele Grüße noch an Mutter — Vater, Resie und an die Kleinen.
Auf Wiedersehn
Betet für mich.

(79)
An Franziska
Jägerstätter
Berlin, 7. 5. 1943

Gott zum Gruß Herzallerliebste Gattin.
Bin den 4. d. M. um 11 Uhr nachts in Berlin gut angekommen, wenn es bloß eine Vergnügungsreise gewesen wäre, wärs ja eine ganz schöne Fahrt gewesen, denn die Landschaft und Städte, die wir durchfuhren, waren ja größtenteils ganz schön. Wenn ich auch jetzt weiter von Euch entfernt bin, deswegen braucht Ihr Euch kein schweres Herz wegen mir zu machen, denn Ihr wißt ja unter welchem Schutz ich stehe, ansonsten geht es mir ja auch hier ganz gut und es ist zwar so manches ein wenig anders als in Linz, aber soviel ich bis jetzt gesehen, braucht man auch hier keinen Hunger leiden, finde so manche Sachen hier besser. Hab auch ein sehr nettes Kämmerlein für mich allein. Es wird bestimmt nicht schlechter sein für mich, daß ich hier herkommen mußte, denn Gott will nicht, daß wir verloren gehen, sondern daß wir ewig mit Ihm glücklich sein dürfen. Wenn man *gegen niemanden Rachegedanken* hat und allen Menschen verzeihen kann, wenn auch manchmal einem ein hartes Wort zugeworfen wird, so bleibt das Herz in Frieden und was gibt es Schöneres auf dieser Welt als den Frieden, bitten wir Gott darum, daß ein wahrer und dauernder Friede recht bald in diese Welt einziehen möge.
Liebste Gattin, eines wird Dir in Zukunft schon etwas schwerer fallen, da wir eben hier bloß alle vier Wochen einmal einen kurz gefaßten Brief schreiben dürfen. Post empfangen dürfen wir so viel, was ankommt. Lebensmittel schicken ist auch nicht gestattet, wenn ich auch *den 6. Juni nicht bei Euch sein kann,* so laßt es halt andren zugute kommen,

freut mich sehr, daß Ihr auch zu Ostern dieses gute Werk geübt. Wenn ich nämlich eine Ahnung gehabt hätte, daß ich ohne Verhandlung von Linz fort muß, so hätte ich Dich schon noch vorher zu einem kurzen Besuch eingeladen, denn bis Berlin her wäre es zu streng für Dich. Wenn es Gottes Wille ist, gibt es auch so noch einmal ein Wiedersehen auf dieser Welt und wenn schon nicht, so erhoffen wir es uns ja in der andren Welt, wo die Besuchszeit etwas länger sein wird als eine Viertel- oder halbe Stunde. Liebe Gattin sei so gut und *schreibe an meinen Kameraden Alfred Baul* (sonstige Adresse meine vorhergehende) eine Karte, damit er meine neue Adresse weiß und einen recht schönen Gruß von mir auch an die anderen Kameraden. *Einen schönen Gruß auch an Br. Mayer,* wenn er noch schreibt und an Pate Franz. Es grüßt Dich nun herzlich Dein Dich liebender Gatte Franz. Die besten Grüße an Mutter sowie Schw. Vater u. Resie. Gruß auch an Verwandte, Nachbarn u. Bekannte.
Meine lieben Kinder, seid mir herzlichst gegrüßt. Jetzt darf Euch euer Vater nicht mehr so oft schreiben, bin auch sehr weit von Euch weg, aber mit den Gedanken kann ich deswegen doch noch bei Euch sein, auch beten kann ich noch für Euch und werde es auch fleißig tun, damit Ihr recht brave Kinder werdet, seid der Mutter recht folgsam. Auch der Großmutter u. Resie, dann haben Euch der Himmelvater und die Himmelmutter recht lieb und ihr dürft sie dann um recht vieles bitten, vergeßt auch Ihr Euren Vater nicht und betet für ihn, ich empfehle Euch nun alle in den Schutz der l. Himmelmutter.
Es grüßt Euch nun herzlich Euer Vater, der Euch noch immer recht liebt hat.
Lebet alle wohl auf Wiedersehn!

(80)
An Franziska
Jägerstätter
Berlin, 6. 6. 1943

Gott zum Gruß Herzallerliebste Gattin und Mutter. Vor allem vielen Dank für Deine l. Briefe, die ich mit sehnlichstem Verlangen und großer Freude erhalten habe. Und zwar habe ich den ersten Brief am 29. 5. hier erhalten und das war der, den Du am 16. 5. geschr. War auch schon gut 4 Wochen ohne Nachricht von Euch. Am 2. d. M. bekam ich dann die anderen 3 Br., den vom 30. 4. und vom 10. 5. und auch den vom Vater. Gott sei Dank seid ihr noch alle gesund und wie es scheint auch sonst noch alles so ziemlich in Ordnung, daß Ihr Euch fest plagen müßt, das kann ich mir vorstellen. Auch ich kann mit meiner Lage noch sehr zufrieden sein, der Magen ist halt bei mir ein kleiner Spitzbub, ansonsten fühl ich mich ja Gottseidank noch immer so ziemlich gesund, *diese kleinen Störungen des Magens* sind leicht zu mitnehmen, denn er könnte leicht auch schon schlechter sein. Ansonsten ist es mir fast in allen Dingen hier lieber als in Linz. Bin auch noch immer in der Zelle allein. Wir haben fast täglich eine halbe Stunde Bewegung im Freien, arbeiten kann man auch in der Zelle soviel man will, nämlich Briefkuverts anfertigen. Lieber wäre es mir schon, ich könnte dafür Euch die schwere Arbeit abnehmen. Diese freie Wahl ist halt einmal fort, da läßt sich nichts ändern. Wenigstens kann ich noch beten für Euch. Es ist auch eine Gnade Gottes, wenn man für seinen Glauben etwas leiden darf, ich kann ja hier die schönsten Exerzitien machen, wenn ich zuhause wäre, würde ich mir kaum eine Woche dazu Zeit nehmen, das heißt, wenn noch welche abgehalten würden, über die weitere Zukunft kann ich Euch noch immer nichts mitteilen, vielleicht beim nächsten Brief. Am 24. 5. war ich im Reichskriegsgericht bei der Einvernahme, mußten ein gutes Stück mit dem Auto fahren, denn das R.K.G. ist in der Stadt und Tegel ist etwas außerhalb. Da bekommt man erst einen kleinen Einblick von der Größe einer solchen Stadt. Jetzt werdet Ihr halt schon fast mit der Heumacherei beschäftigt sein, da wird halt die Rosl und Maridl auch schon wichtig sein dabei? Hoffentlich hat es bei Euch im Mai mehr geregnet als hier, sonst würde es mit dem Obst schlimm aussehen und auch mit dem Wasser. Daß mir um die schönen Maiandachten sehr leid war, kannst Du Dir denken, als Ersatz dafür hab ich halt in meiner Zelle hier dafür täglich abends eine Maiandacht gehalten, zum Schmuck des Marienbildes hatte ich ja noch die Veilchen von der Rosl, die Du mir einmal geschickt hast, schöner wärs freilich, wenn ein Fam. Vater mit seiner ganzen Familie sich zum Gebete einfinden könnte. Bitten wir in diesem Monat recht innig das Hl. Herz Jesu, daß es der Welt den baldigen Frieden bringen möge, wenn ihn nur auch alle Menschen wollten. Kirchlich wäre ja heuer der Monat Juni einer der schönsten Monate vom Jahr. Liebste Gattin, wenn es Gottes Wille ist, gibt es ja auch auf dieser Welt noch ein Wiedersehn, auf das sich, glaub ich ja, jedes von uns sehnt. Bleibet in Frieden! Liebet einander und verzeihet gern. Die meisten Menschen verbittern sich das Leben selbst durch ihre Unversöhnlichkeit. *Frau Kirsch hat mir geschrieben,* ich sollt ihr eine Bestätigung von meiner Kompanie schicken, damit sie Alimente bekommt, meine Adresse wird sie wahrscheinlich von Euch haben. Ich weiß es ja nicht, wie die ganze Sache liegt, ob ihr noch zahlt, wenn es Euch ein wenig möglich ist, möcht ich Dich bitten, liebe Gattin, einstweilen noch weiter zu

zahlen, wie es nach dem Urteil ist, weiß man ja nicht, ob sie dann überhaupt vom Staate etwas bekommt. Wenn sie unbedingt eine Bestätigung von der Komanpie haben will, so braucht sie bloß an die Kompanie selbst schreiben. Die Adresse wäre folgende: „An die Stammkompanie der Kraftf. Ers. Abt. 17 in Enns.“
Und nun meine lieben Kinder. Habt Ihr doch den Vater noch nicht vergessen, weil er Euch schon so lange nicht mehr geschrieben und auch selber gar nicht kommt? Jetzt werdet Ihr halt wieder fest Erdbeer und Heidelbeeren pflücken, beim Lang Kirschen suchen. Heuer wird halt die Loisie auch schon fest dabei sein. Werdet nur recht brave und folgsame Kinder, dann wird der l. Gott alles wieder recht machen.
Es grüßt Dich nun herzlich meine liebste Gattin sowie Mutter und meine lieben Kleinen Euer Vater Gatte und Sohn Franz.

(81)
An Franziska Jägerstätter
Tegel, 8. 7. 1943

Gott zum Gruß Herzallerliebste Gattin und Mutter und auch meine lieben Kinder. Endlich ist die Zeit wieder da, daß ich Euch wieder einige Zeilen schreiben darf. Vor allem meinen innigsten Dank für Eure Briefe, die ich mit großer Freude erhalten habe und mit Sehnsucht schon immer erwartete.
Herzlichen Dank auch für die lieben Bilder, die mir auch große Freude gebracht, aber dazu auch feuchte Augen, die Loisie hätte ich ja bald nicht mehr erkannt, sie ist dem Geschau nach scheints eine ganz Energische. Eine Freude wäre es schon, wenn man die wenigen Lebenstage im Kreise einer glücklichen Familie verbringen könnte. Aber wenn

der liebe Gott es anders für uns bestimmt hat, so ist es so auch gut, es ist auch eine Freude, für Jesus und unsern Glauben leiden zu dürfen, wir haben ja die frohe Hoffnung, daß uns die wenigen Lebenstage, die wir hier getrennt sein müssen, in der Ewigkeit ja aufs Tausendfache ersetzt werden, wo wir dann in ungetrübter Freude und Glückes ewig uns mit Gott und unsrer himmlichen Mutter erfreuen dürfen. Wenn wir nur in der Liebe Gottes verbleiben können, denn es können noch harte Glaubensproben an uns herankommen, denn wir wissen nicht, ob wir nicht in die Zeit hineinfallen wo es heißt, daß der Gerechteste kaum gerettet wird. Nun bedank ich mich auch noch für meine Lieblingsspeise, die ich am Pfingstsamstag noch sehr wohlschmeckend erhalten habe, sie mußten mir für zwei Mahlzeiten als Nachspeise dienen. Obwohl es mir gut geschmeckt hat und auch gefreut, so bitt ich Euch doch in Zukunft es zu unterlassen, mir Lebensmittel zu schicken, denn es wäre auch hier nicht gestattet, diese Kleinigkeit hat man mir halt gutwilligerweise zukommen lassen.
Ich glaube ja auch so an Eure Liebe zu mir und daß Ihr auch ständig in Sorge sein werdet um mich. Könnt mir sicher glauben, daß es mir auch bis jetzt hier noch nicht so schlecht ergangen ist, wie Ihr vielleicht zuhause Euch meine Lage vorstellt. Bin auch Gott sei Dank noch immer gesund, was ich auch von Euch hoffe. Liebste Gattin und Mutter, ich fürchte halt auch immer, daß es Eurer schwachen Gesundheit diesen Sommer zuviel werden wird, denn ich weiß ja, was es für Arbeit gibt, wenn es einmal richtig losgeht. Indem Ihr jetzt *Marktbürger* seid, solltet Ihr es ja eigentlich schöner bekommen, aber ich glaub, deswegen ist nicht viel Aussicht. Wie ich nach eurem Schreiben sehe, habt Ihr gerade

keine niederen Nutzvieh Preise, so etwas ist aber oft sehr gefährlich, indem man sich auch sehr leicht am Gelde verlieben kann. Liebe Mutter bedanke mich auch für Deine Zeilen, die mich auch sehr gefreut, damit hoffe ich, daß Du mir auch nicht mehr böse bist über meinen Ungehorsam, ich bitte Dich aber, sei ja nicht beängstigt besorgt um mein leibliches Wohl, wenn auch noch Schwereres über mich hereinbrechen wird, aber das macht nichts, denn mehr als ich ertragen kann, wird der liebe Gott mir nicht schicken. Nun muß ich Euch auch noch die Daten der Briefe bekannt geben, die ich seit meinem letzten Schreiben wieder erhalten habe. Und zwar! Die vom 23. 5., 25. 5., 30. 5, 9. 6., 13. 6. und 20. 6., ich glaub so ziemlich alles erhalten zu haben, was Du mir bisher geschickt.
Lieber Schwiegervater. Bedanke mich auch bei Dir herzlich für Deinen Brief und auch für die l. Zeilen, die Du im letzten Brief mir geschickt, hätte dir zwar im letzten Brief ein separates Blatt beigelegt, was, wie ich in Euren Schreiben erkenne, Ihr nicht erhalten habt und somit laß ich es diesmal bleiben und hau alles durcheinander. Hoffentlich bist Du auch *ohne Schröpfen* lassen schon wieder gesünder, was ich Dir vom Herzen wünschen möchte. Heuer schickt der Herrgott ohnedies ein Wetter für diejenigen, die sehr leicht schwitzen müssen, wenn Ihr auch keine bessere Witterung habt als wir hier, dann glaub ich, seid Ihr bis jetzt mit der Heuernte noch nicht fertig? Es regnet zwar nicht viel, aber ich glaube kaum, daß im ganzen Juni zwei schöne Sonnentage hintereinander waren und der Juli hat nicht besser begonnen, hoffentlich wird es bis zur Ernte doch besser.
Ist schon gut, *wenn Du meine Leute nicht zuviel antreibst* bei der Arbeit, damit Ihr auch zum Denken

noch ein wenig Zeit übrig habt und auch zum Beten. Ihr werdet auch alle schon sehr neugierig sein, ob über meine weitere Zukunft schon entschieden wurde. Bitte Euch aber darüber noch zu gedulden, bis zu meinem nächsten Schreiben, *hoffe wenigstens bis dorthin auf meine endgültige Entscheidung.* Liebste Gattin, so lange ich nicht unglücklich bin, brauchst Du Dir kein schweres Herz ob meiner machen, vergeßt mich nur nicht im Gebete, sowie auch ich euer nicht vergesse, ganz besonders gedenket meiner beim Hl. Meßopfer. Kann Dir auch Freudiges mitteilen, daß ich gestern Besuch hatte und zwar von einem Priester, nächsten Dienstag wird er mit dem Allterheiligsten kommen, man ist also auch hier nicht von Gott verlassen. Es grüßt Dich nun herzlich Dein in Liebe an Dich denkender Gatte Franz. Herzlichen Gruß an Dich liebe Mutter sowie an Schwiegereltern und Resie. Grüße auch für diejenigen, die mir durch Euch schon Grüße sandten. Insbesondere an Br. Mayer sowie an Pate Franz, sowie an Krenn, Karobath und Fürthauer, auch an die Nachbarn und Freunde. Und nun noch herzliche Grüße an Euch meine lieben Kleinen. Eure Bildchen haben mir große Freude gebracht, am liebsten wäre es mir freilich, wenn ich Euch ohne Bild wieder sehen könnte, dürft deswegen nicht verzagen, wenn der Vater gar nicht kommt zum Geschichtenerzählen. Heute gibt es viele Kinder, wo der Vater nicht kommen kann oder überhaupt nicht mehr kommt. Es freut mich, wie mir die Mutter geschrieben, daß Ihr immer recht brav betet, ich glaub, daß Ihr auch sonst schon viel braver und folgsamer geworden seid, würde mich schon sehr freuen, wenn Ihr recht brave Kinder würdet. Am Fronleichnamstag hab ich ganz besonders an Euch denken müssen, hätte Euch gerne

sehen wollen mit Euren lieben Kränzchen. Es grüßt Euch nun herzlich aus weiter Ferne Euer euch liebender Vater. Bleibet alle gesund und lebet wohl auf Wiedersehn!
Vielen Dank liebste Gattin für den Brief vom 27.6., den ich auch noch vor kurzem erhalten habe.

(82)
An Franziska Jägerstätter
Tegel, 8. 8. 1943

Liebste Gattin und alle meine Lieben.
Seid mir vor allem aufs herzlichste gegrüßt. Vor allem meinen herzlichsten Dank für Deine Briefe, für den vom 13.7. und 25.7., die ich mit Freude erhalten habe, hoffe auch, daß Ihr meinen vom vorigen Monat erhalten habt. Liebste Gattin, im letzten Monat hast Du wieder große Opfer für mich bringen müssen und morgen werden es schon wieder *vier Wochen, daß wir uns wiedersahen.* Es hätte Euch bis jetzt noch viel Schmerz erspart bleiben können, wenn Euch mein Verteidiger nicht geschrieben hätte, denn ich habe bis heute noch keine Nachricht erhalten, daß das Urteil bestätigt ist, mußt halt diese Strapazen und schweren Unkosten Gott aufopfern, damit sie nicht umsonst gewesen sind. Das Wiedersehn brachte mir zwar Freude, aber nicht der Zweck dessen Ihr so große Opfer auf Euch genommen. Es tat mir schon leid, daß ich so wenig mit Dir sprechen konnte. Ich bin ja deswegen unsrem Hochw. Herrn Pf. nicht böse und lasse ihn auch um Verzeihung bitten über all meine unnützen Worte, die ihn vielleicht sehr gekränkt haben und mir nachher doch nur Reue gebracht. Denn ich werde durch meine Worte genau so wenig erzweckt haben wie unser Hochw. Herr Pf.

mit den seinen. Ich wollte, ich könnte Euch all dieses Leid, daß Ihr jetzt um meinetwegen zu ertragen habt, ersparen. Aber Ihr wißt doch, was Christus gesagt hat: „Wer Vater, Mutter, Gattin und Kinder mehr liebt als mich, ist meiner nicht wert.“ Wie wehe wird es Christus getan haben als er seiner Mutter durch sein Leiden solche Schmerzen bereiten mußte, die mit unsren Leiden gar nicht zu vergleichen sind. Und dies alles litt Jesus nur aus Liebe für uns Sünder. Glaubt Ihr vielleicht Euch könnte dann kein Leid mehr treffen, wenn ich jetzt durch eine Lüge mir das Leben noch zu verlängern suchen würde? Wenn Ihr das wirklich glaubt, wie ich nach Euren Reden vernehmen konnte, daß ich mich dadurch gegen das vierte Gebot versündige, dann habt Ihr freilich Schweres durchzumachen. Wie unsre letzte Stunde sein wird, wissen wir nicht, auch nicht, welche Kämpfe wir dort noch durchzumachen haben, aber daß ich ein so großes Vertrauen auf Gottes Barmherzigkeit habe, daß mich mein lieber Heiland auch in der letzten Stunde nicht verlassen wird, der mich bisher nicht verlassen hat, das könnt Ihr mir glauben, und auch unsre liebe Himmelmutter nicht, denn daß *nicht wenig das Gegrüßet seist Du Maria über meine Lippen rollt,* das könnt Ihr Euch denken.
Liebste Gattin, denke daran, was Jesus denen versprochen hat, welche die *neun Herz-Jesu-Freitage halten.* Wenn nicht schon früher, so wird am jüngsten Tage alles klar werden, worüber heute sich so manche Menschen streiten. Ich verzeihe Euch sowie auch allen anderen von Herzen, wenn auch so manches Wort nicht gerade wohltut, das einem zu Ohren kommt, was hat man nicht unsren lieben Heiland alles geheißen? Und unsereins soll von solchen Worten verschont bleiben! Für mich

werden die Verdienste für die Ewigkeit ja nicht geringer, wenn ich auch von vielen geschmäht werde, die Hauptsache ist nur, wenn der Herr mich in der Ewigkeit nicht zuschanden werden läßt. Gott der Herr, er möge uns allen in der letzten Stunde zu Hilfe kommen und uns nicht Richter, sondern Erlöser sein. *Sorget auch nicht so ängstlich ums Irdische,* der Herr weiß ja auch da, was wir brauchen so lange wir als Pilger auf dieser Welt sind, wenn auch so manches sich ändern kann und vieles anders kommt als wir möchten, wir wissen doch, was wir hier auf dieser Welt noch abbüßen können, brauchen wir im Jenseits nicht mehr leiden und je mehr hier die Leiden, desto größer einmal die Freuden. *Von Bruder Mayer hab ich auch vor kurzem einen sehr trostreichen Brief erhalten,* ich lasse mich herzlich dafür bedanken und auch noch herzliche Grüße von mir ihm senden, wenngleich es sehr leicht möglich sein könnte, daß *er noch vor mir in die Ewigkeit abberufen werden könnte.* Wie viele werden seit dem schon in die Ewigkeit abgegangen sein.

(83)
An Franziska
Jägerstätter
Brandenburg, 9. 8. 1943

Gott zum Gruß Herzallerliebste Gattin. Und alle meine Lieben.
Deine Briefe vom 13. und 25. Juli noch mit Freude erhalten, wofür ich mich noch herzlich bedanke. Heute sind es nun 4 Wochen da wir uns zum letzten Mal auf dieser Welt gesehen. Heute früh um zirka halb 6 Uhr hieß es sofort anziehen, das Auto wartet schon, und mit mehreren Todeskandidaten ging dann die Fahrt hierher nach Brandenburg, was mit uns

geschehen wird, wußten wir nicht. Erst zu Mittag teilte man mir mit, daß das Urteil am 14. bestätigt wurde und heute um 4 Uhr nachmittags vollstreckt wird. Will euch nun kurz einige Worte des Abschiedes schreiben.
Liebste Gattin und Mutter. Bedanke mich nochmals herzlich für alles, das Ihr mir in meinem Leben alles für mich getan, für all die Liebe und Opfer, die Ihr für mich gebracht habt, und bitte Euch nochmals, verzeiht mir alles, was ich Euch beleidigt und gekränkt habe, sowie Euch auch von mir alles verziehen ist. Ich bitte auch alle anderen, die ich jemals beleidigt oder gekränkt habe, mir alles zu verzeihen, ganz besonders Hochw. Herr Pf. wenn ich ihn durch meine Worte vielleicht noch sehr gekränkt habe, als er mich mit Dir besuchte. Ich verzeihe allen vom Herzen. Möge Gott mein Leben hinnehmen als Sühn-Opfer nicht bloß für meine Sünden, sondern auch für andere.
Liebste Gattin und Mutter. Es war mir nicht möglich, Euch von diesen Schmerzen, die Ihr jetzt um meinetwegen zu leiden habt, zu befreien. Wie hart wird es für unsren lieben Heiland gewesen sein, daß er durch sein Leiden und Sterben seiner lieben Mutter so große Schmerzen bereiten mußte und das haben sie alles aus Liebe für uns Sünder gelitten. Ich danke auch unsrem Heiland, daß ich für ihn leiden durfte und auch für ihn sterben darf. Und vertraue auch auf seine unendliche Barmherzigkeit, daß mir Gott alles verziehen hat und mich auch in der letzten Stunde nicht verlassen wird. Liebste Gattin denke auch daran, was Jesus denen verheißen hat, für die, welche die 9 Herz-Jesu-Freitage halten. Und auch jetzt wird dann Jesus in der heiligen Kommunion noch zu mir kommen und mich stärken auf die Reise in die Ewigkeit. In Tegel hatte ich

auch noch die Gnade, viermal die hl. Sakramente zu empfangen. Grüßet mir auch noch herzlich meine lieben Kinder, ich werde den lieben Gott schon bitten, wenn ich bald in den Himmel kommen darf, auch für Euch alle ein Plätzchen anzuschaffen. Habe in der letzten Woche die Himmelmutter noch öfter gebeten, wenn es Gottes Wille ist, daß ich bald sterbe, daß ich das Fest Maria Himmelfahrt schon im Himmel mitfeiern darf. Viele Grüße auch noch an Schwiegereltern, Schwägerin und allen Verwandten und Bekannten. Grüßet mir auch noch Bruder Mayer und ich laß mich noch schön für seinen Brief bedanken, der mich noch sehr gefreut hat. Auch bei Hochw. Karobath laß ich mich noch bedanken für sein Schreiben.
Und nun alle meine Lieben lebet alle wohl und vergesset meiner nicht im Gebet. Haltet die Gebote und wir werden uns durch Gottes Gnade bald im Himmel wiedersehn!
Herzliche Grüße auch noch an meine Firmpaten.
Es grüßt Euch nun alle noch vor seiner letzten Reise Euer Gatte, Sohn und Vater, Schwiegersohn und Schwager.
Jesu Herz, Maria Herz und mein Herz seien ein Herz verbunden für Zeit und Ewigkeit.
Maria mit dem Kinde lieb, uns noch allen Deinen Segen gib!

Die folgenden Briefe sind Aufzeichnungen aus der Zeit nach der Verurteilung.

(*84*)
(Berlin,
Juli/August 1943)

(Wem ergeht es besser, dem Gläubigen oder Ungläubigen)

Wem ergeht es besser auf dieser Welt, demjenigen welcher das irdische vor dem Ewigen vorzieht, oder denjenigen, welchen das Ewige vor dem Irdischen vorgeht.
Was haben nun jene vom Leben, welche das ewige Leben höher schätzen. Gewöhnlich hält man sie für Toren, wenn viele glauben, solche haben von diesem Leben nichts als Arbeit und Sorgen und Leiden und doch ist es nicht ganz so, erstens gibt es so viele Arbeiten auf dieser Welt, die mit irdischen Löhnen gar nicht bezahlt werden können. Aber sie sind doch glücklich und zufrieden dabei, weil sie ja wissen, daß Gott es ihnen mit ewigen Gütern belohnen wird, sie wissen, daß kein Leiden für sie umsonst ist, denn Gott bezahlt alles einmal mit überreichem Lohn. Solche Menschen können also nur unglücklich sein und werden, wenn sie sündigen, denn die Sünde ist das größte Übel und Unglück, das es für uns Menschen überhaupt gibt, denn solange der Mensch in der schweren Sünde lebt, kann er sich nicht die geringsten Verdienste für die Ewigkeit sammeln. Wie gut geht es nun jenen, welche das Irdische Leben vor dem Ewigen bevorzugen oder an ein ewiges Leben überhaupt nicht mehr glauben. Erstens brauchen Sie deswegen nichts mehr arbeiten, nimmt ihnen jemand deswegen die Sorgen ab, haben sie vielleicht nichts zu leiden oder werden sie

vielleicht für die Leiden bezahlt, können sie vielleicht einer harten Zeit, die uns Menschen öfters bevorsteht, aus dem Wege gehen oder dem Tode ausweichen? Wohl gibt es auch für solche manchmal glückliche Stunden, doch leider folgt oft auf solche Stunden schon gleich auf dieser Welt bittere Reue und schwere Nachwehen, da eben in solchen Stunden oftmals Unerlaubtes geschieht und sogar mit den weltlichen Gesetzen dabei in Konflikt kommt. Hat man denn dann überhaupt davon noch einen Genuß, wenn man vor Tagen oder Jahren gut gegessen und getrunken oder geschlechtlich sich befriedigt hat? Ich glaube nicht, denn je mäßiger der Mensch lebt, desto gesünder erhält er seinen Körper. Wem geht es also besser auf dieser Welt, dem Gläubigen oder Ungläubigen?

(85)
(Berlin,
Juli/August 1943)

(Vor Gott ist nicht alles Verbrechen, was vor der Welt als Verbrechen gilt.)

Alle meine Lieben, die Stunde rückt immer näher, wo ich meine Seele Gott dem Herrn wieder zurückgeben werde. Hätte Euch wohl zum Abschied noch so manche Worte zu sagen, und es ist auch hart, von Euch nicht mehr Abschied nehmen zu können. Gerne möchte ich Euch die Schmerzen und Leiden, die Ihr um meinetwillen zu tragen habt, ersparen. Aber Ihr wißt ja, Gott müssen wir noch mehr lieben als die Familie und lieber alles, was einem auf dieser Erde lieb und teuer ist zu verlassen, als Gott im geringsten zu beleidigen. Und wäre ich um Euretwillen nicht zurückgeschreckt, Gott zu beleidigen, wissen wir denn was Gott Euch

dann für Leiden hätte schicken können um meinetwillen?
Für unsern lieben Heiland wird es hart genug gewesen sein, durch seinen Tod seiner lieben Mutter solche Schmerzen zu bereiten, was sind da unsre Leiden gegen dem, was diese beiden unschuldigen Herzen gelitten haben und nur für uns Sünder. Was muß das auch für solche für ein Abschiednehmen sein, die vielleicht nur so halb an ein ewiges Leben glauben und daher nicht mehr viel auf ein Wiedersehen zu hoffen haben. Hätte ich nicht auf Gottes Barmherzigkeit vertraut, daß er mir alle meine Sünden verziehen, so würde ich kaum ein so ruhiges Leben in meinen einsamen Kerkerstunden gehabt haben. Wenn man mich auch des Verbrechens angeklagt und des Verbrechens zum Tode verurteilt hat, tröstet Euch, vor Gott ist nicht alles Verbrechen, was vor der Welt als Verbrechen gilt. Und ich hoffe, daß ich dieses Verbrechens wegen den ewigen Richter nicht zu fürchten habe. Und doch soll Euch mein Todesurteil ein warnendes Beispiel sein. Denn Gott, der Herr wird auch nicht viel anders verfahren mit uns, wenn wir vielleicht glauben, nicht in allem gehorchen zu brauchen was er uns durch seine Kirche zu glauben und zu gehorchen befiehlt. Nur würde uns der ewige Richter nicht bloß zum irdischen Tode, sondern auch zum ewigen Tode verurteilen. Deshalb hab ich Euch nichts dringenderes ans Herz zu legen als, nehmet Euch den festen Entschluß alle Gebote zu halten und jede Sünde zu meiden. Du sollst Gott Deinen Herrn lieben und den Nächsten wie Dich selbst, auf diesen beiden Geboten ruht das ganze Gesetz. Haltet dieses und wir haben uns ein baldiges Wiedersehen im Himmel zu erhoffen. Man muß auch nicht schlecht deswegen über andre denken, die anders handeln als

ich. Es ist viel besser für alle zu beten, als über andre zu richten, denn Gott will, daß alle selig werden.
Viele glauben halt ganz einfach, es muß so sein und sollen sie dabei auch Unrecht tun, so haben ja andere die Verantwortung. Und wer die Ansicht und den Willen hat, alles befolgen zu können und zu wollen, für den ist auch der Eid keine Lüge. Aber wenn man schon im Vorhinein weiß, ich kann das nicht alles halten und befolgen, was ich unter diesem Eid versprochen, so begehe ich eine Lüge. Somit bin ich der Ansicht, ist es doch am besten, ich sage lieber gleich die Wahrheit, daß ich nicht in allem gehorchen kann und wenn es gleich das Leben kostet. Denn daß man unter Sünde verpflichtet wäre, unsrer weltlichen Autorität unter Eid sich zu verpflichten in allem zu gehorchen, was einem befohlen wird, findet man in keinem Gebote Gottes und auch nicht der Kirche. Deswegen macht Euch kein schweres Herz darüber, wenn mich andre über dies einer Sünde bezichtigen, was ja schon vorgekommen. Wenn man auch darüber die Familie als Anhaltspunkt nimmt, auch darüber könnt Ihr ruhig sein, denn der Familie wegen ist mir das Lügen nicht erlaubt und wenn ich 10 Kinder hätte.
Die größte Bitte ist noch die, die ich an Euch zu richten habe: Erziehet die Kinder zu frommen Katholiken solange es Euch möglich ist, jetzt haben sie freilich noch nicht viel Verständnis dafür. Denn ich kann das aus eigener Erfahrung sagen, wie peinlich oft das Leben ist, wenn man so als halber Christ dahin lebt, es ist schon mehr ein Vegetieren als Leben. Würde ein Mensch die ganze Weltweisheit besitzen und die halbe Erde als sein eigen nennen können, so könnte und würde er doch nicht so glücklich sein als ein armer Mensch, der fast

nichts auf dieser Welt sein eigen nennen kann, als einen tiefen kath. Glauben. Mit dem größten Königspalast möchte ich meine kleine Zelle, die gar nicht einmal rein ist, vertauschen, wenn ich dafür nur einen kleinen Teil meines Glaubens geben müßte, denn alles Irdische, wenn es noch so viel und noch so schön ist, geht zu Ende, aber Gottes Wort bleibt in Ewigkeit. Und ich kann Euch versichern, daß Ihr, wenn Ihr für Eure Kinder bloß ein andächtiges Vaterunser im Zustande der Gnade betet, ihnen ein größeres Geschenk gemacht habt als wenn ihr ihnen das größte Heiratsgut, das je ein Besitzer seinen Töchtern zu geben vermag, gegeben hättet. Viele würden über diese Worte lachen, aber sie sind doch wahr.
Nun meine lieben Kinder, wenn Euch die Mutter diesen Brief vorlesen wird, ist Euer Vater schon gestorben. Wäre gerne noch zu Euch gekommen, aber der Himmelvater hat es anders gewollt. Werdet brave und folgsame Kinder, betet für Euren Vater, damit wir uns recht bald im Himmel wiedersehen!
Liebe Gattin und (Mutter?) verzeihet mir alles, was ich Euch beleidigt und gekränkt habe, von wir ist Euch alles verziehen, und bitte noch alle Radegunder, die ich einmal gekränkt oder beleidigt habe, mir zu verzeihen.
Gruß auch noch an Hilda.

(86)
(Berlin,
Juli/August 1943)

(Und doch ist es nicht bloß Pflicht einzelner, nach Heiligkeit zu streben, sondern aller.)

Wer kann den Wert eines tiefen und frommen Glauben eines Katholiken erschätzen, niemand außer

Gott. Es ist nicht bloß freie Sache eines Katholiken alles zu glauben, was Gott uns durch die katholische Lehre zu glauben vorstellt, sondern Pflicht. Es ist aber auch Pflicht, alle Gebote Gottes und der Kirche zu halten. Ein frommer Christ sein und nach Heiligkeit streben ist nicht mehr als Gottes Willen in allem zu erfüllen. Es kann zwar auch ein solcher Christ noch sündigen, der alles glaubt, was Gott uns zu glauben lehrt und auch den festen Willen hat, lieber zu sterben als Gott durch eine freiwillige Sünde zu beleidigen und wäre es bloß durch eine Notlüge, was viele überhaupt zu keiner Sünde mehr rechnen. Daß eben bei einem solchen Glauben, welcher alles glaubt und den Willen hat, alles zu halten, was Gott und die Kirche verlangt, Gott mit seiner Hilfe und Gnade nicht spart, kann man sich auch vorstellen, so daß ein solches wirklich nimmer leicht sündigen wird. Katholiken gibt es noch viele, aber wie viele würde man noch finden in Deutschland, die lieber auf eine schöne Stellung verzichten oder auf einen schönen Beruf oder gar auf Haus und Hof verzichten würden, wenn sie Gott bloß durch eine läßliche Sünde beleidigen müßten oder vielleicht gar sich lieber den Kopf abhauen lassen als Gott durch eine läßliche Sünde zu beleidigen. Ja ist denn eine läßliche Sünde schon so etwas Schweres, daß man sogar lieber auf das Leben verzichten soll, als eine läßliche Sünde zu begehen? Eine Sünde, wenn auch nur läßlich, ist eine Beleidigung Gottes. Und eine Beleidigung Gottes ist so was Schweres, daß wir sie mit unserem menschlichen Verstande niemals erfassen können. Denn wenn eine Todsünde so schwer ist, daß man nicht imstande wäre die ganze Ewigkeit in der Hölle sie abzubüßen, so kann man sich denken, daß auch eine läßliche Sünde was Schweres sein muß. Wäre man vor die Wahl gestellt, was einem lieber wäre, die ganze Welt sein eigen nennen zu dürfen oder so viel er sich wenigstens davon wünscht und Gott dafür durch eine läßliche Sünde zu beleidigen, oder Gott nicht zu beleidigen und dafür lieber sein ganzes Leben ein armer Tropf zu sein, so müßte man doch lieber letzteres wählen. Und wie viele würden so handeln? Und doch ist in all dem nichts Übertriebenes dabei. All dies zu glauben und zu halten wäre sogar jedes Christen Pflicht. Jetzt denke man sich noch die Opfer hinzu, die unsre Heiligen sich selbst noch dazu auferlegt haben. So ist es ganz leicht begreiflich, daß die Heiligen von den Weltmenschen nie verstanden wurden und man sie sehr häufig, so lang sie auf der Welt lebten nur als Narren bezeichnete.

Und doch ist es nicht bloß Pflicht einzelner, nach Heiligkeit zu streben, sondern aller. Können denn solche Menschen noch glücklich sein auf dieser Welt, die es mit dem Glauben und mit der Enthaltung von der Sünde so ernst nehmen, würden sich viele denken. Und doch gibt es keine glücklicheren Menschen auf dieser Welt als jene. Und wenn sie schon die schwersten Sünder gewesen sind, denn so sehr wie sie Gott fürchten, vertrauen sie auch auf Gottes Barmherzigkeit, daß er all ihre Sünden verziehen hat und was Gott verziehen, bleibt verziehen für die ganze Ewigkeit. Wenn auch Leiden, Drangsale, Schmähung und Verfolgung über sie kommen, das leiden sie mit Geduld und aus Liebe zu Gott. Denn der bloße Gedanke an die ewigen Freuden, die sie dafür zu erwarten haben, überwiegt alle Leiden und Sorgen. Dann haben sie kein verbittertes Herz, jeder Groll, Haß und Rachsucht sei ihnen fern, es herrscht ständiger Friede in ihren Herzen. Wie der heilige Antonius sagte: „So selig ist kein Seliger und so glücklich kein Glücklicher, als der Mensch, der Gott immer in seinem Herzen hat.(“) Sie sind nicht ängstlich besorgt um ihre irdische Zukunft, wenn auch die Aussichten schlecht sind, denn sie wissen, je mehr Leiden ihnen Gott schickt, desto größer werden die Freuden im Himmel. Kann es also noch ein höheres und größeres Gut für einen Menschen auf dieser Welt geben als einen so tiefen und frommen Glauben? Könnte man seinen Kindern die ganze Weltwissenschaft erlernen lassen, so wäre es alles nichts, als wenn man ihnen einen tiefen Glauben ins Herz legen kann. Denn trotz aller Weisheit und Wissenschaft kann einer der unglücklichste Mensch der Welt sein. Ist es aber auch möglich, den Kindern einen solchen Glauben ins Herz zu legen? Mit Gottes Hilfe ist nichts unmöglich. Natürlich ist das die Hauptaufgabe der Eltern, denn wenn die Eltern nicht auch so leben als wie sie lehren, könnte sich ein Katechet noch so große Mühe geben mit den Kindern, es würde ihm kaum glücken, sie zu guten Katholiken erziehen zu können. Denn das erste und größte Gift des Unglaubens pflanzen gewöhnlich die Eltern selbst ihren Kindern ins Herz, erstens durch ein schlechtes Beispiel und durch unbedachtsame Worte. Und ist so ein Unkraut einmal in einer Kinderseele festgewurzelt, so wächst es mit dem Kinde mit, wird immer größer, verdrängt die edle Frucht des Glaubens immer mehr, bis schließlich das Unkraut des Unglaubens Sieger geworden ist. Wenn dann Gott nicht mit besonderen Gnaden einem solchen Menschen zu Hilfe kommt, so daß der Mensch selbst dann daran geht, den guten Weg zu suchen und das Unkraut aus seiner Seele wieder zu entfernen, wird halt so ein Mensch zeitlich und ewig unglücklich. Und trotz größter

Vorsicht der Eltern kann einem Kinde öfters so ein Giftpflänzchen ins Herz gepflanzt werden, zwar durch Umgang mit andren Kindern und Personen. Was ist dann die Aufgabe der Eltern? Sie haben fleißig in den Seelen der Kinder Nachschau zu halten. Und zwar, daß sie ihre Kinder von Zeit zu Zeit mit Güte und Milde im Glauben prüfen, damit sie's herausbekommen an welchem Orte sich die Giftpflanze festgesetzt hat. Denn ein Gärtner muß auch sehr fleißig sein, wenn er seinen Garten von Unkraut rein erhalten will und oft Nachschau halten. Denn sonst hilft ihm der beste Dünger und das fleißigste Begießen seiner edlen Gewächse nicht viel. Natürlich muß so ein Gärtner mit Vorsicht daran gehen, das Unkraut zu beseitigen, sonst schädigt er auch die edle Frucht. Die Erziehung der Kinder im Glauben ist also die schwierigste Aufgabe der Eltern. In der Jugendzeit hat ein solches, das im Glauben gut erzogen wurde, schwer zu ringen um nicht unterzugehen in all den großen Gefahren, die auf eins lauern. Ein solches wenn sogar fällt, kann sich wenigstens mit Gottes Hilfe wieder eher aufraffen, wenn es schon gefallen, weil es wenigstens über seine Sünden noch Reue erhalten kann, indem es noch glaubt an dem (das), was recht und sündhaft ist. Wie aber soll ein solches, wo schon das Gift des Unglaubens Wurzel gefaßt hat, seinen Jugendkampf siegreich bestehen? Es gibt kein größeres Verbrechen als einem Kinde oder Erwachsenen mit voller Absicht am Glauben zu schaden oder ganz darum zu bringen. Wäre ein Mensch imstande, sämtliche Kirchen der Welt zu zerstören, die ja wieder aufgebaut werden können, (würde er) kein so schweres Verbrechen begangen haben als einer, der imstande ist, einen Menschen um den Glauben zu bringen, so daß er ewig verloren geht. Man führt aber bei uns noch immer ganz wirkungsvolle Schläge aus, auf die scheinbar (? schwer leserlich) viele hereinfallen. Und zwar sagt man: „Sind Euch die andren lieber, welche die Kirchen zerstören?“ Ich glaub, das weiß ohnehin jeder Christ gut genug, daß von dieser Sorte von Menschen nichts besseres zu erwarten ist. Aber nach meiner Ansicht hat jener mehr Erfolg am Zerstörungswerk der Seelen, der die Kirchen stehen läßt, ja sogar zum Bau der Kirchen beisteuert und mehr mit List und Schlauheit arbeitet, als einer der gleich das Kirchenabreißen anfängt und sämtliche Priester verhaften läßt. Werden da einem (mit) Kirchen noch etwas geholfen sein, wenn man nicht mehr viel oder gar nichts mehr glaubt? Sind die Priester (ist uns mit den Priestern?) noch so viel geholfen, wenn sie dort schweigen müssen, wo sie reden sollten? Ist vielleicht ein Arzt viel geholfen, wenn man ihn zu einem Menschen holt, der an schwerer Blutung darniederliegt und dem Arzt ist es verboten, dem Patienten einen Verband anzulegen?

(87)
(Berlin,
August 1943)

(Man soll nicht immer fragen oder sich fragen, bin ich über dies verantwortlich oder nicht, sondern ist es Gott auch wohlgefällig!)

Meine Lieben, muß Euch schon auch ob Eures großen Leides, das Ihr zu tragen habt, eine kleine Rüge erteilen, wenn Ihr vielleicht in Angst und Sorge seid betreffs der Zukunft in leiblichen Nöten, daß man euch ob meinem Fall deswegen den Hof wegnehmen wird. Ich glaub, Ihr wisset doch, daß wenn man hier größere Leiden hat, die mit Geduld erträgt, auch die Freuden im Himmel desto größer sind. Oder glaubt Ihr vielleicht, wenn man Euch den Hof enteignet, Ihr müßt dann gleich des Hungers sterben? Denket doch daran, daß auch ober uns noch einer waltet. Dann wäret Ihr gar nicht die ersten, denen das passiert ist. Nun meine liebe Gattin, muß ich Dir ein kleines mit meinem Fall vergleichendes Beispiel anführen, indem Ihr sagt, ich brauchte nicht zu lügen, wenn ich den Eid auch leiste? Nehmen wir an, Du würdest (vor die) Wahl gestellt, entweder den Hof zu verlassen oder unter Eid versprechen, daß Du in allem, was man auf Deinem Hof zu befolgen vorschreibt, auch befolgen wirst, betreffs Ablieferungen (unl. Wort, ev. u.s.w.). Du weißt ja selbst, was man alles verlangt. Was würdest Du da tun? Würdest Du den Eid verweigern, so würde man Dir dieselben Vorwürfe betreffs der Kinder machen wie mir, obwohl Du ganz gut im Vorhinein wüßtest, wenn Du den Eid leisten würdest, eine Lüge begingest, weil Du ja doch nicht alles befolgen würdest, was man Dir vorschreiben wird, außer Du hättest kein Mitgefühl mehr mit Deiner Familie, so daß Du Dein Herz auch verhärten könntest. Was besteht aber da noch für ein großer Unterschied, was man von Dir als Bäurin verlangen würde, gegen dem, was man von einem Soldaten verlangen kann? Denn könnte ich das auch glauben, daß der Führer allein die Verantwortung tragen muß über alles, was man zu gehorchen hätte, tun könnte ich ja doch nicht alles. Ich weiß, daß es Dir bestimmt nicht leicht gewesen ist, als Du auf Besuch da warst und mir nicht einen Bissen von Deinem Essen reichen durftest. Dieser Soldat tat nur seine Pflicht und brauchte dabei niemand schädigen und doch wirst Du Dir vielleicht gedacht haben, daß man so hart sein kann. Wie leicht könnte es auch sein, daß man es so wie bei den Kindern auch bei den Erwachsenen zum Gesetz machen und daß man unter Strafe verpflichtet sei der Partei beizutreten? Könnte man genau wieder dasselbe sagen, die Kirche hat es ja nicht verboten, oder es ist einfach unsre Pflicht der staatlichen Obrigkeit zu gehorchen? Und so geht dieses Treiben schon dahin seit der Wahl.

Ich kann Euch auch mitteilen, *daß ich betreffs meinem Fall als Katholik nicht der erste bin* und auch kaum der letzte.

Hätte uns vor sechs Jahren jemand gesagt, daß wir fast alle Katholiken Österreichs in einigen Jahren noch schrecklichere Taten für den Nationalsozialismus vollbringen als seinerzeit die Illegalen bei uns in Österreich, ich glaub, den hätte man doch für den größten Narren der Welt gehalten? Und heute ist oder sind es jene, die das nicht tun, so können sich die Zeiten ändern. Nur gut, daß vor Gott nicht alles als Verbrechen gilt, was die Welt als Verbrechen ansieht; denn ich bin des Verbrechens angeklagt und des Verbrechens zum Tode verurteilt. Denn da müßte Gott auch seine Gebote und Gesinnung von Zeit zu Zeit ändern; ich glaub, Ihr wißt doch auch noch, was man vor dem Umsturz über den Nationalsozialismus sagte? Man soll nicht immer fragen oder sich fragen, bin ich über dies verantwortlich oder nicht, sondern ist es Gott auch wohlgefällig, was ich tue. Betet viel um einen starken Glauben, denn wir alle brauchen noch einen Glauben wie ein Fels, sonst ist's aus mit der Hoffnung auf die ewige Glückseligkeit, auch über Euch kann und wird die Prüfung noch kommen, wie stark Euer Glaube ist. Denn dieser Strom, in dem wir jetzt ja alle schwimmen, ist zwar noch nicht reißend, aber vielleicht schlimmer, als wenn wir gleich in einen reißenden Strom gefallen wären, denn auch die

stillen Wasser, heißt es, sind sehr gefährlich, denn *durch dies lange*
Auch ein Haus, das lange im Wasser liegt, und nicht auf Fels gebaut, wird langsam einstürzen, ganz besonders aber dann, wenn ein Sturm hereinbricht oder die Wasser immer reißender werden. Und dieser Sturm oder (die) reißenden Wellen werden auch bei uns unausbleiblich sein. Würde ich da einen so starken Glauben nötig haben in meinem Fall, wenn mir meine Fam. Angehörigen zureden würden oder gar die Priester? Denket doch einmal ein wenig darüber nach, würden denn heute solche Priester noch in Freiheit sein unter dieser Regierung, die mir in diesem Fall recht geben würden oder mir gar noch zureden? Würden wir da einmal viele Verdienste haben für die Ewigkeit, wenn wir überall uns verantwortungslos machen wollen; wenn wir vielleicht Jahre hindurch nur auf andere ihr Gedeihen oder Verderben arbeiten wollen? Ein Kind zu erziehen wird eine große Verantwortung sein, aber auch welch großer Verdienst für die Ewigkeit. Wird also die Blütezeit für die Kirche bald anbrechen, wie so manche der Ansicht sind, dann ist Dir, liebe Gattin, mit Hilfe Gottes und eines guten Katecheten auch ohne meine Beihilfe auch möglich, unsre Kinder gut zu erziehen, und bleibt noch länger eine glaubensfeindliche Regierung, dann hätte man die Wahl zu treffen, wenn auch der Krieg zuende wäre, entweder Kerker oder Tod, oder die Kinder so erziehen zu lassen, wie es die Regierung wünscht.

(88)
(Berlin,
Juli/August 1943)

(Ich glaub, man kann auch ruhig blinden Gehorsam leisten, aber nur dann, wenn man niemand andren dabei schädigen muß.)

Werde hier nun einige Worte niederschreiben, wie sie mir gerade aus dem Herzen kommen. Wenn ich sie auch mit gefesselten Händen schreibe, aber immer noch besser, als wenn der Wille gefesselt wäre. Offensichtlich zeigt Gott manchmal seine Kraft, die er dem Menschen zu geben vermag, die ihn lieben und nicht das Irdische dem Ewigen vorziehen. Nicht Kerker, nicht Fesseln auch nicht der Tod sind es imstande, einen von der Liebe Gottes zu trennen, ihm seinen Glauben und den freien Willen zu rauben. Gottes Macht ist unbesiegbar. Seid gehorsam und untertänigst der Obrigkeit, diese Worte fliegen einem heute schon bald von allen Seiten zu, ja sogar von Menschen, die ohnehin fast nichts mehr glauben, was in der Hl. Schrift steht und was Gott uns zu glauben befohlen hat. Wenn man für jeden Menschen sich solche Mühe geben möchte, von der schweren Sünde und daher vor dem ewigen Tode zu erretten, als man mit mir sich Mühe gibt, vom irdischen Tode mich zu erretten, so müßte wahrlich schon der Himmel auf dieser Welt sein. Immer wieder möchte man einem das Gewissen erschweren betreffs Gattin und Kinder. Sollte die Tat, die man begeht, dadurch vielleicht besser sein, weil man verheiratet ist und Kinder hat? Oder ist deswegen die Tat besser oder schlechter, weil es Tausende anderer Katholiken auch tun? Ist vielleicht jetzt auch das Rauchen eine Tugend geworden, weil es Tausende von Katholiken tun? Dürfte man deswegen auch lügen, weil man Gattin und Kinder hat und selbe noch dazu mit einem Eide bekräftigen? Hat nicht Christus selbst gesagt, wer Gattin, Mutter und Kinder mehr liebt als mich, ist meiner nicht wert. Aus welchem Grund bitten wir denn dann Gott um die sieben Gaben des Hl. Geistes, wenn wir ohnedies blinden Gehorsam zu leisten haben?

Zu was hat denn Gott alle Menschen mit einem Verstande und freien Willen ausgestattet, wenn es uns, wie so manche sagen, gar nicht einmal zusteht, zu entscheiden, ob dieser Krieg, den Deutschland führt, gerecht oder ungerecht ist? Zu was braucht man dann noch eine Erkenntnis zwischen dem, was Gut oder Böse ist?

Ich glaub, man kann auch ruhig blinden Gehorsam leisten, aber nur dann, wenn man niemand andren dabei schädigen muß. Wären die Menschen heutzutage noch aufrichtiger, so glaub ich, müßte doch noch so mancher Katholik dabei sein und müßte sagen: „Ja, ich sehe ein, daß die Tat gerade nicht gut ist, die wir da begehen, aber ich bin einfach noch nicht bereit zum Sterben."

Hätte mir Gott nicht die Gnade und Kraft verliehen, für meinen Glauben auch zu sterben, wenn es verlangt wird, so würde ich halt vielleicht dasselbe tun, wie die Mehrzahl es tut. Gott kann eben jedem soviel Gnaden geben, wie er will. Hätten andre diese vielen Gnaden empfangen, wie ich sie schon erhalten habe, sie hätten vielleicht schon weit mehr Gutes geleistet wie ich. Viele Menschen sind vielleicht der Meinung, sie leiden nur dann für den Glauben und geben ihr Leben für den Glauben, wenn von ihnen verlangt wird, daß sie von der katholischen Kirche austreten sollen. Und ich getrau es mir ganz offen zu sagen, daß jeder, der bereit ist, lieber zu leiden und zu sterben als Gott durch die geringste läßliche Sünde zu beleidigen, für seinen Glauben stirbt. Dabei erwirbt sich ein solches weit größeren Verdienst, das auch bereit ist, lieber zu sterben, wenn es von ihm verlangt wird, als Gott durch die geringste freiwillige Sünde zu beleidigen, als jenes, von dem sogar verlangt wird, von der katholischen Kirche auszutreten, weil man eben da sogar schon unter schwerer Sünde verpflichtet ist, eher sein Leben zu lassen als dieses zu tun. Ein Heiliger sagte einmal, wenn man imstande wäre, durch eine einzige Notlüge die ganze Hölle auszulöschen, so soll man sie doch nicht begehen, weil man auch durch die Notlüge Gott beleidigt. So etwas scheint im neunzehnten (!) Jahrhundert direkt lächerlich, würden so manche denken oder sagen. Ja, wir Menschen haben uns freilich schon in vielen Dingen geändert, aber Gott hat von seinen Geboten noch nicht ein Strichlein weggenommen. Warum will man denn auch schon immer wieder das Sterben verschieben, wenn es nur ein wenig ginge, als wenn man nicht wüßte, daß es ja doch einmal sein muß, haben das unsere Heiligen auch so gemacht, ich glaube kaum? Oder zweifeln wir an Gottes Barmherzigkeit, es könnte uns auch die Hölle offenstehen, nach unsrem Tode. Verdient hätte ich es mir freilich durch meine vielen und schweren Sünden. Aber Christus ist nicht für die Gerechten zur Welt gekommen, sondern um zu suchen, was verloren war. Und damit kein Sünder verzweifeln braucht, hat er uns gleich bei seinem Tode ein Beispiel durch den rechten Schächer gezeigt. Könnte man da überhaupt noch eine ruhige Viertelstunde auf dieser Welt haben, wenn man sich denken müßte, Gott der Herr verzeiht mir nicht und somit bleibt mir nichts andres übrig, als nach dem Tode für ewig in die Hölle zu wandern. Wen solche

Gedanken nicht zur Verzweiflung brächten, der muß überhaupt nicht mehr an ein Weiterleben nach dem Tode glauben, oder die Hölle sich für ein Vergnügungslokal vorstellen, wo es immer fidel ist. Würde uns ein guter Freund eine schöne und weite Vergnügungsreise versprechen, natürlich alles unentgeltlich mit erstklassiger Verpflegung, würde man diese Reise immer wieder hinausschieben oder sie vielleicht gar für die alten Tage aufsparen? Ich glaube kaum. Und was ist es dann beim Sterben, haben wir nicht da auch eine weite Reise zu machen, wo wir zwar nicht mehr zurückkehren? Kann es aber einen freudigeren Augenblick geben als diesen, wenn wir sehen, daß wir glücklich am Himmelstrande gelandet sind. Natürlich dürfen wir nicht dabei vergessen, daß wir auch vorher noch zuerst im Fegefeuer zu reinigen haben, aber dieser Aufenthalt dauert nicht ewig und wer sich im Leben Mühe gegeben, auch den armen Seelen im Fegefeuer zu helfen und ein treuer Verehrer der Muttergottes gewesen ist, der kann versichert sein, daß er nicht lange im Fegefeuer verweilen braucht. Es möchte freilich einem fast schwindlig werden, wenn man an die ewigen Freuden des Himmels denkt. Wie sind wir schon gleich glücklich, wenn wir hier auf dieser Welt eine kleine Freude erleben, was sind aber auch schon die kurzen Freuden dieser Welt gegen jene, die Jesus uns in seinem Reiche versprochen hat? Kein Auge hat es gesehen, kein Ohr hat es gehört und in keines Menschen Herz ist es gedrungen, was Gott denen bereitet hat, die ihn lieben. Und als der heilige Augustinus einmal ein Buch verfassen wollte über die Freuden des Himmels, da erschien ihm der heilige Hieronymus, der wie sich später herausstellte, am selben Tage gestorben sei (war) und sagte zu ihm: „So wenig Du mit einer Hand die ganze Welt umfassen kannst, so wenig kannst Du die Freuden des Himmels in einem Buche erfassen, bevor Du nicht selber an jenem Orte bist, wo Du Dich ja befleißigst auch hinzukommen." Wenn also die Freuden des Himmels so groß sind, müssen wir nicht da alle Vergnügungen dieser Welt direkt verachten?

Zwei Gedichte aus dem Jahre 1932

3. Okt. 1932

Sei nicht so stolz, du reicher Mann,
auch du wirst einmal sterben,
gib auf den bösen Klassenkampf,
denn Gottes Sohn war auch nicht reich auf Erden.
Ach, wie schmerzvoll sind oft unsre Tage
auf unserer kurzen Straßenbahn,
auf der wir alle ungleich fahren,
bis einst der Zug entgleisen kann.
Nun frag' ich dich, du stolzer Mensch,
ob persönlich Reichtum dir genügt,
solang dir Gott Gesundheit schenkt
und dich sonst kein Leid nicht drückt.
Gesundheit und Klugheit wär sonst die allerschönste
Gab,
auch schön sein und Geld haben
ist auch recht, wenn er hat.
Aber all die schönen Gaben bringen dir nicht das
erhoffte Glück,
wenn im Herzen dir die Liebe fehlt;
denn auch sie ist ein Meisterstück.
Auch Friede und Liebe währen nicht lange Zeit,
wenn du an deinen Gott nicht glaubst
und an keine Ewigkeit.

Franz Jägerstätter

(Dezember 1932)

Weihnachtsfreude, Weihnachtsstimmung
wird sich nun erneuern bald.
Alle Jahre zur Erinn'rung
freut sich immer Jung und Alt.
Froh die Herzen, voll von Liebe
soll'n sie sein zur Weihnachtszeit,
gebt auf die Feindschaft, schließt neu Friede,
laßt Politik, übt Einigkeit.

Vergeßt auch nicht all unsre Armen,
die schuldlos oft von Not bedrückt.
Schließt auf die Herzen, habt Erbarmen,
Gott zahlt Euch's all reich zurück.
Drum Weihnachtsfriede zieh bald wieder
all in unsre Herzen ein,
Haß und Stolz leg bald nun nieder,
dann erst wirst Du glücklich sein.
So wie die Hirten einst vor Jahren,
soll ziehn es uns zur Krippe hin,
daß wir auch einmal glücklich fahren,
hinauf zu Gott, dem Jesuskind.

Franz Jägerstätter
1932

Brief an den Patensohn

An den Patensohn
Franz Huber
(um 1935)

Lieber Franz. Indem Du *keinen Vater mehr* auf dieser Welt besitzest, so ist es kirchlicherseits dem Firmpaten seine Pflicht sich um den Firmling in der Erziehung anzunehmen. Und somit möchte ich Dir in ein paar schlichten Zeilen einen guten Wegweiser für die stürmische Jugendzeit mitgeben. Öfters kann man in der Zeitung lesen, daß sich 15- oder 16jährige Menschen das Leben genommen, als Motiv der Tat heißt es dann gewöhnlich wegen unglücklicher Liebe oder wegen schlechtem Fortgang im Lehrfach. Wenn es heißen würde, sie waren entwurzelt im Glauben, könnte es besser stimmen, denn wenn unglückliche Liebe schon so eine Hauptsache wäre, sich das Leben zu nehmen, dann würden wenige Menschen ihr Alter auf dreißig Jahre bringen. —
Wir haben schon in der Schule gelernt, daß der Mensch einen Verstand und einen freien Willen hat und besonders auf unseren freien Willen kommt es an, ob wir ewig glücklich oder ewig unglücklich werden wollen.
Du weißt auch, wenn man ein junges Bäumchen zu einem schönen und starken Baum großziehen will, so muß man ihm eine gute Stütze beigeben, damit ihn nicht jeder Wind umknicken oder gar entwurzeln kann. Und so ist es auch bei einem jungen Menschen, daß er eine gute Stütze braucht, um nicht im katholischen Glauben entwurzelt zu werden, diese gute Stütze müssen eben in erster Linie die Eltern sein, darum bin ich gerne bereit für deinen verstorbenen Vater diese Stelle zu übernehmen, denn eine Mutter allein ist oft zu schwach.

Bald werden sich auch bei Dir, wenn nicht jetzt schon die Stürme der Jugend melden, denn da sind wir Menschen nicht gleich; bei dem einen kommen sie früher und beim anderen später, bei einigen treten sie heftig auf und bei anderen wieder ganz schwach.

Treten die Versuchungen einmal so stark auf, daß Du glaubst, sündigen zu müssen, so denke an die Ewigkeit, denn wegen ein paar Sekunden Wollust setzt der Mensch oft sein zeitliches und ewiges Glück aufs Spiel! Kein Mensch weiß, ob er noch einmal Gelegenheit zu beichten und ob ihm Gott auch die Gnade gibt, seine Sünden zu bereuen, denn jede Minute kann uns der Tod überraschen und daß man bei Unglücksfällen ganz selten Zeit hat noch Reu und Leid zu erwecken, das kann ich aus eigener Erfahrung sagen.

Du wirst Dir bestimmt wünschen, ein recht starker Bursche zu werden und das kannst Du auch. Viele glauben, daß die Athleten und Meister-Boxer die stärksten Menschen sind, o beileibe nicht, denn sie können sich oft in den kleinsten Leidenschaften und Versuchungen nicht beherrschen. Deshalb gehören eben jene zu den stärksten, die sich auch bei großen Versuchungen überwinden können. Denn fast in jedem von uns stecken Neigungen zu allen möglichen Lastern, wie z. B. Unzucht, fluchen, trinken, Hasardspielen, usw. Und alle diese Feinde zu bekämpfen, da heißt es eben, schon in der Jugend fest trainieren, denn wenn einer als Sieger hervorgehen will, der darf auch keinen Kampf fürchten. Zum Bravwerden, sagen viele, ist noch immer Zeit, „die Jugend muß sich austoben"; ich glaub aber welche solche Anschauungen haben, werden das Bravwerden gar oft übersehen. Will man nämlich einen gefährlichen Feind besiegen und (es) gelingt uns in den besten Jahren nicht — so wird es uns, wenn wir einmal alt sind, wo unsere Kräfte körperlich und geistig abnehmen erst recht nicht gelingen! Unser Glaube verbietet uns auch gar nicht, wie viele meinen, daß wir vielleicht in der Jugendzeit nicht lustig sein dürften, ich glaub, ein junger Mensch mit einem reinen Gewissen hat bestimmt keine Ursache ein Trübsalbläser zu werden, denn gerade ein solcher kann so recht von Herzen lustig sein, er hat ja nichts zu fürchten und wenn ihn dabei auch der Tod überraschen würde. Dagegen können andere oft nur lustig sein, wenn sie ein wenig beduselt sind oder wenns nur recht drunter und drüber geht, denn da können sie ihr schlechtes Gewissen wieder ein wenig zum Schweigen bringen.

Warum werden viele schon so früh verdorben? Erstens der Satan arbeitet an uns Menschen heran, was er nur kann, um uns ja bald auf die schiefe Bahn bringen zu können. Zweitens lesen sehr wenig junge Leute gute Bücher und Schriften, und drittens liegt auch meistens ein großer Fehler auf Seite der Eltern und Erzieher. Warum soll der junge Mensch nur gute Bücher und Schriften lesen, erstens weil der Mensch nicht bloß körperliche sondern auch geiste Nahrung braucht. Wir haben ja nicht immer Gelegenheit gute und schöne Predigten anzuhören, denn jeder Geistliche besitzt nicht das Talent, sehr gut predigen zu können.

Ja dieses Lesen, kann man von vielen Leuten hören, da wird der Mensch noch dümmer als er schon ist. Kann auch sein, denn es gibt viele Junge, die oft sehr viel lesen, aber hauptsächlich nur Liebesromane und Räubergeschichten, sie sind ja oft ganz schön und spannend zum Lesen, aber zur geistigen und religiösen Bildung haben sie keinen Wert.

Erwischt man ein schlechtes Buch, die können oft mehr Schaden bringen, als zehn gute Nutzen bringen. Deshalb sollen junge Leute hauptsächlich Geistliche oder gute Erzieher fragen, was sie lesen sollten. Wenn auch nicht jeder den gleichen Eifer hat zum Lesen, aber ein bißchen was in den langen Winterabenden geht schon, denn ein Mensch, der nicht liest, wird sich nie so recht selbst auf die Füße stellen können, sie werden sehr oft nur zum Spielball anderer.
Wie sollten die Eltern oft ihre Kinder gut erziehen können, wenn sie selber nicht recht wissen, was gut und schlecht ist? Da können sehr oft erwachsene Kinder von Eltern hören, wenn sie erfahren, daß ihr Bub oder Mädl schon verliebt ist und noch dazu die Liebe nicht mehr ganz rein, dann werden sie gewöhnlich einmal herbeigezogen und bekommen eine richtige Strafpredigt: „Wirst Dir die Nase schon noch früh genug abrennen, aber wehe Dir, wenn Du mir so einen kleinen Schrapen daherziehst, dann kannst von mir aus hingehen wo Du willst, bei mir hast dann nichts mehr zu suchen." Nun gut, wird sich mancher Bub oder Mädl denken, passen wir halt recht auf, daß nichts kommt und wenns schon gefehlt geht, so ist auch das Kind zu beseitigen, bevor es zur Welt kommt. Durch eine solche Aufklärung reizen die Eltern ihre Söhne und Töchter oft nur zur Fruchtabtreibung, wenn also Eltern keine bessere Aufklärung für ihre Kinder haben, so wäre es besser, sie ließen sie ganz ihre Wege gehen, denn viel dümmer als solche Eltern sind, können doch Ihre Kinder auch nicht mehr werden?
Ja die Liebe, die Gott in das junge Menschenherz gepflanzt, sie ist etwas Schönes und Heiliges und deshalb ist es uns nicht erlaubt, sie durch eine Sünde in Schmutz und Kot zu treten. Wäre dieser

Geschlechtsverkehr nicht so sehr Sünde wie viele sagen und glauben, [natürlich im Ledigenstande] so würde auch Gott keine so zeitlichen Strafen über solche schicken, die sich im sechsten Gebote vergehen. Nicht jeder Mensch ist von Gott berufen in den Ehestand zu treten. Er hat sie auch nicht eingesetzt, wie viele glauben, um sich ungehindert ausleben zu können, sondern zur Fortpflanzung des Menschengeschlechtes, denn wer sich in den Jugendjahren nicht beherrschen kann, dem wird es im Ehestand nicht besser gehen, denn auch im Ehestand ist nicht alles erlaubt.
Ich hatte einmal Gelegenheit bei einem Volksfest eine hygienische Ausstellung zu besuchen [dort werden nämlich Geschlechtsteile in Wachs abgeformt, wie so ein geschlechtskranker Mensch in Wirklichkeit aussieht, ausgestellt]. Dort kann man sehen, was die Unzucht bei den Menschen für Unheil stiften kann. Es gibt auch viele Burschen, die sich in den jungen Jahren schon ihrer ganzen Kraft berauben und zwar durch die stille oder sodomistische Sünde, [wo nämlich der Bursche mit sich allein unkeusch ist]. Welche diesem Laster stark verfallen sind, können sich oft sehr schwer wieder erheben, denn diese regiert oft schon mehr der Satan, denn sie werden selbst solche Schwächlinge, daß ihr eigener Wille oft gänzlich versagt.
Was und wer ist noch schuld an dem starken Verderben der Jugend? Das ist das lose Maul der lauen oder Scheinchristen. Ja da gibt es oft verschiedene Leute, die man gewöhnlich für ganz gute Christen anschaut, sie gehen sonntags ganz fleißig in die Kirche, weils halt bei uns noch so der Brauch ist, sind auch sonst ganz anständig, weil sie das Zuchthaus fürchten? Und so glaubt man oft, das sind doch ganz brave Leute, auf die kann man sich

schon verlassen! Kommt man aber mit ihnen näher zu sprechen über dies und jenes und vielleicht gar über das sechste Gebot, dann hat mans bald heraußen, mit wem man zu tun hat und wie weit es mit ihrem Glauben steht? „Ja sagen sie, wenn da alles so weit gefehlt wäre im sechsten Gebot, wie vielleicht die Geistlichen sagen oder wie es im Katechismus steht, wer würde denn dann noch in den Himmel kommen? Was die Natur vom Menschen fordert kann doch gar nicht Sünde sein, die meisten Ärzte sagen ja auch so, gar zu arg treiben wird freilich nicht ganz recht sein?"
Solche und ähnliche Reden kann man von Leuten hören, welche man oft noch für ganz gute Katholiken hält. Fragen wir uns dann, wie viele sind denn, die mehr tun, als die Natur von Ihnen verlangt, das sind eben dann die Freimädl oder Huren, welche für solche Sachen einfach bezahlt werden, da wäre also für die meisten Menschen das sechste Gebot ganz leicht zu halten?
Dann gibt es noch viele, die nur spötteln über solche, welche es mit den Geboten ein wenig ernster nehmen als sie. Da heißt es dann gleich, „Dieser traut sich nicht, oder er bekommt keine, oder er ist vielleicht zu gar nichts fähig."
Erfahren aber dann diese Spötter, *daß auch ein solches gefallen ist,* über die sie zuerst gespottet wegen ihres Bravseins, dann sind jene Spötter die ersten, die das Maul am weitern aufreißen: „Da schauts ihr's an diese Betbrüder oder Betschwestern, einen Dreck sind's besser als die andern, diese Luder, die scheinheiligen." Da ist es dann auch bei solchen, welche zuerst nur lachen über das sechste Gebot, natürlich auch ein großes Verbrechen und sehr schwer sündhaft. O diese Teufel in Menschengestalt, sie streuen oft Sachen aus, daß man glaubt,

es ist lauter Zucker und Honig und beißt dann eins hinein, so ist lauter Gift. Man muß sich eben deshalb vor so laue(n) Christen oft weit mehr in acht nehmen, als vor Andersgläubigen oder Freidenker(n).
Wenn man ein wenig in der Welt herumkommt und auch ein bißchen Interesse hat, wie es in den meisten Familienkreisen zugeht, da gehen erst einem die Augen auf, wie es in solchen Familien steht, welche den Glauben nur so leichtfertig hinnehmen, oder ihn schon ganz über Bord geworfen haben, die können oft Geld und Gut besitzen, aber ein Leben haben sie doch oft, daß man sichs in der Hölle nicht viel ärger vorstellen kann, wo man statt Liebe nur Haß, Zank und Streit findet. — Ja sagen dann viele, „wenns noch einen Herrgott gäbe, der könnte doch nicht lange zuschauen, wie's so viele heutzutage treiben." Ich glaube Gott hat, und wird noch jeden erreichen, vielleicht ist die strafende Hand Gottes schon weit näher bei uns als wir ahnen. Darum heißt es die ganze Kraft aufwenden, um für die ewige Heimat zu arbeiten und stets ein gutes Gewissen zu bewahren. Dann mögen unsre Feinde auch mit der Waffe gegen uns gehen, diese Heimat können sie uns dann nicht mehr entreißen. Wenn wir uns auch täglich plagen müssen und wenig Lohn dafür auf dieser Welt ernten, so können wir doch reicher werden als Millionäre, denn solche sind am reichsten und glücklichsten, die den Tod nicht zu fürchten brauchen. Und dieser Reichtum liegt nur nach unserem Wollen. Wir werden vor unsern Herrgott einmal nicht die Ausrede gebrauchen können, daß wir vielleicht nicht gewußt, was Sünde ist, denn dazu haben wir noch das Glück einen guten Religionsunterricht zu besuchen und sollten wir auch in späteren Jahren vieles davon vergessen

haben, so ist es keine Schande für uns, wenn wir den Katechismus noch öfters zur Hand nehmen und ein wenig darin nachschauen, denn dieser soll stets unser bester Kamerad und Führer für das ganze Leben sein. Sollten Dir einmal Glaubenszweifel kommen, von denen fast kein Mensch verschont bleiben wird, ob unser Glaube doch der wahre sei, so denke an die Wunder und an unsre Heiligen, die in keinem andren Glauben als im katholischen vorkommen. Seit Christi Tod hat es noch fast jeden (s) Jahrhundert Christenverfolgungen gegeben. Und noch immer hat es Helden und Märtyrer gegeben, die für Christus und ihren Glauben oft unter gräßlichem Martyrium ihr Leben opferten. Wollen wir einmal unser Ziel erreichen, so müssen auch wir Glaubenshelden werden, denn solange wir die Menschen mehr fürchten als Gott, werden wir nie auf einen grünen Zweig kommen. O diese feige Menschenfurcht, wegen ein paar spöttischer Worte unserer Nächsten werden oft all unsre guten Vorsätze wieder über Bord geworfen. Fallen können und werden auch stets die Mutigsten und besten Christen, aber sie werden nicht im Schmutze der Sünde liegen bleiben, sondern sich wieder aufraffen und im Sakramente der Buße und des Altares neue Kraft holen und so ihrem Ziele zustreben. Wenn auch noch bange Tage über uns kommen, wo wir glauben unter der Last der Leiden erdrückt zu werden, so denken wir, Gott lädt keinem ein schwereres Kreuz auf als wir tragen können. —
Zwei Dinge bedenke, wohin, wohin,
dann hat Dein Leben den rechten Sinn.
Wer ohne Ziel auf Reisen geht
der wandert sich arm und müd.
Wer ohne Ziel sein Leben lebt,
der hat umsonst geblüht.

Dein Pate Franz J.

Heft 1

(Widmung) Meinen Lieben.

Alle diese Worte und Zeilen, die ich Euch in diesem Hefte hinterlasse, sollen Euch Glückbringer sein für Zeit und Ewigkeit.

Wer ohne Ziel auf Reisen geht,
der wandert sich arm und müd,
wer ohne Ziel sein Leben lebt,
der hat umsonst geblüht!

I 1 Vom Glauben

Herz Jesu, reich für alle, die Dich anrufen, verleihe uns lebendigen Glauben und wahrhaft guten Willen. „Wer glaubt wird selig, wer nicht glaubt, wird verdammt werden;" hat Christus gesagt. „Wir glauben doch ohnehin, daß es einen Herrgott gibt", würden die meisten Schwachgläubigen darauf antworten. Daß es ein höheres Wesen gibt, das glauben sogar die meisten Heiden. Aber wir müssen christlich glauben. Und das heißt, alles für wahr halten, was Gott geoffenbart hat und durch die kath(olische) Kirche zu glauben vorstellt.
Man kann gar oft aus eines Christen Mund hören:
„Ach, wenn das alles so Sünde wäre und so weit
gefehlt, wie die Geistlichen sagen, wer könnte denn
da noch in den Himmel kommen?" Sollte es uns da
wundern, wenn bei so vielen Christen durch das
I 2 Sakrament der Buße keine Besserung eintritt. Wie
könnten solche ein reuiges Geständnis vor dem
Priester und dem Herrgott ablegen, wenn sie
manche ihrer Fehltritte gar nicht für Sünde halten?

Da könnte man hundertmal seine Sünden beichten, es wäre alles umsonst, denn wo der Glaube zur Sünde fehlt, kann ja gar keine Reue vorhanden sein und daher auch kein Wille sich zu bessern. Wir müssen daher kindlich glauben. Mag der Mensch noch so gescheit sein, er kann deswegen doch der ungläubigste Mensch der Welt sein, darum kommt es am Glauben nie auf die Gescheitheit des Menschen an, sondern auf den Willen; Gott hat uns daher den freien Willen gegeben, es hat deswegen kein Mensch das Recht zu sagen, ich kann nicht glauben, sondern ich will nicht glauben. Kein
I 3 Mensch wird von Glaubenszweifeln verschont bleiben aber wir müssen uns eben gegen das Böse wehren und kämpfen, keinem wird der Himmel geschenkt werden. Wenn wir noch so nachgrübeln und studieren, was kann denn unser schwacher Menschenverstand am Übernatürlichen gar fassen? Es heißt eben daher glauben und dienen, sich beugen wollen vor Gott und seiner Kirche. Luzifer war einer der gescheitesten Engel heißt es in der Hl. Schrift, aber er wollte nicht dienen und daher, heißt es, hat ihn Gott auf ewig in die Hölle verstoßen. So würde auch Gott mit uns Menschen verfahren wenn wir dem Hochmut verfallen sind und uns nicht beugen wollen Gottes Geboten und auch seiner Kirche.

Wir können Gott keinen Schritt näher kommen,
I 4 wenn wir nicht glauben wollen. Dafür tritt aber meist bei solchen Christen, die nicht recht an die göttlichen Wahrheiten und Offenbarungen glauben wollen, der Irr- und Aberglaube oft stark hervor. Da wird oft unscheinbaren Dingen eine Kraft zugemessen, wie man sie auch Gottes Allmacht nicht besser verlangen könnte.

Zum Beispiel *das Anwenden*. „Hat halt doch schon

in vielen Fällen Erfolge gebracht“, sagen die meisten, läßt sich auch gar nicht bestreiten. Der Teufel kann gar viel auf den Menschen einwirken. Und so nimmt die Kirche an, daß in vielen solchen Fällen der böse Feind seine Hand im Spiele hat, denn der Teufel hat wahrscheinlich eine große Freude, wenn der Mensch bei seinem Aberglauben aushält. „Es wird doch auch dazu gebetet“, sagen jene, würden aber diese Menschen dem Gebet diese
15 Kraft zuschreiben, womit ihre Heilung eingetreten warum machen sie dann noch alle möglichen Geschichten und Sachen dazu? Glauben wir denn, daß Gott so schwach ist, daß er diese unsinnigen Sachen die oft dabei gemacht werden ihm helfen könnte? Glauben wir denn, daß solch Abergläubische so andächtig und vertrauensvoll zu unserem Herrgott beten können, daß Gott auf Ihr Gebet sofort Hilfe schickt?
Es haben schon viele Menschen durch ein vertrauensvolles Gebet von Gott sofort Hilfe erhalten. Kann aber ein gläubiger Christ so vertrauensvoll beten, so daß er sich von Gott vielleicht schon einmal Hilfe erfleht hat? Unter solchen Christen wird es wahrlich wenig oder gar keine Abergläubischen geben! Glauben wir also kindlich und handeln wir wie ein Mann.

16

Von der Demut:

Die Demut ist eine der schönsten Tugenden, die je ein Mensch besitzen kann, obwohl diese Tugend bei der heutigen modernen Menschheit als etwas Feiges hingestellt wird. Ob dieser schönsten Tugend der Demut braucht bestimmt niemand feige sein, denn Christus hat gesagt: „Ich bin sanftmütig und

demütig von Herzen.“ Und Christus war bestimmt nicht feige, sondern der größte Held, den je die Welt gesehen. Wir haben deshalb keine Ursache uns zu schämen, wenn wir diese Tugend recht fleißig üben. Was heißt demütig sein? Das heißt soviel, als sich einem Höheren zu unterwerfen, zu dienen. Es ist selbstverständlich, daß wir Gott dem Herrn, der uns alles gibt, den größten Gehorsam schuldig sind. Wir dürfen aber auch nicht vergessen, daß wir der weltlichen Autorität zu gehorchen haben; wenn es
I 7 uns auch manchmal schwerfällt, den weltlichen Fürsten und Vorgesetzten treuen Gehorsam zu leisten, da wir ja so oft der Ansicht sind, wir werden unrecht behandelt, mag auch oft sein? Aber deswegen sollten wir nicht in einemfort schimpfen und murren, denn zu was ist es uns denn überhaupt nützlich, wir können uns deshalb in keine bessere oder rosigere Lage betten. Ein offenes Wort, gesprochen zur rechten Zeit oder eine ernste Bitte können uns oft weit nützlicher sein, als stundenlanges Geschimpfe oder Jammern hinter der Vorgesetzten Rücken.

Und wieder ist es Christus selber, der uns da den größten Gehorsam lehrt, auch der weltlichen Autorität gegenüber. Er ward gehorsam bis zum Tod, ja sogar bis zum Tode am Kreuz. Christus hätte die Macht gehabt, jedes Unrecht von sich
I 8 fernzuhalten. Er hätte alle seine Übeltäter hinwegfegen können wie der Wind ein Kartenhaus. Was würden wir arme Menschen oft tun, wenn uns diese Kraft und Macht, die Christus gehabt hätte, manchmal zur Verfügung stehen würde? Wir müssen aber auch Gott bitten, daß er uns soviel gesunden Menschenverstand schenkt oder behalten wolle, daß wir auch wissen wann, wem und wo wir zu gehorchen haben. Wir sollten immer und überall

Partei und Staat noch unterscheiden können. Es ist bei der heutigen Zeit sehr zu bedauern, daß es auch unter uns Katholiken so viele gibt, die gerade dort gehorchen, wo sie nicht gehorchen brauchten und dort sich auflehnen, wo sie zu gehorchen hätten. Wenn man solche Menschen dann über ihr Tun und Handeln zur Rede stellt, so kann man fast immer dieselbe Ausrede erhalten: „Wir kennen uns heute
I 9 fast gar nicht mehr aus." Obwohl sie in ganz anderen Sachen oft gerade nicht die Dümmsten sind? Wir Menschen können und dürfen eben über solche nicht urteilen, denn wir wissen nicht, wie unklar oft ein Menschenverstand sein kann.
Aber Gott können wir einmal mit keiner solchen Ausrede nicht ankommen, denn er kennt unseren Verstand und weiß es, ob wir uns ausgekannt haben oder nicht!
Jesus, sanftmütig und demütig von Herzen, bilde unser Herz nach deinem Herzen.
Dieses kurze und schöne Stoßgebet sollen und können wir öfters auch während des Tages beten.

I 10

Vom Beten

Wir sollen nie sagen, wir müssen beten, sondern wir dürfen und können beten, denn zwingen tut uns Gott zu gar nichts. Er läßt uns zum Glauben den freien Willen und ebenso auch zum Beten.
Wir sind unserem Herrgott immer Dank schuldig, wenn wir noch beten können, denn sehr viele Menschen können es eben nicht mehr. Ihre Seele ist oft durch die Sünde so zermürbt und krank, daß sie kein richtiges Gebet mehr über die Lippen bringen, und wenn sie beten, so ist es sehr oft nur ein Scheingebet, wo das Herz gar nicht mehr mittut.

Viele Menschen sagen: „Das Beten und
Besserwerden verschieb ich mir auf die alten Tage,
dort hab ich dann leicht Zeit dazu.“ Fragen wir uns
einmal, wissen wir denn, ob wir überhaupt alt
werden? Und wenn wirs schon werden, so wissen
I 11 wir halt wieder nicht, ob wir bis zum letzten Ende
bei klarem Bewußtsein sind, aber auch ein
körperlich schwer leidender Mensch wird nicht gar
so viel Zeit haben zum Beten, denn ein solcher
Mensch hat ja ohnehin schon zu ringen, daß er
seine Schmerzen überwinden kann, ja sogar in den
jungen Jahren kommt man schon darauf, daß man
nicht mehr gut beten kann, wenn man körperlich
und geistig oft recht müde und abgespannt ist. Und
fragen wir einmal alte Leute, ob in den alten Tagen
das Beten und sich bekehren denn nun soviel
leichter ist als in den jungen Jahren? Ein bekanntes
Sprichwort heißt, was Hänschen nicht lernt, lernt
der Hans nimmermehr. Es sagt uns ebensoviel, was
wir in den alten Tagen können möchten, müssen wir
schon in den jungen Jahren lernen und fest üben.
I 12 Warum finden wir aber sowenig Erhörung auf unser
Gebet, werden sich so manche denken? Erstens sind
es ganz wenige, die sehr gläubig und vertrauensvoll
zu Gott beten können und zweitens beten wir sehr
häufig nur um irdische Güter. Christus hat doch
gesagt: „Suchet zuerst das Reich Gottes und alles
übrige wird euch hinzugegeben werden.“ Wir
Menschen machen es gewöhnlich verkehrt, wir
möchten halt gar so gerne schon aus dieser Welt ein
Paradies machen und denken vielfach nicht daran,
daß wir für unsere Sünden Strafe verdient haben und
dürften unserem Herrgott dafür danken, wenn er so
gut ist und uns vielleicht einen Großteil unserer
Sündenschuld schon hier auf dieser Welt abbüßen
läßt, denn gar so angenehm, glaub ich, brauchen

I 13 wir uns das Fegfeuer gerade nicht vorstellen, denn manche Heilige haben schon gesagt, daß es auf dieser Welt keine so große Pein gibt, als die armen Seelen im Fegefeuer zu leiden haben. Obwohl das Fegefeuer unter uns Christen oft sehr wenig Beachtung findet, und soviel unsrer Sündenschuld könnten wir schon auf dieser Welt abbüßen, wenn wir nur ein wenig vernünftiger denken und handeln würden, obwohl wir wüßten, daß der letzte Heller unserer Schulden abgezahlt werden muß, bevor wir in die Ewige Herrlichkeit eingehen dürfen. Kehren wir wieder zurück zum Gebet und zwar zum schönsten unserer Gebete, das uns Gott selbst gelernt hat, und zwar das „Vaterunser". Betrachten wir es einmal ein wenig näher, wie schön dieses Gebet eigentlich ist:

I 14

(Vater unser)

[Vater unser, der du bist im Himmel, geheiligt werde dein Name.] In der ersten Bitte preisen wir Gottes Name, denn ihm, dem Schöpfer des Himmels und der Erde gebührt doch die größte Ehre und Verherrlichung; daher sollen wir nie den Namen Gottes leichtfertig oder im Zorn aussprechen.
[Zukomme uns dein Reich.] In der zweiten Bitte flehen wir das Reich Gottes zu uns herab, daß es wachse in der Kirche, aber auch in uns selber soll es immer mehr wachsen und gedeihen.
[Dein Wille geschehe wie im Himmel also auch auf Erden.] Die dritte Bitte gibt den Weg zu diesem Ziel. Das Gottesreich zieht ein auf Erden und in meine Seele, nur dann, wenn der Wille Gottes erfüllt wird. Das ist kurz gesagt, der Inbegriff aller Gebete. Was will Gott von uns? Daß wir seinen

Willen tun. Sein Wille wird erkannt, nicht bloß
I 15 in seinen Geboten, auch in unsrem Leben, in unsrem Beruf und Stand, daß wir stets erfüllen auch unsre Berufs- und Standespflichten, seien wir auch Helden des jetzt!

[Gib uns heute unser tägliches Brot.]

Auch um unser Brot dürfen und müssen wir den Herrgott bitten, denn Er ist es, der uns das Brot gibt für Leib und Seele, all unsre Mühe und Fleiß wäre vergebens, wenn Gott nicht seinen Segen dazu geben würde.

[Und vergib uns unsre Schulden, so wie auch wir unsern Schuldnern vergeben.]

Wir sind sündige Menschen und bedürfen täglich der Verzeihung Gottes. Die Bitte bezieht sich wohl zuerst auf die kleinen läßlichen Sünden des Tages, weil ja das Vaterunser das Gebet der Kinder Gottes ist. Doch auch bei schweren Sünden darf man vertrauensvoll zu Gott flehen. So liegt in dieser
I 16 Bitte eine vollkommene Reue, wenn ernster Bußwille vorhanden ist. Doch eine unerläßliche Bedingung setzt der Herr — „nur dann, wenn wir den Mitmenschen ihre Fehler verzeihen, wird auch unser himmlischer Vater unsere Sünden vergeben."

Es wäre also eine vermessentliche, frevelhafte Bitte, wenn wir mit Feindschaft im Herzen das Vaterunser beteten. Ja, wir rufen Gottes Strafe und Nichtverzeihen auf unser Haupt herab; Gott verzeihe mir gerade so, wie ich verzeihe, nämlich — nicht!

[Und führe mich nicht in Versuchung.]

Nicht bloß um Verzeihung vergangener Sünden bitten wir, sondern auch um Bewahrung vor zukünftigen. Oder auch um Sieg in der Versuchung, wenn sie unausbleiblich ist, also um Schutz vor der Sünde.

I 17 [Sondern erlöse uns von dem Übel. Amen.]

Erlöse uns von der Sünde, von dem größten Übel, das es auf der Welt geben kann.
Überschauen wir noch einmal das Vaterunser, wir haben eigentlich nur zwei große und eine kleine Bitte: Hinein ins Gottesreich heraus aus dem Reich der Sünde; zwischen diesen zwei Hauptsorgen liegt das kleine Anliegen um das tägliche Brot.
Beten wir also wieder recht andächtig das Vaterunser, es ist ein Mustergebet, dem kein zweites gleicht, denn in ihm ist alles enthalten, was wir Menschen brauchen um auf dieser Welt glücklich zu leben und auch einst ewig glückselig zu werden!

I 18 Von der Sünde

Die Todsünde begehen wir, wenn wir uns bewußt und freiwillig in einer wichtigen Sache gegen Gottes Gebote empören und auflehnen. Warum heißt sie die Todsünde? Weil wir im Zustande derselben tot sind für den Himmel, mit all unserem Beten, Fasten und Almosengeben könnten wir nichts mehr für den Himmel verdienen und wenn wir bloß im Stande einer einzigen Todsünde leben würden.
Einige Heilige haben auch von Gott die Gnade, für einige Augenblicke die Häßlichkeit der Todsünde zu schauen. Sie sagten, lieber bis zum Ende der Welt mit bloßen Füßen auf glühenden Kohlen zu laufen als nochmals diese Häßlichkeit zu schauen. Und so wenig wird sie oft von uns Menschen beachtet. Viele begehen sie sogar lachend und scherzend.
I 19 Viele können sich gar nicht genug beeilen, um ja recht bald in die Hölle zu stürzen. Auch alle zeitlichen Übel der Welt sind Folgen der Sünde. Wie kränken sich oft Menschen, wenn sie irgend ein zeitliches Gut verlieren, wie gar etwa Haus und

Hof, was würden so manche für Opfer bringen, um es ja recht bald wieder zurückzugewinnen. Wie benehmen sich manche, ja sogar viele, wenn sie durch die Sünde das höchste Gut, Gott den Herrn und die ewige Glückseligkeit verlieren?
Es pressiert ihnen gar nicht, durch eine gute Beichte sich mit Gott wieder zu versöhnen und somit die ewige Glückseligkeit wieder an sich zu reißen:
Ja sogar das kleinste Opfer ist so manchem schon zu groß, das er für seine Missetat bringen sollte, obwohl das Übel dieser schweren Sünde so groß ist,
I 20 daß, wenn wir sie begehen, nicht einmal mit der ewigen Höllenpein abzahlen könnten, sondern höchstens die Zinsen davon bestreiten.
O wie töricht sind oft wir Menschen in unserem Denken und Handeln?
Wehe uns, wenn wir uns in einem Sündenfalle nicht mehr bekehren und bessern! Dann haben wir auch noch die läßliche Sünde. Sollten wir auch diese meiden, ja, denn wenns eine Sünde ist, so ists doch etwas Großes. Und so viele Menschen gibt es, die sie überhaupt nicht beachten und hineintrinken wie köstlichen Wein, freilich können wir sie auch ohne Beichte wieder tilgen, zwar durch die vollkommene Reue. Aber wer die kleine Sünde nicht achtet, der hat auch vor der großen Sünde wenig Furcht? Auch viele Wassertropfen können sogar ein großes Schiff versenken, wenn das Wasser nicht rechtzeitig aus
I 21 dem Schiff hinausgepumpt wird. Und so kann es auch uns armen Menschen ergehen, wenn wir die läßliche Sünde wenig oder gar nicht beachten; und die Gnadenmittel, die Gott uns dazu gegeben hat, um sie wiederum zu tilgen, wenig oder fast gar nicht anwenden. Ich bin fest davon überzeugt, hat jemand den ernstlichen Willen, auch jede läßliche Sünde zu meiden und mag sie noch so klein

erscheinen, den belohnt der Herrgott schon auf dieser Welt mit so großen Gnadenschätzen, daß einer in den größten Drangsalen, die uns hier auf dieser Welt immer folgen werden, nicht mehr unglücklich sein kann. Und wie wird solche der Herrgott erst in der Ewigkeit belohnen?

I 22

Von den vier letzten Dingen

Das sind der Tod, das Gericht, die Hölle und der Himmel. Wir müssen einmal sterben, das wissen wir, aber wir wissen nicht, wann, nicht wo und nicht wie wir sterben, nur das eine wissen wir, wenn wir in einer Todsünde sterben, dann sind wir auf ewig verloren! Fragen wir uns, sind wir jederzeit bereit zum Sterben? Wenn ja, dann ists recht, denn ein Mensch, der zum Sterben jederzeit bereit ist, für einen solchen ist auch das Leben schön, ist einer zum Sterben nicht bereit, so kann er auch nicht glücklich sein, und wenn er die ganze Welt sein Eigen nennen würde, wenn auch die meisten nicht gerne ans Sterben denken, aber hin und wieder wird schließlich jeder daran denken, denn da müßte schon niemand mehr sterben. Sind wir noch nicht so weit, daß wir dem Sensenmann
I 23 die Hand reichen möchten, dann, meine Lieben, machen wirs schnell, daß auch wir einmal zu den glücklichen Menschen gehören für Zeit und Ewigkeit. Denn nach dem Tode hilft uns keine Reue mehr, ein Sprichwort heißt, wie gelebt, so gestorben. Und ein anderes, wie der Baum fällt, so bleibt er liegen.

Bemühen wir uns recht, daß wir den ewigen Richter niemals zu fürchten brauchen.

Denken wir öfters am Tage an das Sterben und an

die Ewigkeit, stellen wir uns die Ewigkeit einmal
ein bißchen besser vor die Augen.
Denken wir uns, die ganze Erdkugel wäre ein
Sandberg aus ganz feinem Mehlsand und da käme
alle hunderttausend Jahre ein Vogel und würde nur
ein Körnchen davon wegtragen, wie lange würde das
dauern, bis die ganze Erdkugel aufgeräumt wäre?
Und doch würde sie einmal zu Ende gehen, aber
I 24 vor der Ewigkeit wäre erst der Anfang. Was würde
es schon für ein Schrecken sein für einen
Menschen, wenn er von einem irdischen Richter zu
lebenslänglichem Kerker verurteilt wird, was würde
es erst für ein Schrecken sein, wenn wir einmal vom
ewigen Richter hören müßten, für ewig verdammt?
Und noch dazu sollten die Verdammten in der Hölle
eine so große Pein zu leiden haben, daß die
geringste Pein, die sie leiden müssen, schon so groß
ist, daß wir sie mit unsrem irdischen Leib keine
Sekunde aushalten würden. Stellen wir uns einmal
vor, uns könnte ein irdischer Richter zu tausend
Jahren Zahnweh verurteilen. Ich glaube nicht, daß
es einen Menschen auf dieser Welt gäbe, der schon
einmal richtig Zahnschmerzen gehabt hat, (der) so
ein Urteil, ohne dabei wahnsinnig zu werden,
hinzunehmen (bereit sein würde)?
I 25 Wie schrecklich muß dabei diesen Verdammten
schon allein die Reue sein, wenn sie denken
müssen, um wieviel weniger Opfer und Leiden hätt
ich mir sogar den Himmel verdienen können? Und
die können nicht mehr eine einzige Stunde auf diese
Welt zurück, die für sie genügen würde, um den
Himmel an sich zu reißen. So, und jetzt steigen wir
mit den Gedanken von der Hölle auch ein wenig in
den Himmel hinauf. Der heilige Paulus sagte,
nachdem er ein wenig nur in den Himmel verzückt
worden war und des göttlichen Angesichtes nur ein

wenig ansichtig wurde: „Kein Auge hat es gesehen, kein Ohr hat es gehört, noch in keines Menschen Herz ist es gedrungen, was Gott denen bereitet hat, die ihn lieben.“ (Vgl. 1 Kor 2,9) Ja, dieser Himmel muß etwas ganz großes sein, Friede und Freude ohne Ende.

I 26 Der hl. Augustin wollte einmal ein kleines Büchlein von den vielen und großen Freuden des Himmels verfassen, darüber wollte er den heiligen Hieronymus zu Rate ziehen. Augustin befand sich damals zu Hippo in Afrika, der heilige Hieronymus aber zu Bethlehem. Als Augustin anfangen wollte, an ihn zu schreiben, da verbreitete sich auf einmal in seinem Zimmer ein lieblicher Geruch und zugleich ein nur von ihm gesehenes, unvergleichlich schönes und ihn beseligendes Licht, das die Sonnenstrahlen weit übertraf. In der Mitte dieses Lichtes erschien der heilige Hieronymus, welcher, wie Augustin nachher erfuhr, an eben diesem Tage und zur selben Stunde in Bethlehem gestorben war. Augustin erstaunte hierüber, noch mehr aber, als er aus der Mitte des Lichtes eine zu ihm hellredende Stimme hörte, welche sprach: „Augustin!

I 27 Was willst du? Meinst du wohl, du werdest in ein kleines Gefäß das große Meer der Freuden des Himmels fassen können, so wenig, als du mit deiner Hand die ganze Erde umfassen kannst? Wirst du wohl mit deinen Augen sehen, was noch kein Sterblicher gesehen hat? Wird dein Ohr hören, was noch nie von einem Ohr gehört wurde? Glaubst du verstehen zu können, was noch nie in eines Menschen Herz gekommen ist, und nie ein Menschenverstand begreifen konnte? Wie sollst du einsehen können, was unendlich und unbegreiflich ist? Die Stimme fuhr fort, den seligen Zustand aller Freuden der Bewohner des Himmels zu beschreiben

und schloß mit diesen Worten: „Versuche nicht, Augustin, eine unmögliche Sache zu unternehmen, bemühe dich nicht, begreifen zu wollen, was man
I 28 nicht verstehen kann, außer man ist selbst an dem seligen Ort, nach welchem du hoffnungsvoll strebst. Hier begnüge dich, solche Werke zu üben, die dich zum Genusse dessen führen, was Du hier zu begreifen verlangst.“ Nach diesen Worten verschwand die Erscheinung. Von ihrem Wohlgeruche ward der hl. Augustin, sowie von ihrem Glanze so sehr beseligt, daß er nachher folgendes bezeugte: Das ewige Licht ist so beseligend, daß man, wenn man auch nicht länger als einen Tag in demselben zu verbleiben hätte, dennoch unzählbare Jahre dieses Lebens im vollen Genuße aller Güter und Vergnügen der Welt zugebracht, dagegen verachten würde. [Diese Erzählung habe ich entnommen aus dem Buche, *„Martin Brugers Lehr- und Exempelbuch.“*]
I 29 Würde man die Gedanken viel mehr an die Ewigkeit hängen, ich glaube nicht, daß uns da die Opfer, die wir für den Himmel bringen müssen, überhaupt noch schwer vorkommen würden. Es ist fast nicht für möglich zu halten, daß es Menschen geben kann, die selbst getauft sind und im katholischen Glauben aufgewachsen, sich's offen zu sagen trauen: „Ums Jenseits kümmern wir uns nicht.“ Solche möchten wahrscheinlich alles beiseite schieben, was sie noch ein wenig an Gott und ans Jenseits erinnert, wenn sie nur könnten?

I 30 Im Leiden erkennt man erst den Menschen.

So heißt ein Sprichwort und es bewahrheitet sich auch.

Was sind wir doch oft für schwache Christen, wegen
ein bißchen Leiden jammern und wehklagen wir oft,
daß es ein Entsetzen ist. Sollte uns vielleicht der
Herrgott für die Beleidigungen, die wir ihm immer
wieder zufügen, vielleicht noch belohnen, anstatt zu
bestrafen?
Stünde es uns nicht besser an, dem Herrgott zu
danken, wenn er uns irgendwelche Leiden schickt,
damit wir unsre Sündenstrafen schon auf dieser Welt
abbüßen könnten, oder glauben wir denn, daß es im
Fegefeuer wie in einer Vergnügungshalle zugehen
wird, weil wir uns alle Buße dorthin aufsparen
möchten? Da kann man auch so manchmal hören,
ist es denn nicht genug, wenn wir den ganzen Tag
hart arbeiten müssen, wo kommen denn dann solche
I 31 hin, die ihr ganzes Leben nie viel gearbeitet haben?
Überlassen wir das Urteil dem Herrgott, denn wir
müssen froh sein, wenn wir nicht einmal selbst
gerichtet werden? Es wird dem lieben Gott bestimmt
gefallen, wenn wir immer fleißig sind und fest
arbeiten, aber fragen wir uns, wie viele verrichten
denn all ihre Arbeiten aus Liebe zu Gott. Wollen
wir nicht immer gleich einen großen Lohn erhalten
für unser Schaffen?
Um einmal reicher und angesehener zu werden. Der
Herrgott gibt uns ganz gewiß auch schon auf dieser
Welt für unsre Mühe oft einen ganz schönen Lohn.
Hätten wir im ganzen Leben nie eine Sünde
begangen, so müßten wir ja doch auch schon
arbeiten und sorgen fürs tägliche Leben. Diese Last
ist halt schon durch die Erbsünde auf uns über-
I 32 gegangen. Seien wir in Zukunft nicht mehr so
kurzsichtig, daß wir immer nur auf irdischen Lohn
schauen. Wenn es uns auch manchmal schwer wird
in der Arbeit und im Leiden, so denken wir doch
daran, was Christus einst gesagt und verheißen hat,

für die, welche Ihn lieben und den Willen seines Vaters tun. Seien wir auch stets eingedenk, daß wir Kreuzträger sind, Christus hat unschuldig für uns gelitten um uns zu erlösen und wir wollen oft nicht einmal schuldig leiden. Nehmen wir doch das Kreuz auf uns und murren wir nicht, wenns auch manchmal schwer wird, denn groß dafür wird einmal unser Lohn sein. Durch Kreuz zur Krone, durch Kampf zum Sieg!

I 33

Von der Menschenfurcht

Was sind doch wir Katholiken oft für Feiglinge. Wir sind oft gar nicht mehr wert, diesen schönen Namen Römisch katholisch zu tragen.
Wir leben und benehmen uns oft wirklich, als wären einmal die Menschen unsre Richter, sehr viele Menschen würden oft weit christlicher leben, wenn nicht diese elende Menschenfurcht wäre, was hätten wir denn schon davon, wenn wir wirklich so leben könnten, daß uns sehr viele weltlich denkende Menschen immer loben würden, und unser Herrgott würde uns dafür verachten. Wie viele Menschen gibt es denn überhaupt, die nur das Gute von ihren Nächsten erzählen? Meistens sagt und erzählt man ja ohnedies nur das Schlechte. Deshalb sollten wir uns nie durch die bösen Zungen andrer in unsrem
I 34 religiösen Leben beirren lassen, denn vor den ewigen Richter wird einmal keiner für uns treten, nur unser Schutzengel wird einmal unser Kläger oder Verteidiger werden. Der heilige *Stephanus* hat einmal gesagt: „Katholisch bin und heiße ich, katholisch leb und sterbe ich.“ Wollen wir uns einmal einen gnädigen Richter sichern, so müssen auch wir solche Stephanus-Seelen werden.

I 35

Wie kann ich mein ganzes Tagewerk und all meine Arbeiten zu ewigen Werten machen?

Dies fertig zu bringen ist nicht so leicht, wie vielleicht viele der Meinung sind. Da gehört erstens ein fester unerschütterlicher Glaube und ein tiefes Gottesvertrauen dazu. Das ist doch ganz einfach, würden viele sagen, da mach ich halt in der Früh die gute Meinung mit den Worten: „Alles meinem Gott zu Ehren" — oder „mein Jesus alles dir zuliebe" — oder ganz einfach in „Gottes Namen", ist ganz schön, wenn man so gute Meinung macht. Aber jetzt kommt erst die große Frage, hab ich auch wirklich so gedacht, als ich gesprochen? Da würden wir uns gar oft blamieren, wenn wir das behaupten möchten. Ab und zu stellt uns der l. Gott auf Probe, denn erst im Unglück und Leiden kann man am besten den wahren Katholiken vom Durchschnitts- oder Nichtkatholiken unterscheiden.

I 36 Und nun ein kleines Beispiel, ein Bauer oder Bäurin machen in der Früh die gute Meinung mit den Worten, alles meinem Gott zu Ehren und dann gehen sie an die Arbeit, sind ziemlich viel Schritte und Handgriffe, was so arbeitsame Menschen an einem langen Sommertag vollbringen, des Abends schon ganz müde, stellt sie der Herrgott noch auf Probe wie ernst es ihnen mit der guten Meinung war, und schickt ein schweres Gewitter, das an Feld und Flur großen Schaden anrichtet. Haben sie also wirklich zur Ehre Gottes gearbeitet, so darf ihnen das gar nichts machen, im Gegenteil, sie werden sogar dem Herrgott für dieses Unglück danken. Haben sie aber aus irdischem Profit ihre Arbeit verrichtet, dann wirds wohl aus sein mit der Ruhe? Da brauch ich weiter nichts mehr anzuführen, denn

das weiß so jeder gut genug, was da aus solchen
Mündern herauspoltert. Ja, wenn man nur irdisch
I 37 denkt, ist auch so ein Unglück was Schreckliches,
Tage, ja sogar Jahre hängen oft daran, bis so ein
Schaden wieder gutgemacht ist, so jetzt haben wir
eigentlich schon den Beweis, daß es nicht so einfach
ist, alles zur Ehre Gottes zu tun. Will einer auf
seiner Lebensbahn einen höheren Beruf ergreifen, so
hat er sich auch von Zeit zu Zeit kleinen sowie auch
größeren Prüfungen zu unterstehen (unterziehen), ist
einer ein eifriger und strebsamer Schüler, so hat er
gar nicht viel Angst auf diese Prüfungen, denn er
weiß, daß er nach jeder gut bestandenen Prüfung
wieder eine Stufe höher kommt.

Christ zu sein ist eigentlich der höchste Beruf, den
es auf dieser Welt gibt, ja ein Stümper oder ein
Murkser in seinem Beruf ist bald einer, ja es wird
wenige geben, die in ihrem Beruf so ein Stümper
bleiben wollten. Die meisten werden die Absicht
haben, in ihrem Leben es auch noch bis zum
Meister bringen zu können.

I 38 Sollten wir vielleicht in unserm Berufe als Christen
nicht genauso denken? Bilden wir uns auf diesen
Beruf etwas ein, auf den wir doch mit Recht stolz
sein können und dürfen, so wollen wir doch nicht
unser ganzes Leben so ein Stümper bleiben. Können
wirs da unserm Lehrmeister Jesu Christ vielleicht
verübeln, wenn er seine Schüler, die wir Christen ja
alle sind, oft harten Prüfungen unterzieht und ob wir
schon so weit sind, die Reifeprüfung für den
Himmel abzulegen, denn der liebe Gott will nicht,
daß wir für ewig verloren gehen oder vielleicht nach
unserm Tode noch Jahrhunderte im Fegefeuer
schmachten müssen? Ja, werden sich manche
denken, ich bin so schwach und kann mit bestem
Willen nicht vorwärtskommen. Ein guter Lehrer

kennt bald seine Schüler, welche strebsam sind und
welche nicht. Und dann sind auch oft sehr schwache
darunter, die mit größtem Fleiß und Eifer hinter den
andern nicht nachkommen können, wird ein guter
I 39 Lehrer die einfach sitzen lassen? Nein, denen wir er
ganz besonders helfen, daß auch diese zu ihrem
erstrebten Ziele gelangen können. Dürfen wir
Christen also von unserem Lehrer schlechteres
hoffen, weil sich dieser vielleicht weniger um die
Schwachen kümmere als ein weltlicher Lehrer? Ja,
den schwachen und strebsamen Christen wird der
l. Gott ganz besonders beistehen mit vielen und
großen Gnaden, wir müssen deshalb auch jede
kleine und große Prüfung, die Gott schickt, als
Gnade betrachten, weil wir ja aus jeder Prüfung
etwas lernen können, so kleine Prüfungen schickt
uns Gott täglich, ja oft sogar zahlreich, z. Bsp. in
Geduld, in der Demut, in der Nächstenliebe u.s.w.
Darum heißt es täglich das Gewissen erforschen und
fest nachdenken, was hab ich in den heutigen
Prüfungen wieder falsch und schlecht gemacht,
haben wir gefehlt, so bereuen wir unsre Sünden und
I 40 Fehler und nehmen uns fest vor, den nächsten Tag
und bei den nächsten Prüfungen alles besser zu
machen. Ist ein Katholik so bestrebt in seinem
Glauben, daß er auch jede Kleinigkeit achtet, die er
schlecht macht, dem wird Gott bestimmt soviel Zeit
lassen auf dieser Welt, bis er sagen kann, so
Meister, jetzt kannst du auch mit großen Prüfungen
kommen, ja sogar mit der größten, nämlich mit dem
Tode, jetzt ist mir wirklich ernst mit den Worten,
wenn ich zu dir o mein Gott bete: „O Jesus dir leb
ich — o Jesus dir sterbe ich — o Jesus dein bin ich
I 41 im Leben und im Tode! Amen."

Vom Hl. Altarsakrament

Ist es möglich, daß wir an die wahre Gottheit Jesu Christi im Allerheiligsten Altarsakramente glauben, wenn wir jährlich nur zwei oder höchstens dreimal zum Tisch des Herrn gehen?
Beneiden wir nicht manchmal die Hl. Drei Könige, daß sie das Jesukind auf ihre Arme nehmen durften, was mußten diese für eine weite und gefährliche Reise machen, bis sie dieses Glückes teilhaftig wurden. Hat uns nicht Christus in eine weit glücklichere Lage versetzt, als die Hl. Drei Könige, denn erstens brauchen wir keine so weite und gefährliche Reise machen, und zweitens haben wir eine noch weit größere Gnade, denn wir dürfen dasselbe Jesukind nicht bloß in die Arme nehmen, sondern es kehrt sogar in unser Herz ein. Da werden sich halt so manche denken, wenn wir das Jesukind in der consekrierten Hostie auch sehen könnten, wie einstens die drei Könige das Jesukind
I 42 zu Bethlehem geschaut, dann wärs halt ganz was anders. Hat nicht Christus selbst gesagt: „Selig, die nicht sehen und doch glauben." Folgedessen ist es ohne Zweifel, daß wir weit größere Gnaden aus dem Empfang der Hl. Kommunion schöpfen, wenn wir Christus in der Hl. Hostie nicht sehen, als wenn wir ihn sehen würden. Setzen wir uns nicht einer sehr großen Gefahr aus, wenn wir so lau und gleichgültig gegen dieses hl. Sakrament sind. Es ist doch das größte und schönste Vermächtnis, das Christus uns noch beim letzten Abendmahle hinterlassen hat.
Ja, unsre katholische Kirche erlaubt uns sogar täglich, wenn wir frei von der schweren Sünde sind, aus dieser reichen Gnadenquelle zu schöpfen. Kann es da nicht leicht möglich sein, daß uns Christus von der Erbschaft des Himmels einmal ausschließen

I 43 wird, wenn wir schon so gleichgültig gegen diese Erbschaft, die er beim letzten Abendmahle hinterlassen hat, sein können? Nehmen wir uns einmal ein Beispiel vor Augen. Irgendein reicher Onkel hinterläßt uns eine große Menge Geldes in (einer von) uns vielleicht einer Gehstunde entfernten Bank. Und zwar mit der einen Bedingung, daß wir jede Woche oder gar jeden Tag persönlich 100 oder gar 1000 Mark davon abholen können, sollten wir aus nicht entschuldbaren Gründen fernbleiben, so fällt dieses nicht abgeholte Geld immer der Bank zu. Würden das viele sein, (für) die da noch eine andre Beschäftigung vorginge, wo sie vielleicht während dieser versäumten Stunde höchstens eine Mark oder noch weniger verdienten? Ich glaube nicht. Und sollte es wirklich solche geben, die dieses Geld wochen-, ja sogar monatelang nicht abholen und
I 44 das Geld an die Bank verfallen lassen. Sollte dieser gute Onkel noch am Leben sein und es erfahren, wie gleichgültig man zu seiner Hinterlassenschaft ist, ich glaube, diesen guten Onkel würde der Zorn packen und vielleicht (würde er) nicht einmal ein Jahr zusehen können über diese Undankbarkeit und einen sehr bald wieder von dieser Erbschaft absetzen und dafür einen Würdigeren bestimmen. Obwohl wir uns durch ein solches Erbe nur einige Bequemlichkeiten auf dieser Welt verschaffen könnten, um wieviel höher dafür ist das Vermächtnis, das uns unser bester Freund Jesus Christus durch das Hl. Sakrament des Altares hinterlassen hat. Könnte es uns da wundern, wenn Gott diese reichen Gnadenschätze uns einmal wegnehmen würde und es dafür einem anderem Volk gäbe?

I 45 Man kann aber auch oft hören, sind ja solche auch nicht besser, die oft kommunizieren. Kann auch

manchmal vorkommen? Wenn ein Feld stark mit Unkraut überwuchert ist, und man reißt nur das Größere davon heraus und dann baut man guten Samen darauf, wird man deswegen schon eine gute und reiche Ernte zu erwarten haben? Ich glaube nicht.
Will einer eine reine und reiche Frucht erzielen, so wird er auch trachten, den Acker stets rein zu erhalten und auch dem kleineren Unkraut auf die Fersen gehen. So ist es eben auch bei uns sündigen Menschen, wenn wir nicht fest bestrebt sind, immer besser und heiliger zu werden und auch jede kleinste Sünde zu meiden, so kann es uns passieren, daß wir trotz öfterem Empfang der Hl. Sakramente nicht recht vorwärtskommen.

I 46

Ist es notwendig, daß wir nach Heiligkeit streben, können wir denn nicht so auch in den Himmel kommen?

Jedes kann in den Himmel kommen, welches ohne schwere Sünde stirbt und getauft ist, wenn man zuvor auch Hunderte oder Tausende von Jahren zuerst im Fegefeuer zubringen müßte. Man kann auch so manchmal hören: „Glaubst vielleicht ich will ein Heiliger oder Heilige werden?“ Es ist aber sehr zu zweifeln, ob es solche doch bis zur Seligkeit bringen? Solche Worte kommen einem manchmal vor, als möchte man die Heiligen im Himmel nur verspotten ob ihrer schönen Tugenden.
Sind denn nicht die Heiligen im Himmel unsre Fürbitter bei Gott, insbesondere die Allerseligste Jungfrau Maria? Es kommt manchmal vor, daß bei einem Unglücksfall gleich alle Heiligen angerufen werden, da sollten sie gleich Hilfe verschaffen,

I 47 obwohl man sonst oft nur Spott übrig hat über ihr tugendhaftes und bußfertiges Leben. Könnte man unsre Heiligen fragen, was wir zu tun haben um ewig glückselig zu werden, ich glaube, sie könnten uns nichts anderes sagen, als was uns die kath. Kirche lehrt.

I 48

Am Feste der Hl. Familie

Heute denken wir insbesonders an die Hl. Familie von Nazareth. Wir sollten aber nicht bloß an sie denken, sondern es soll auch unser Bestreben sein, ihr nachzuahmen. Auch Josef und Maria haben unter sündigen Menschen gelebt, auch sie hatten mit den Beschwernissen dieses irdischen Lebens zu kämpfen und mußten auch ihren Lebensunterhalt durch Händearbeit sich erwerben, auch sie werden die schönen Tugenden nicht gleich als Geschenk vom Himmel mitbekommen haben, auch für sie wird dasselbe Sprichwort gegolten haben. „Ohnc Leiden keine Freuden, ohne Kampf kein Sieg." Und somit wollen wir heute einmal in unsre eigenen Familien hineinschauen, wie weit wir noch von der Hl. Familie entfernt sind. Erstens ist es unsre Hauptaufgabe, daß wir für unsre Kinder und
I 49 Familienangehörigen nicht bloß für das leibliche Wohl, sondern noch viel mehr für ihr Seelenheil sorgen, denn für jedes unsrer Kinder oder zur Erziehung Anvertrauten müssen wir einmal vor dem ewigen Richter Rechenschaft ablegen. Gott hat jedem Menschen unsichtbare und sichtbare Schutzengel ins Leben mitgegeben, die sichtbaren sind eben die Eltern, auch deren Stellvertreter oder auch ansonsten für die Kinder zur Erziehung bestimmte Personen. Es kann auch vorkommen,

wenn Eltern und Seelsorger stets mit Wort und Tat
ihre Kinder zum Guten aneifern und erziehen
wollen, daß ab und zu doch auch eines schlecht
werden kann, erstens durch Einfluß des bösen
Feindes, der ja alle Menschen für sich gewinnen
will, dann auch oft durch Umgang mit schlechten
Kindern oder auch Erwachsenen, aber solche finden
wenigstens wieder eher auf den rechten Weg zurück,
wenn sie sich auch manchmal stark verirren, weil
ihnen ja doch der richtige Weg schon gezeigt wurde.
I 50 Aber wie hart muß es für solche Kinder sein, die
von ihren Eltern alles eher hören und sehen können,
als ihre sichtbaren, sie zum Himmel führenden
Schutzengel. Es könnte sich manchmal ein
Seelsorger noch soviel Mühe geben im Religions-
unterricht über seine ihm anvertrauten Kinder, wenn
sie zu Hause von ihren Eltern oft wieder ganz was
andres hören und sehen, als was ihnen der Katechet
im Religionsunterricht beigebracht hat.

Ja, sogar schon kleine Sachen können Kinder und
Jugendliche zu Glaubenszweifeln bringen, wenn die
Eltern über manche Glaubenswahrheiten anders
urteilen als wie sie es im Religionsunterricht gelernt
haben. Solche Eltern sollten wenigstens schweigen
lernen ihren Kindern gegenüber, wenn sie schon
selbst nicht mehr wissen oder wissen wollen, was
sündhaft ist oder nicht. Wie wirkt sich so etwas
I 51 dann erst in schweren Sachen aus? Ja, solche
Kinder oder Jugendliche müssen sich schließlich
denken, es ist vielleicht doch nicht viel anders, als
daß der Religionsunterricht doch nur für die Kinder
da ist, wie man vielfach hören kann, oder gar zur
Volksverdummung, wie auch so manche sagen. In
erster Linie schauen und hören die Kinder auf den
Vater, denn er ist ja doch gewöhnlich das Oberhaupt
in der Familie und auch meistens der Strafvoll-

zieher, wenn es sich um schwere Sachen handelt.
Wie sollen Eltern ihren Kindern den hohen Wert der Hl. Sakramente oder des Meßopfers beibringen können, wenn sie sehen müssen, daß die Eltern selbst nicht viel davon halten, ansonsten würden sie selber öfters einem Meßopfer beiwohnen, die meisten reden sich halt darauf hinaus, sie haben nicht Zeit dazu. Aber an solchen Tagen, wo es noch Sitte und Brauch ist, dort haben sie auch Zeit.
I 52 Solch falsch erzogene Kinder stellten sich oft sogar sehr gläubig, solange sie die Strafe der Eltern zu fürchten haben und im späteren Leben hält solche halt vor mancher Schlechtigkeit noch der strafende Arm der weltlichen Gerechtigkeit zurück und so kann es sogar vorkommen, daß einige, die sehr menschenfürchtig sind, sogar ihr ganzes Leben für halbwegs gute Christen angesehen und dabei glichen sie innerlich eher Heiden oder Freidenkern als Christen.
Wie kann man von seinen Kindern Gehorsam und Ehrfurcht verlangen, wenn man ihnen das sobald wie möglich wieder aus dem Herzen reißt, ehe es noch Wurzel gefaßt, was ihnen der Katechet in ihre Herzen pflanzen wollte und zwar am meisten durch das schlechte Beispiel, das solche Eltern ihren Kindern geben. Und dann möchte man sich noch dazu beklagen über die Jugend von heute und
I 53 will die Schuld daran immer andern in die Schuhe schieben. Wird nicht da auch so manches Kind sagen müssen, wie einstens der Jesusknabe im Tempel, als ihn seine Mutter wiedergefunden: „Wußtet ihr nicht, daß ich in dem sein muß, was meines Vaters ist.“ (Lk 2,49)

I 54

Seien wir vor Gott stets wie ein Kind!

Gott ist unser Vater und wir seine Kinder ob klein oder schon erwachsen, ob jung oder alt, vor Gott müssen wir uns immer als Kinder fühlen, unser ganzes Leben sollte ein immerwährendes Bitten und Danken sein, denn nichts können wir aus uns selbst. Wenn wir auch manchmal glauben, dies oder jenes haben wir aus unseren eigenen Kräften geschaffen, für das brauchen wir nicht zu danken, hätte uns aber Gott nicht die Kraft und Gesundheit dazu geschenkt oder das nötige Talent dazu, dann hätten wirs halt auch nicht gekonnt. Auch im Verzeihen müssen wir wie Kinder sein. Werden wir von jemandem beleidigt [denn daß einem Unrecht geschieht, das meint man für gewöhnlich immer] deshalb sind vielleicht manche der Meinung nicht eher verzeihen zu müssen, bis selbes kommt und
I 55
Abbitte leistet, in solchen Fällen würde man überhaupt nicht leicht zum Verzeihen kommen? Denn selbes, welches uns beleidigt hat, wird ebenfalls der Meinung sein, sich auch im Rechte zu befinden, deshalb kommt es öfters vor, daß manche jahrelang Feindschaften mit sich herumschleppen. Wie gut wäre es in einem solchen Beleidigungsfalle, wenn man sich gleich denken würde, es war ja bloß mein Bruder oder meine Schwester [denn vor Gott sind wir ja alle Geschwister] und den Beleidigern so schnell wie möglich wieder vom Herzen verzeihen. Haben wir auch im Verzeihen den kindliche Sinn schon verloren, so müssen wir ihn wieder zurückgewinnen, denn Christus hat doch selbst gesagt, wenn ihr nicht werdet wie diese Kleinen, so könnt ihr nicht in das Himmelreich eingehen. Sind wir überhaupt berechtigt, manchmal im Verzeihen langsam zu sein? Ich glaube nicht, denn nur einer

hätte das Recht uns in Ewigkeit nicht zu verzeihen
I 56 und das ist Gott selbst, denn ich glaube, noch nie
wurde einem Menschen unschuldig solche Schmach
und Pein zugefügt als gerade unserm göttlichen
Heiland. Und doch hat unser guter Heiland sogar
am Kreuze für seine Feinde gebetet und dem reuigen
Schächer sogar den Himmel verheißen, sogar seinen
Verräter Judas schaute er noch mit einem verzeihen-
den Blicke an, als er ihn mit einem Kusse verraten
hat. Würden wir nicht in einer so stolzen Verblendung
dahinleben, so müßte eben uns sündigen Menschen
das Verzeihen gerade ein Leichtes sein.
Wenn wir bedenken, daß jede Stunde, in der wir in
Feindschaft leben, für die ewige Glückseligkeit
verloren ist, denn wer mit den Menschen in
Feindschaft lebt, kann nicht mit Gott in
Freundschaft sein. Christus hat ja gesagt, gehe hin,
versöhne dich mit deinem Bruder, dann komm und
I 57 opfere deine Gabe. Ich glaube, es wird ja doch
wenig Katholiken geben, die nicht täglich ein
Vaterunser beten würden und gerade bei diesem
Gebet sprechen wir das Urteil über uns selbst, daß
wir von Gott nicht eher Verzeihung zu erwarten
haben, bis nicht auch wir unsern Beleidigern
verziehen haben. Aber nicht so, wie es auch manche
machen, die schnell wieder mit ihren Feinden
sprechen können, als wäre gar nichts vorgefallen,
innerlich aber doch einen heimlichen Groll gegen
solche hegen und warten bis wieder eine passende
Gelegenheit kommt, wo sie sich wieder anständig
revanchieren können, oder hinter ihrem Rücken
Schlechtes über solche reden und Freude daran
haben, wenn solches stark verbreitet wird, um ihnen
womöglichst schaden zu können. So ein schein-
heiliges Verzeihen wird Gott nicht anerkennen, denn
Gott kennt uns besser, als wir uns selbst kennen.

I 58 Von der Liebe

Zum Schlusse will ich auch noch ein wenig von der Liebe schreiben, denn ohne Liebe ist alles tot. Würde man noch soviele gute Werke verrichten, doch ohne Liebe getan, wären sie alle tot. Glaube und Hoffnung und Liebe gehören zwar zusammen, doch das höchste unter ihnen ist die Liebe. Glaube und Hoffnung hören einmal auf, aber die Liebe bleibt ewig. (1 Kor 13)

Natürlich muß man die echte Liebe von der sinnlichen Liebe unterscheiden können, die sinnliche Liebe dauert natürlich nicht ewig, denn die vergeht manchmal so schnell als wie sie gekommen.

Wenn sie auch manchmal nur sehr kurze Zeit währet, so kann sie doch der echten Liebe große Wunden schlagen. Auch so eine Ehe, die nur aus sinnlicher Liebe begründet wurde, hat selten eine lange Glücksdauer, wenn sie auch nicht gerade
I 59 zur Scheidung führen muß, so stürzt sie doch die meisten davon ins zeitliche Unglück und vielleicht viele davon auch ins ewige.

Kehren wir wieder zurück zur wahren Liebe.

Sie ist die allein glückbringende, sie kommt vom Himmel und führt zum Himmel. Sie ist nicht eifersüchtig, sie bläht sich nicht auf, sie duldet alles, sie verzeiht alles, sie glaubt auch alles, sie überwindet alles. Wie können wir in der Liebe zunehmen? Nur durch Gottes Gnade und die erhalten wir hauptsächlich durch das Gebet und einen tiefen Glauben. Die Liebe, sie soll in uns so wachsen, daß wir auch unsre Feinde lieben können, dann erst können und dürfen wir uns Christen nennen, denn seine Freunde lieben, das kann der Antichrist oder der Heide auch.

I 60 # Über das Lesen!

Ist das Lesen guter Bücher und Zeitschriften zur Erlangung der ewigen Seligkeit unbedingt notwendig? Die Antwort darüber lautet Ja, — aber auch Nein, denn würde die Antwort bloß Ja heißen, dann wäre es eben für solche, welche das Lesen nicht gelernt schon im Vorhinein zweck- und aussichtslos sich für die ewige Seligkeit Mühe zu geben.

Aber wie hart es werden wird, für solche, welche das große von Gott erhaltene Talent nicht gebührend zu dessen Zweck ausnützen, will ich in nachfolgendem Beispiele schildern.

Stellen wir uns einmal vor, es machen zwei eine ziemlich weite Weltreise an ein bestimmtes und doch von beiden gleiches Ziel, doch muß jeder die Reise allein antreten. Einer bereitet sich schon lange auf diese Reise vor, studiert die Karte gut; damit ihm die ganze Strecke gut im Gedächtnis bleibt, lernt er sogar die größeren Stationen und Ortschaften die
I 61 er in dieser Strecke zu passieren hat, sogar auswendig. Und dennoch kann es vorkommen, daß er manchmal auf Irrwege gerät, kann ihm aber gar nicht soviel schaden, als daß er höchstens etwas später als sonst an sein gewünschtes Ziel kommt. Denn sobald er glaubt, dieser Weg stimmt nicht mehr oder dieser Ort ist mir gänzlich unbekannt, schaut er halt wieder in die Karte oder in dem von ihm zurechtgelegten Plan nach, inwieweit er vom richtigen Weg abgekommen und sich verirrt hat, jetzt kann es aber vorkommen, daß er während dieser Reise auch durch ein Feindesland muß. Dort kann es ihm sogar passieren, daß man ihn als Spion verdächtigt, eine zeitlang einsperrt und ihn all seiner wichtigsten Papiere beraubt. Jetzt wird wohl die

Reise, die er trotzdem fortsetzt, etwas schwieriger werden für ihn, denn in einem solchen Lande, insbesonders, wenn es sich im Kriegszustand befindet, können auch die Wegzeiger weggenommen oder verfälscht werden, er wird aber auch diese
I 62 Hindernisse glücklich überwinden, und wenn auch etwas verspätet an sein gewünschtes Ziel gelangen, denn durch das oftmalige Anschauen und Lesen seiner von ihm notwendigen Karte, sitzt ihm alles schon so gut im Gedächtnis, daß ihn auch die Wegnahme seiner Karten nicht mehr von seinem gewünschten Ziel abbringen kann.

Und nun tritt auch der zweite seine Reise an, dieser hat sich aber fast gar nicht darauf vorbereitet. Er nimmt sich zwar eine Karte mit, hat sich aber vorher gar nicht viel darüber interessiert, denn er denkt sich, frag ich halt, wenn ich mich schon nimmer recht auskenne, ja solange er welche antrifft, die ihm den richtigen Weg sagen oder zeigen können, wird er halbwegs durchkommen, aber wie wird es ihm ergehen, wenn ihn das gleiche Schicksal ereilt als den ersten? Er hat keine Karte mehr, die Wegzeiger stimmen nicht, die Menschen, die er frägt, können ihm auch keine Auskunft geben, weil sie
I 63 diesen Weg genau so wenig kennen als der Fragende und trifft er welche, die ihm zwar den richtigen Weg anzeigen konnten, führen ihn noch mehr irre, als er sich ohnedies schon verirrt, denn wir dürfen nicht vergessen, er befindet sich ja im Feindesland, wenn es auch noch welche darunter geben würde, die ihm zwar nicht so feindselig gesinnt wären, aber aus Furcht vor den Mitmenschen ihm keine richtige Auskunft geben.

Wird dieser Zweite jetzt auch so glücklich an das gewünschte Ziel gelangen wie der Erste? Die

Antwort darauf glaub ich, ist sehr leicht zu finden.
Das von diesen Weltreisenden war jetzt nur ein
kleines Beispiel. Haben wir nicht alle eine weite
Reise zu machen, die Reise in die Ewigkeit und
unser gewünschtes Ziel sollt der Himmel sein, hat
nicht auch diese Reise ein jeder allein anzutreten?
Stellen wir uns nun jetzt diese beiden ungleichen
Reisenden gut vor, die ich vorher in diesem kurzen
I 64 Beispiele erwähnt. Wie wird nun da ein solches
glücklich an sein gewünschtes Ziel gelangen, das
sich wenig oder gar nicht auf diese weite und
gefährliche Reise vorbereitet hat (und) zwar durch
Lesen geistlicher Bücher und Zeitschriften und nur
auf andre sich verlassen muß, wo es glaubt, die
wollen doch auch ans gleiche Ziel, obwohl es nicht
bestimmt sagen kann, ob doch jene, auf die es sich
verläßt, sich doch noch auf dem rechten Wege sich
befinden. Dann dürfen wir auch nicht vergessen,
daß diese Reise eine der weitesten und schwierigsten
ist, weil es auf der ganzen Strecke nur gerade
wimmelt vor lauter Feinden, die alles daran setzen
wollen, eines vom richtigen Wege abzubringen um ja
nicht an dieses hohe und erhabene Ziel zu gelangen.
Es mag einmal eine Zeit gegeben haben, wo dieses
Ziel auch ohne zu lesen etwas leichter zu erreichen
war, als in der heutigen Zeit, weil es eben noch
mancherorts gute Reiseführer gab, die selbst
I 65 noch auf dem richtigen Wege waren, so daß man
ruhig in ihre Fußstapfen hätte treten dürfen, die sich
aber auch nicht gescheut, andere auf ihre
Verirrungen aufmerksam zu machen. Aber jetzt!
Denn erstens müssen wir bedenken, daß wir uns ja
schon bereits im Feindeslande befinden, wo wir die
Menschen zwar noch verstehen, aber anstatt der uns
dienlichen Reisekarten höchstens noch verfälschte
oder gar keine gibt, damit meine ich eben die echt

christlichen Zeitschriften oder Bücher, wer weiß, ob
sie die in unsrem Besitze sich befinden, nicht auch
noch wegnehmen, unsre Reiseführer, die Priester
und Bischöfe hat man vielfach auch schon
irregeführt, oder mit Drohungen eingeschüchtert.
Hat einer noch den Mut seine anvertrauten Schäflein
vor solch gefährlichen Irrwegen zu warnen oder,
wenn schon verirrt, sie wieder auf den richtigen
Weg zurückzuführen, *so wird er bald von seinem
Posten verschwinden müssen,* was mit solchen
geschieht, ist uns gerade nicht unbekannt.
I 66 War nicht die Kirche in letzter Zeit stark bemüht,
auch *die Laien mit der Hl. Schrift* oder mit sonst
vielen guten Zeitschriften *zu versehen,* damit man
sich auch wenn uns schon die persönlichen Führer
weggenommen oder stumm gemacht würden uns
auch ohne sie zurechtzufinden. Wieviele kümmerten
sich aber schon um diese Bücher und Zeitschriften?
Freilich erkennen es heute viele, daß der richtige
Weg zu finden hart ist, aber anstatt sich große Mühe
zu geben, so schnell wie möglich den richtigen Weg
wieder zu finden, sagt man halt gewöhnlich: „Es
wird schon wieder recht werden“, oder so ähnliches.
Beten und auf Gott vertrauen ist schon recht, das
muß eben auch schon eins tun, wenn es sich auch
noch auf dem richtigen Weg befindet, zu was
brauchten wir denn dann noch die sieben Gaben um
die wir den Hl. Geist bitten sollen, wenn das bloße
Gottvertrauen uns schon ans richtige Ziel führen
täte? Wer kann uns denn auch schon garantieren,
I 67 daß jedes von uns, das sich verirrt, noch einmal eine
Zeit erleben wird, wo der Himmelsweg mit Rosen
umzäunt ist, so daß man ihn schon von weitem sieht
und riecht und wenn man sich einmal auf demselben
befindet nicht mehr davon abweichen kann? Müssen
denn nicht schon täglich Tausende von uns Abschied

nehmen, ohne diese schöne Zeit zu erleben? Haben damals alle den richtigen Weg gefunden und die ihn gegangen nicht abgeirrt als in Österreich noch volle Religionsfreiheit herrschte? War das nicht eine schöne Zeit?
Freilich werden solche einmal in der Ewigkeit eine weit geringere Verantwortung haben, welche das Lesen von Jugend auf nicht erlernen konnten, als solche, welche dieses große, von Gott erhaltene Talent, das man um viel Geld nicht preisgeben würde, nicht zum richtigen Zweck ausnützen.

I 68 Noch kurze Gedanken über die gegenwärtige Zeit.

Es ist unbestritten, daß sich die Zeiten ändern, deshalb ist auch der Weg in den Himmel nicht gleichbleibend, er wird zwar nie bequem zu gehen gewesen sein, aber daß er in der jetzigen Zeit, in der wir uns gerade befinden, bedeutend schwieriger zu finden und zu gehen ist, als vor mehreren Jahren, wo wir noch in einem Lande lebten, wo volle Religionsfreiheit herrschte.
Ein großer Strom hat uns erfaßt, in dem wir deutsche Katholiken alle schwimmen und zu kämpfen haben, ob wir in diesen Strom selbst hineingesprungen oder durch andere hineingerissen wurden, bleibt sich solange wir uns darin befinden, so ziemlich gleich. Um glücklich wieder ans Ufer zu kommen, bleibt uns nichts andres übrig, als gegen den Strom zu schwimmen, schwerer wird jedenfalls ein solcher gut herauskommen, welcher selbst hineingesprungen und vielleicht auch noch
I 69 andre mit hineingerissen hat, weil ihm ja das schlechte Gewissen seine Kraft schwächt und ohne

Kraft wird einer den Kampf mit den Wellen bald
aufgeben müssen, ein solcher wird sich zwar noch
eine Zeitlang auf dem Wasser halten können, denn
von den Wellen sich mitspülen zu lassen beansprucht
ja nicht so viele Kräfte, wird einem solchen nicht
vom Ufer aus ein Rettungsring zugeworfen, wo eins
auch nicht gerade langsam sein darf, um ihn zu
erfassen, wird ein solcher ob kurz oder lang
rettungslos in den Wellen untergehen und tot ans
Ufer gespült werden. Ist es uns daher möglich,
solange wir selbst noch in diesem Strome
schwimmen und mit den Wellen zu kämpfen haben,
auch andre herauszuziehen, deren Kräfte schon
völlig geschwunden sind? Schwerlich, ein Sprichwort
heißt, wer selbst im Sumpfe steckt wird schwerlich
einen anderen herausziehen können. Etwas leichter
I 70 geht es zwar im Wasser, aber es muß einer schon
ein kraftvoller Schwimmer und der Strom nicht allzu
breit und reißend sein, um eine solche Leistung
fertigzubringen, ansonsten kann es leicht
vorkommen, daß ein solcher Rettungsversuch dem
Retter selbst zum Unglücke werden kann. Sind es
jetzt wohl viele, die sich aus diesem Strom retten
wollen und stramm gegen den Strom schwimmen?
Wohl wird die Kirche schon lange diese schwere
Situation, in der wir uns heute befinden, geahnt
haben. Sie war auch letzterer Zeit stark bemüht
seinen Mitgliedern Bekräftigungsmittel zu geben
oder anzuraten zwar durch Verbreitung vieler
katholischer Zeitschriften und Bücher, und eines der
größten und besten Stärkungsmittel zu diesem
Kampfe war die Anempfehlung zum oftmaligen
Kommunionempfang. Aus diesem wertvollsten
Stärkungsmittel haben sich auch die Christen in
I 71 den ersten Jahrhunderten, die ja auch kaum einen
viel leichteren Kampf zu bestehen hatten wie wir,

ihre Kraft geholt. Die Worte, das Himmelreich leidet Gewalt, und nur wer Gewalt gebraucht, wird es an sich reißen, hat halt Christus bis heute noch nicht zurückgenommen. Sehr traurig ist natürlich heute, daß soviele die gefährliche Lage, in der wir uns befinden, nicht erkennen oder auch nicht erkennen wollen. Viele wollen halt immer die Unschuldigen spielen, wie weit sie's sind, wird einmal Gott beurteilen. Natürlich werden sich einmal vor dem ewigen Richterstuhl Gottes die Hauptschuldigen mehr zu verantworten haben, als die Verführten, aber die Folgen der Verführung haben gewöhnlich auch die Verführten zu tragen, auf dieser Welt oft sogar mehr als die Verführer.
Für solche, welch die gefährliche Lage, in der wir uns heute befinden nicht erkennen wollen oder nicht gegen den Strom schwimmen, weil es einfach schwerer ist als von den Wellen sich mitspülen
I 72 zu lassen, sind die ganzen Stärkungs- und Bekräftigungsmittel ziemlich zwecklos. Wird der Strom zu breit und zu reißend, so können auch dem besten Schwimmer die Kräfte versagen. Deswegen muß man noch immer nicht verloren sein, denn es wartet ja am Ufer eine auf unsern Hilferuf, die niemand zugrunde gehen läßt, wer vertrauensvoll zu ihr ruft, es ist die Hilfe der Christen, die allerseligste Jungfrau und Gottesmutter Maria.

Geschrieben in den Kriegsjahren 1941—42 von Franz Jägerstätter.

Habt Nachsicht mit meinen Fehlern und über die schlechte Schrift, denn ich war in meiner Schulzeit ein etwas schlampiger Schüler.

Heft 2

2, 1

Über das Thema der jetzigen Zeit: Katholik — oder Nationalsozialist

Eine sehr ernste Frage der Zeit, kann man beides zu gleicher Zeit sein? Als einst in Österreich die Sozialdemokraten stark am Ruder waren, sagte uns die Kirche, *ein Sozialdemokrat kann unmöglich auch Katholik sein.* Und Jetzt? Will nun gleich zu Beginn ein kurzes Erlebnis schildern, was ich in einer Jännernacht 1938 erlebte. „Erst lag ich fast bis Mitternacht im Bett ohne zu schlafen, obwohl ich nicht krank war, muß aber dann doch ein wenig eingeschlafen sein, auf einmal wurde mir ein schöner Eisenbahnzug gezeigt, der um einen Berg fuhr, abgesehen von den Erwachsenen strömten sogar die Kinder diesem Zuge zu und waren fast nicht zurückzuhalten, wie wenige Erwachsene es
2, 2 waren, welche in selbiger Umgebung nicht mitfuhren, will ich am liebsten nicht sagen oder schreiben. Dann sagte mir auf einmal eine Stimme: „Dieser Zug fährt in die Hölle." Gleich darauf kam es mir vor, als nähme mich jemand bei der Hand. „Jetzt gehen wir ins Fegefeuer", sagte dieselbe Stimme zu mir. Was ich da für ein Leiden geschaut und verspürte war furchtbar, hätte mir diese Stimme nicht gesagt, daß wir ins Fegefeuer gehen, so hätt ich nicht anders geglaubt, als ich würde mich in der Hölle befinden. Es waren wahrscheinlich nur Sekunden vergangen, während ich dies alles geschaut. Dann hörte ich noch ein Sausen, sah ein Licht und alles war weg. Weckte dann gleich meine Frau und erzählte ihr alles, was sich zugetragen hatte. Bis zu jener Nacht konnte ich natürlich nie recht glauben, daß die Leiden im Fegefeuer so

2, 3 groß sein könnten. Anfangs war mir dieser fahrende
Zug ziemlich rätselhaft, aber je länger die ganze
Sache ist, desto entschleierter wird mir auch dieser
fahrende Zug. Und mir kommt es heute vor, als
stellte dieses Bild nichts anderes dar als den damals
hereinbrechenden oder schleichenden Nationalsozia-
lismus mit all seinen verschiedenartigen Gliede-
rungen wie z.B. *N.S.D.A.P.* — *N.S.W.* — *N.S.F.* —
H.J. u. s. w. Kurz gesagt, einfach die ganze Natio-
nalsozialistische Volksgemeinschaft, alles, was
für sie opfert und kämpft. Erst vor kurzem stand
in der Zeitung zu lesen, wiederum 150.000 neue
Parteimitglieder mehr gewonnen und zwar durch
Neuaufnahme in die Hitlerjugend. Schauen wir auch
nur unter den Erwachsenen insbesonders welche
einen Besitz haben, Beamte sind oder ein Geschäft
führen auch sogar Hilfsarbeiter oder Handwerker,
2, 4 welche nicht irgend *einer Nationalen Gliederung
angehören* oder nicht in die *rote Büchse* opferten? Es
gibt ja nur beides — entweder ist die *Zugehörigkeit*
zur Nationalsozialistischen Volksgemeinschaft sowie
auch die Opfer in die rote Büchse uns Katholiken
zur Seligkeit nützlich oder hinderlich? Sind sie uns
zur Seligkeit nützlich, dann ist es ein Segen für das
ganze deutsche Volk, daß sich der Nationalsozia-
lismus mit all seinen Gliederungen so stark
ausgebreitet, denn ich glaube, noch nie war das
deutsche Volk bei den christlichen Caritasvereini-
gungen so stark beteiligt oder so opferbereit wie
jetzt bei den Nationalen. Obwohl es schon bald
genug jedem klar sein könnte, daß Geld dem
deutschen Staate keine große Rolle spielt, denn fürs
Inland kann man machen, soviel man braucht und
2, 5 für noch nicht eroberte Länder hat es ohnehin
keinen Wert. Sie schreiben es eigentlich ohnedies
ganz deutlich, was das *W.H.W.* eigentlich ist. *In*

Mautern sah ich ein Plakat angeschlagen, darauf zu
lesen war: „Dein Opfer im W.H.W. sei dein
Bekenntnis zum Führer.“ *Der Führer will also
ständig sein Volk prüfen,* wer für ihn ist, oder gegen
ihn. In Deutschland hat es vor der Machtübernahme
Hitlers einmal geheißen, den Nationalsozialisten
wird die Kommunionbank verweigert. Und wie
schaut es jetzt aus in diesem großdeutschen Reich?
Manche gehen, scheints, seelenruhig zur
Kommunionbank, obwohl sie Mitglied zur N. Partei
sind, auch ihre Kinder zur Partei gehen lassen oder
sie gar zu nationalsozialistischen Erziehern
ausbilden lassen. Haben sie denn heute, wo man
schon mehr als zwei Jahre ein grauenhaftes
Menschenmorden betreibt, ein andres Programm,
2, 6 daß dies alles jetzt für erlaubt oder für nichtssagend
gelten würde? Oder hat denn das kirchliche Lehramt
schon die Entscheidung oder Gutheißung gegeben,
daß es jetzt auch erlaubt sei einer kirchenfeindlichen
Partei beizutreten? Ja, man möchte schon manchmal
laut aufschreien, wenn man da ein wenig darüber
nachdenkt, könnte es da einen wundern, wenn in
einem solchen Lande auch die Gerechtesten irre
würden? Dem ganzen Anzeichen nach wird es bei
uns zu keiner blutigen Christenverfolgung mehr
kommen, denn es wird ja so fast alles getan, was die
N. Partei wünscht oder befiehlt. Es würde freilich
nicht mehr viel gute Priester in Österreich mehr in
Freizeit oder in ihrem Berufe wirkend geben, wenn
sich gleich bei der Wahl am *10. April* der kath.
Klerus Österreichs stramm entgegengestellt hätte, als
diese Partei sogar zu loben über so manche
2, 7 ihrer guten Taten und ihnen so zu *einem fast
hundertprozentigen Wahlsieg zu verhelfen.* Ich
glaube, daß es kaum schlimmer stünde, um den echt
christlichen Glauben in unsrem Lande, wenn auch

nicht mehr ein kath. Gotteshaus offenstünde und vielleicht schon Tausende ihr Blut und Leben für Christus und ihren Glauben geopfert hätten, als daß man jetzt stillschweigend diesem immer mehr um sich greifenden Irrtum zusieht! Es warten zwar schon viele mit Ungeduld auf die Befreiung aus dieser traurigen Lage. Da wäre es eben gut, wenn man an die Worte des Führers denkt, als er sagte „Mensch hilf dir selbst, dann hilft dir auch Gott.“ Ich möchte eben jedem zurufen, der sich in diesem Zuge befindet: „Springet aus, ehe dieser Zug in deine Endstation einfährt, wenn es dabei auch das Leben kostet!“

Somit glaub ich, hat mir Gott es durch diesen
2, 8 Traum oder Erscheinung klar genug gezeigt und ins
Herz gelegt, mich zu entscheiden, ob Nationalsozialist — oder Katholik!

Werfen wir aber deswegen keine Steine auf unsre Bischöfe und Priester, sie sind ja auch Menschen wie wir aus Fleisch und Blut und können schwach werden. Sie werden vielleicht noch weit mehr vom bösen Feind versucht als wir. Sie waren halt vielleicht zu wenig vorbereitet, diesen Kampf aufzunehmen und sich zu entscheiden: Leben oder Sterben. Würde nicht auch uns das Herz erbeben, wenn es auf einmal heißen würde, heute noch müssen wir vor dem Richterstuhl Gottes erscheinen, obwohl wir gewöhnlich nur für einige unserer Mitmenschen zur Verantwortung gezogen würden. Deshalb kann man sich leicht in die schwere Entscheidung, vor der unsre Bischöfe und Priester
im März 1938 standen hineindenken. Unsre
2, 9 Bischöfe werden vielleicht auch geglaubt haben, es
dauert vielleicht nur eine kurze Zeit und dann zerfällt alles wieder und sie können durch ihre Nachgiebigkeit den Gläubigen viele Martern und

Peinen ersparen, doch leider kam es halt anders; es
sind schon Jahre vergangen und Tausende von
Menschen müssen jetzt jährlich in diesem Irrtum
dahinsterben. Wir können uns daher leicht
vorstellen, was das für ein heroischer Entschluß sein
müßte unterm Volke das zu widerrufen, was in den
letzten Jahren gefehlt gemacht wurde. Machen wir
es ihnen durch Vorwürfe nicht noch schwerer als es
für sie ohnedies schon ist. Beten wir lieber für sie,
damit Gott ihnen die große Aufgabe, vor der sie
noch stehen, erleichtern möge. Wenn wir die Zeit,
in der wir jetzt leben mit Ernste betrachten, so
müssen wir gestehen, daß die Lage für uns Christen
2, 10 Deutschlands weit trostloser und verwirrter ist, als
für die Christen in den ersten Jahrhunderten unter
den blutigsten Verfolgungen. Viele werden sich da
vielleicht denken, warum mußte der Herrgott uns
gerade zu einer solchen Zeit leben lassen? Wir
dürfen darüber unsrem Herrgott keine Schuld geben,
oder diese Schuld vielleicht andern in die Schuhe
schieben, denn ein Sprichwort heißt: „Wie der
Mensch sich bettet, so liegt er." Und noch heute ist
es uns mit Gottes Hilfe möglich, wenn wir das
ernstliche Bestreben haben und alle Kraft anwenden
uns noch aus diesem Sumpfe, in dem wir stecken,
herauszuarbeiten und ewig glückselig werden.
Natürlich darf dabei eines die Leiden dieser Welt
nicht als das Schlimmste betrachten, sogar die
größten Heiligen hatten oft Furchtbares zu leiden,
bis Gott sie in die ewigen Wohnungen aufgenommen
2, 11 hat; auch seine Apostel hat der Herr nicht vom
Leiden verschont und die meisten davon mußten ihr
Leben durch den Martertod lassen und haben noch
soviel für Christus gearbeitet. Und wir wollen
vielleicht gar für unser sündhaftes Leben ein leid-
und kampfloses Leben und einen sanften Tod haben

und obendrein noch die ewige Glückseligkeit. Christus selbst der Unschuldigste hat das schwerste unter allen Menschen gelitten und uns durch sein Leiden und seinen Tod den Himmel erkauft und wir wollen für ihn nichts leiden? Wenn wir in der Geschichte nachschauen und die letzten Jahrhunderte verfolgen, so brauchen wir uns nicht wundern, daß wir heute so weit sind, denn immer mehr ist der tiefe und fromme Glaube zurückgegangen und das neue Heidentum hat sich immer mehr vorgedrängt.
2, 12 Die guten und religiösen Geschichtsschreiber haben es uns schon vor Jahrzehnten, ja manche schon vor Jahrhunderten vorausgesagt, was für ein Elend über die Menschen kommen wird, wenn sie sich nicht mehr bessern. Wir brauchen ja nur ein wenig nach Rußland schauen, was haben die zu leiden und wann werden sie wieder aus ihrer Not befreit werden? Und bei uns soll vielleicht alles so schmerzlos vorübergehen, wie vielleicht viele der Meinung sind?

2, 13 Kurze Gedanken über unsre Vergangenheit — Gegenwart und Zukunft!

Trotz Prophezeiungen und Weissagung bleibt uns die Zukunft doch noch immer dunkel, für gewöhnlich kommt es etwas anders als bloße Menschenweisheit die Zukunft zu enträtseln trachtet. Was wird nun die Zukunft für uns Österreicher — für uns Deutsche Schönes bringen? Viele werden wohl auch bei uns noch von einer schönen Zukunft träumen, wenn der Krieg zu Ende ist. Wir liegen zwar alle in Gottes Hand, der unser Schicksal lenkt und leitet, die wildesten Ströme müßten auf sein Wort stille stehn.

Aber seit es Menschen auf dieser Welt gibt, lehrt uns die Erfahrung, daß Gott den Menschen den freien Willen läßt und nur selten in die Schicksale der Menschen und Völker auffallend eingegriffen hätte und so wird es auch für die Zukunft kaum viel anders werden, außer

2, 14 am Ende der Welt. Adam und Eva haben sich ihr Lebensschicksal schon durch ihren Ungehorsam gegen Gott gänzlich ruiniert, Gott ließ ihnen den freien Willen; nie hätten sie leiden müssen, wenn sie auf Gott mehr gehorcht hätten, als auf den Verführer.

Gott hätte auch ihre Gedanken anders lenken können, was wäre schon durch Vermeidung dieses ersten Sündenfalles der ganzen Menschheit für Leid erspart geblieben, wenn Gott diese erste Sünde verhütet hätte. Sogar seinem geliebten Sohn wäre dann dieses unendliche Leid erspart geblieben. Und so wird es bis zum Ende der Welt bleiben, daß jede Sünde auch Folgen nach sich zieht. Doch wehe uns, wenn wir diese Folgen immer wieder von uns abwälzen wollen und für unsere begangenen Sünden und Fehler keine Buße tun wollen. Würde sich heute die Mehrzahl der Menschen gleich bekehren, wenn Gott allen Völkern der Erde

2, 15 die Waffen aus den Händen schlagen würde? Viele sind zwar der Meinung, daß Österreich und Bayern nie viel geschehen wird, wenn der Krieg für Deutschland auch schlimm ausgehen wird.

Fragen wir uns einmal, sind denn Österreich und Bayern schuldlos, daß man (wir) statt einer christlichen Regierung jetzt eine nationalsozialistische haben? Ist denn bei uns der Nationalsozialismus ganz einfach vom Himmel gefallen? Ich glaube darüber brauchen wir nicht viele Worte verlieren, denn wer im letzten Jahrzehnt nicht

geschlafen hat, der weiß es ohnehin gut genug, wie
und weshalb das alles so gekommen ist. Ich glaub,
es ist im Frühjahr 1938 nicht viel anders zugegangen
als am Gründonnerstag vor mehr als 1900 Jahren,
wo man dem jüdischen Volke freie Wahl gegeben
zwischen dem unschuldigen Heiland und dem
Verbrecher Barabbas, auch damals hatten die
Pharisäer Geld ausgeteilt
2, 16 unter das Volk um fest zu schreien, um diejenigen,
die noch zu Christus gehalten, irrezuführen und
einzuschüchtern. Was hat man nicht auch bei uns im
März 1938 gegen den noch christlich gesinnten
Kanzler Schuschnigg und gegen die Geistlichkeit für
Schaudermärchen erzählt und erdichtet. Die
wenigen, *die nicht irre wurden und zu diesem
unglückseligen „Ja" zu bewegen waren,* hat man
einfach als Narren oder Kommunisten bezeichnet,
aber bis heute hat man den Kampf um diese Narren
noch nicht aufgegeben um sie vielleicht doch noch
zur N. Volksgemeinschaft zu gewinnen oder
wenigstens für diese Idee zu opfern! Freilich haben
bei vielen diese Siegesfreuden nicht lange gewährt
und (sie) sind zur Erkenntnis gekommen, daß doch
alles anders gekommen, als man anfangs
versprochen, was wurde nicht von solchen seitdem
2, 17 zusammengeschimpft und gemeutert, aber sich von
dieser antichristlichen Volksgemeinschaft
auszuschließen, dazu haben sie doch nicht den Mut,
das kommt mir nicht viel anders vor, als wenn ein
noch halbwegs gutes Mädel einem schlechten
Burschen, der nur auf Verführung und Befriedigung
seiner Wollust ausgeht, auf den Leim gegangen ist.
Ja, eine Zeitlang wird es ihr vielleicht sogar besser
gehen und so lang sie dabei keine Gewissensbisse
hat, wird sie sich anfangs auch gar nicht so
unglücklich fühlen, bis sie endlich daraufkommt und

die wahre Gesinnung dieses Burschen kennt, oder vielleicht gar schon Folgen der Sünde sich zeigen. Da mag sie jetzt noch so schimpfen und klagen über den Verführer, die Folgen davon hat sie doch zu tragen und wenn sie nicht den Mut aufbringt, diese sündhafte Bekanntschaft wieder zu lösen, wird sie kaum mehr glücklicher werden, wenn sie
2, 18 diesen Burschen anstatt zu lieben, jetzt sogar haßt. Sie wird vielleicht versuchen, diese Bekanntschaft wieder zu lösen, aber so ein frecher Bursch wird sein Opfer nicht so leicht loslassen, wird sie anfangs mit Drohungen einzuschüchtern wissen, oder er verlangt die Geschenke, die sie von ihm erhalten, wieder zurück, von denen sie sich auch nicht gerne mehr trennen will; eine solche mag Tag und Nacht beten und wird doch nicht viel Erhörung finden, bevor sie nicht die Bekanntschaft aufgegeben, sie darf vor keinem Leiden zurückschrecken und wenn der Bursche auch mit Mord oder Verleumdung sie bedroht. Und nun schauen wir ein wenig nach Rußland. Hat vielleicht dort der Herrgott der Guten wegen, die noch darunter waren, den Strom aufgehalten? Sollte auch dieses Jahr, was sich vielleicht manche hoffen, eine Befreiung aus ihrer traurigen
2, 19 Lage bringen, wie sieht aber die wieder aus? Wird aber auch das russische Volk der bolschewistischen Gemeinschaft gleich so willig und zahlreich beigetreten sein als das österreichische im März 1938 der nationalsozialistischen Volksgemeinschaft, die schließlich auch keinen Schmarrn besser ist, höchstens noch ein wenig hinterlistiger. Oder sollten wir vielleicht deswegen strafloser aus unserer Lage wieder herauskommen, weil wir Österreicher noch dazu fast durchwegs katholisch waren? Wehe, wenn die Worte, die Christus einmal über Kapharnaum

gesprochen hat auch für uns Geltung hätten: „Bis
zum Himmel hab ich Dich erhoben, jedoch bis zur
Hölle wirst Du hinuntersteigen müssen.“ (Mt 11,23)
Soll es in unserm schönen Österreich noch einmal
so weit kommen, daß Christus regieren wird, so
muß auf den Gründonnerstag auch noch der
2, 20 Karfreitag kommen, denn Christus mußte auch erst
sterben, bis (bevor) er von den Toten auferstehen
konnte. Auch für uns gibt es kein glückliches
Auferstehen, bis wir nicht bereit sind, für Christus
und unseren Glauben zu leiden und wenn es sein
muß auch zu sterben. Der Gründonnerstag war halt
für uns Österreicher *der unglückselige 10. April
1938. Dort ließ sich die Kirche Österreichs
gefangennehmen* und liegt seitdem noch immer in
Fesseln und bevor nicht dieses „Ja“, das eben
damals von vielen Katholiken doch sehr zaghaft und
beängstigt abgegeben wurde, nicht mit einem
kräftigen „Nein“ beantwortet wird, gibt es auch für
uns keinen Karfreitag; sterben müssen wir zwar
deshalb schon, aber nicht für Christus, viele
vielleicht zwecks Mithilfe zum nationalen Sieg. Wird
aber auch dieses „Nein“ so geschlossen und
zahlreich abgegeben werden können als seinerzeit
das „Ja“?
2, 21 Ich glaube kaum. Wie aber kann dieses „Nein“
erfolgen, wird es dann auch viel nützen, wenn es
nicht gleich sehr zahlreich geschieht? Ganz ohne
Zweifel, zudem braucht eines das andre nicht fragen
wie es meint und tut, denn für jedes einzelne glaub
ich, hat es Wert genug, seine Seele aus dieser
gefährlichen Lage zu befreien. Um diesen Entschluß
auch auszuführen, heißt es natürlich jederzeit bereit
sein für Christus und seinen Glauben, auch wenn es
sein muß, sogar sein Leben dafür einzusetzen. Ist
dieser Entschluß in einem reif, dann sofort heraus

aus der N. Volksgemeinschaft, kein Opfer mehr für sie zu geben, denn wer die christliche Nächstenliebe auch in der Tat umüben will, kann den Armen auch ohne WHW — oder Volkswohlfahrt etwas zu ihrem Lebensunterhalt beisteuern. Dann steht es ihnen frei, mit einem zu machen, was sie wollen, die
2, 22 werden dann bestimmt nicht gleich dreinhauen, sondern sie werden alles daransetzen, eines von diesem Entschluß wieder abwendig zu machen, denn die Unterwelt weiß es ganz gut, daß sie einem viel mehr schaden kann, wenn sie eines bei der Volksgemeinschaft als Mitglied behalten oder dazugewinnen kann, als wenn sie eines des Glaubens wegen zu Tode martern würden. So etwas geschieht erst dann, wenn ihnen die Geduld reißt und sie es einsehen, daß dieser Mensch doch nicht mehr leicht für sie zu gewinnen ist und auch für andere gefährlich werden könnte. Ich glaube, der Herrgott macht es uns jetzt doch ohnehin nicht so schwer, das Leben für unsern Glauben einzusetzen, denn wenn man bedenkt, daß in diesen schweren Kriegszeiten schon Tausende von jungen Menschen aufgefordert wurden ihr Leben für den Nationalsozialismus einzusetzen, und wieviele mußten in diesem Kampfe schon
2, 23 ihr blutjunges Leben opfern, damit andre in der Heimat von den geraubten Sachen ihr Leben noch eine Zeit verlängern können und dabei noch Tausende von *Kinderseelen zu morden.* Denn mit jedem neuen Sieg, den Deutschland erringt, wird das Schuldbewußtsein für uns Deutsche immer größer, warum soll es denn dann härter sein, das Leben für einen König einzusetzen, der nicht bloß Pflichten auferlegt, sondern uns auch Rechte gibt, dessen Endsieg uns gewiß ist und dessen Reich, das wir uns dadurch erkämpfen, ewig bestehen wird. Christus hat uns durch sein bitteres Leiden und

Sterben ja nur vom ewigen Tode erlöst, nicht aber
vom irdischen Leiden und Sterben. Christus verlangt
aber auch von uns ein öffentliches Bekenntnis
unseres Glaubens, genau wie auch der Führer Adolf
Hitler von seinen Volksgenossen.
2, 24 Die Gebote Gottes lehren uns zwar, daß wir auch
den weltlichen Oberen Gehorsam zu leisten haben,
auch wenn sie nicht christlich sind, aber nur soweit
sie uns nichts Schlechtes befehlen. Denn Gott
müssen wir noch mehr gehorchen als den
Menschen. Und wer kann daher zwei Herren auf
einmal dienen? Man kann ja einstweilen im
Geheimen auch Christ bleiben, bis die Sache wieder
anders aussieht, sagen oder denken sich vielleicht
viele. Es ist zwar auch nicht zu zweifeln, daß der
Nationalsozialismus ewig währt, es kann auch sein,
daß er schon die längste Zeit existiert hat. Auch
Gottes Reich auf Erden würde bald zerfallen, wenn
uns Gott auf einmal alle Rechte nehmen würde, und
daß wir nur Pflichten alleine hätten, obwohl Gott die
Macht und das Recht dazu hätte.
Kann es dann aber nicht vorkommen, wenn das
Deutsche Reich besiegt, als Befreiung dann wieder
eine andre
2, 25 antichristliche Macht als Ablösung kommt? Wir
wissen doch, wie es bei den andren Mächten der
Erde um den christlichen Glauben bestellt ist, zum
Bsp. in Rußland — England und Amerika.
Kaum viel besser, vielleicht noch etwas zivilisierter
und einstweilen noch nicht so verroht als die
Russen. Von woher ist dann noch etwas Besseres zu
erwarten? Die Christen in den ersten Jahrhunderten
hätten sich eben auch denken können, opfern wir
halt den Götzen, so wie es die Regierung von uns
verlangt, heimlich können wir ja doch Christen
bleiben, so manche werden es auch getan haben,

auch zur selben Zeit sind manche Herrscher oft nicht lange auf dem Thron geblieben, doch leider waren ihre Nachfolger oft nicht viel besser, ja manchmal sogar noch schlimmer. Da hätten die ersten Christen eigentlich über dreihundert Jahre alt werden müssen, bis sie eine freie Ausübung ihres Glaubens für

2, 26 längere Zeit erlebt hätten. Und sollte aus diesem schweren Ringen um Sein oder Nichtsein noch ein halbwegs gutes Ende herausgehen, glauben wir aber dann, daß die Christianisierung eines schon so tief gesunkenen Volkes so schnell vonstatten gehen würde, daß unsre Kinder es noch erleben könnten? Abwärts geht die Fahrt gewöhnlich leichter und schneller als aufwärts. Wir können nicht sagen, daß es bei uns bloß in der Regierung oder an der oberen Klasse fehlt, ist es nicht schrecklich und gruselig, wenn man an den Kindesmord denkt, den einstens König Herodes durchführen ließ. Wie die selige Katharina Emmerich es geschaut, sollen es bei 700 gewesen sein. Und wie hat nicht der Herrgott diesen grausamen König schon auf dieser Welt bestraft. Und was mußte man die letzten Jahre vom deutschen und österreichischen Volke hören. Da brauchte man keinen Herodes

2, 27 mehr zu diesem Befehl, da besorgen dies die eigenen Eltern mit ihren oft sogar schlecht bezahlten Gehilfen schon selbst. Der gelehrte Professor Hermann Mukermann gab eine Statistik heraus, daß der Weltkrieg in den vier Jahren zusammen vom deutschen Volke nicht soviel Opfer an Toten forderte als in Deutschland durch Kindermord und Abtreibung jährlich sterben. Nach dessen Statistik sollen es in Deutschland in einem Jahr schon bei zwei Millionen Kinder sein, welche durch diese Herodestaten ihr Leben lassen müssen. Und hat es

in diesem Punkte in unserem noch christlich genannten Österreich vielleicht besser ausgeschaut? Dieses Morden war nicht bloß in den Großstädten, es drang schon hinaus bis ins kleinste Bauerndorf. Kann man da noch von einer deutschen Kultur sprechen, wir schaudern manchmal zurück, wenn man von den grausamen
2, 28 Taten hört, welche die Russen in diesem Kriege ausführen. Ist etwa das weniger grausam, wenn man sein eigenes Kind mit reiflicher Überlegung, das einem noch gar nichts zuleid getan und noch gänzlich unschuldig ist, ermorden kann? Und über solche Völker sollte der Herrgott noch Wunder wirken, wie einstens beim israelitischen Volke, das trockenen Fußes durchs Rote Meer wandern konnte? Wir wissen zwar, daß die Kirche Christi, der Felsen Petri, nie besiegt werden kann, weil es Christus selbst gesagt hat, wir wissen aber, daß dieser Felsen schon bald (beinahe) von allen Seiten umlagert ist, um ihn zum Stürzen zu bringen. Aber es wird ihnen nicht gelingen! Es ist ja schon fast wie ein Wunder Gottes anzusehen, daß sich zwei Mächte *gegenseitig zerfleischen müssen, die doch ein und dasselbe Ziel vor Augen* hätten.

2, 29 Bolschewismus — oder Nationalsozialismus

Es ist eben sehr traurig, wenn man immer wieder von Katholiken hören kann, daß dieser Krieg, den Deutschland jetzt führt, vielleicht doch nicht so ungerecht ist, *weil doch damit der Bolschewismus ausgerottet wird.* Es ist wahr, daß gerade jetzt die meisten unsrer Soldaten im ärgsten Bolschewistenlande stecken, und alle, die in diesem Lande sich

befinden und sich zur Wehr setzen einfach
unschädlich oder wehrlos machen wollen. Und nun
eine kurze Frage: Was bekämpft man in diesem
Lande, den Bolschewismus — oder das russische
Volk? Wenn unsre katholischen Missionäre
hinauszogen in ein Heidenland um sie zu Christen
zu machen, sind die auch mit M.g. und Bomben
vorgegangen um sie durch diese Mittel zu bekehren
und zu bessern? Die meisten dieser edlen Kämpfer
für das Christentum schrieben in die Heimat, wenn
2, 30 sie nur genug Mittel hätten zum Austeilen, dann
ging es halt viel schneller vorwärts, natürlich baten
sie auch sehr viel um das Gebet, denn die größten
Fortschritte und Bekehrungen verdankten sie doch
dem zu ihrem Werke sie begleitenden Gebete. Wenn
man ein wenig in der Geschichte Rückschau hält, so
muß man immer wieder fast dasselbe feststellen: Hat
ein Herrscher ein andres Land mit Krieg überfallen,
so sind sie gewöhnlich nicht in das Land
eingebrochen um sie zu bessern oder ihnen
vielleicht gar etwas zu schenken, sondern sich für
gewöhnlich etwas zu holen. Kämpft man gegen das
russische Volk, so wird man sich auch aus diesem
Lande so manches holen, was man bei uns gut
gebrauchen kann, denn kämpfte man bloß gegen den
Bolschewismus, so dürften doch diese andren
Sachen wie Erze, Ölquellen oder ein guter
2, 31 Getreideboden doch gar nicht so stark in Frage
kommen? Ging man gegen das Christentum mit der
Waffe vor, um es auszurotten, wie man schon öfters
glaubte, aber dessen Blut wurde erst recht immer
wieder neuer Same und sproß dadurch wieder
blühender hervor als vorher, kann nicht ähnliches
auch jetzt vorkommen, wenn man Bolschewistenblut
fließen läßt, kann nicht auch aus diesem neuer Same
daraus werden? Sind wir Christen in der heutigen

Zeit vielleicht schon gescheiter als Christus selbst? Glauben denn wirklich einige, durch dieses massenhafte Blutvergießen vielleicht das Christentum in Europa so vor dem Untergang zu retten oder vielleicht gar dadurch zu neuer Blüte zu bringen? Ist denn unser guter Heiland, dessen (dem) nachzufolgen wir uns stets bemühen sollen, auch so mit seinen Aposteln gegen das Heidentum vorgegangen

2, 32 wie jetzt wir deutschen Christen? O, wir armes, durch Größenwahn verblendetes Volk, werden wir noch einmal zur Vernunft gelangen? Gewöhnlich sagt man: „Nichts kommt von ungefähr, alles kommt von oben her.“ Ist denn aber dieser Krieg, den wir Deutsche schon fast mit allen Völkern der Erde führen, so auf einmal hereingebrochen wie vielleicht ein furchtbares Hagelunwetter, wo man machtlos zusehen muß und höchstens noch beten kann, daß es ohne einen zu argen Schaden anzurichten bald wieder aufhöre? Denn fast alle wußten wir durch Radio, Zeitungen, Versammlungen u.s.w. was Hitler mit seinem Programm durchzuführen geplant und daß die *Abschüttlung der Schulden* und die Außerkurssetzung der Reichsmark keine andren Folgen mit sich bringen konnten, als sie eben schon zur Genüge eingetreten sind, außer es hätte der Herrgott den andern

2, 33 Völkern den freien Willen genommen und ihre Gedanken so gelenkt, daß sie sich gleich kampflos dem deutschen Nationalsozialismus unterworfen hätten, aber Gott läßt eben jedem Menschen den freien Willen und denselben hätten eben auch wir Österreicher noch am 10. April 1938 gehabt, wenn auch die Deutschen unser Land schon in Besitz genommen hatten, aber den freien Willen zu einem Ja — oder Nein hat uns weder Gott noch die

Deutschen genommen. Und noch heute haben wir diesen freien Willen, ich glaube kaum, daß Gott es uns zur Sünde anrechnen wird, wenn wir endlich dieses verhängnisvolle „Ja“, das vielleicht viele schon bereut, mit einem „Nein“ vertauschen. Andre Völker haben doch wenigstens ein Recht, Gott um Frieden zu bitten und daß er uns Deutschen die Waffen aus der Hand schlage.
Ist es für uns nicht direkt ein Hohn, wenn wir
2, 34 Gott um Frieden bitten, wenn wir ihn doch gar nicht wollen, denn sonst müßten wir doch endlich die Waffen niederlegen, außer es ist die Schuld noch zu klein, die wir schon auf uns geladen? Wir dürfen höchstens Gott noch bitten, daß er uns zur Vernunft kommen lasse um endlich zu erkennen, daß andre Menschen und Völker auch noch ein Lebensrecht auf dieser Welt besitzen. Ansonsten muß schon Gott durch seine Macht uns einen Strich durch die Rechnung machen, denn wir Katholiken Deutschlands würden sonst noch alle Völker der Erde zwingen, sich unter das nationalsozialistische Joch zu beugen.
An der Diebsbeute wollen wir uns zwar fast alle ergötzen, die Verantwortung über das ganze Geschehen wollen wir nur einem in die Schuhe schieben!

2, 35 Das falsche Spiel

Treiben wir nicht gerade in der jetzigen Zeit fast alle mehr oder weniger ein falsches Spiel? Wissen wir denn nicht, daß wir als gute und edle Früchte befunden werden müssen um ins Himmelreich eingehen zu können? Es ist daher unmöglich, daß Falschheit zur Vollkommenheit führen kann. Wann

und wie ist man falsch? Erstens wenn man sich dem
Mitmenschen gegenüber anders ausgibt, als man in
Wirklichkeit ist, zweitens, wenn man immer anders
handelt als man denkt, spricht oder schreibt.
Ist denn das heute überhaupt möglich, so zu reden
oder zu handeln, als man denkt? Um des
Gehorsames wegen heißt es freilich manchmal
anders handeln als man denkt, aber dieser
Gehorsam braucht deswegen nicht soweit gehen, daß
man sich sogar zu schlechten Taten hinreißen läßt.
2, 36 Wir wissen, Gott befiehlt uns nichts Unmögliches,
wenn wir auch in der jetzigen Zeit leben, man muß
ja nicht immer gleich handeln, wie man denkt, man
braucht auch nicht immer so zu reden als man
denkt, denn man kann und darf ja auch schweigen,
zwar bis zu einem gewissen Grad, da würde man
freilich schlimm ankommen, wenn man mit den
Nächsten immer so reden würde, als man sich oder
von ihm denkt. Da heißt es halt manchmal
schweigen und schlucken, es muß ja nicht immer
gesprochen sein, manche hören es ohnedies nicht
gerne, wenn man viel redet, weil sie da ja dann
diese Zeit selber stille sein müßten. Freilich ist es
doppelt hart, nicht falsch zu sein, wenn man in
einem Lande lebt, wo die Glaubensfreiheit
beschränkt ist.
Hätte also die Falschheit zur Erlangung der ewigen
Seligkeit nichts Nachteiliges, so würde es dann auch
nicht viel Unterschied sein, ob wir
2, 37 Glaubensfreiheit haben oder nicht? Ist es auch dann
noch schlecht, wenn durch unsre Falschheit niemand
Schaden leidet? Ganz gewiß, weil wir uns am
meisten ja doch immer selbst schaden, denn Gott
können wir durch unsre Falschheit nur beleidigen,
jedoch nicht schaden, wohl aber seiner Kirche.
Ein Sprichwort heißt: „Wie gelebt, so gestorben."

Und so kann es sehr häufig vorkommen, daß solche
auch oft sogar beim Sterben dieses falsche Spiel
nicht mehr aufgeben können. Wie hart wird oft über
solche geurteilt, welche nicht mehr in die Kirche
gehen oder zu den hl. Sakramenten, oder gar von
der Kirche austreten, und sogar andre Christen
verfolgen. Zwar werden solche das Himmelreich
einmal nicht besitzen, wenn sie sich nicht mehr
bekehren. Aber sie haben wenigstens ihr falsches
Spiel so halbwegs aufgegeben, man weiß wenigstens
gleich, wen man vor sich hat. Und ich wette darauf,
2, 38 daß solche in der Hölle einmal keine so große Pein
zu leiden haben, als diejenigen, welche ihr ganzes
Leben nur geschwindelt haben, ihre Seelsorger und
die Nächsten nur täuschen wollten. Hat nicht Christus
selbst gesagt: „Wärest du warm oder kalt, so würde
ich dich behalten, weil du aber lau bist, so werde
ich dich aus meinem Munde ausspeien.“ (Offb 3,16)
Es werden sich auch manche andere denken, was
sollte ich zu diesem Menschen ehrlich sein, der ist
doch ohnehin ein schlechter Kerl, der ist ja auch
mir gegenüber nicht ehrlich. Erstens sollen wir
niemals Böses mit Bösem vergelten und zweitens
haben wir genausowenig Recht, einem solchen
gegenüber unehrlich zu sein, weil er vielleicht
schlecht ist, als zu einem Guten, denn vor Gott ist
der Schlechte genauso gut mein Bruder als der
Gute. Oder würden wir vielleicht dazu beitragen
einen solchen zu bessern,

2, 39 indem wir selbst als gute Christen gelten möchten
und dabei einen Schmarrn besser sind als
diejenigen, die wir vielleicht für schlecht halten,
denn sonst müßten wir uns auch andern gegenüber
ehrlich und aufrichtiger zeigen, wenn wir dafür auch
nur Spott und Hohn ernten würden. Ist daher kein
Wunder, wenn man oft hören kann, „so sind sie“.

Durch so ein falsches Spiel machen wir eigentlich
der ganzen kath. Kirche große Schande, denn es
werden gewöhnlich dann alle zusammen genannt.
Wie steht es nun erst heutzutage mit dieser
Aufrichtigkeit? Ist man da aufrichtig, wenn man der
N.S.W. oder sonst irgend einer nationalen
Gliederung als Mitglied angehört, für sie auch opfert
oder sammelt und dabei möchte man die ganze
Sache über alle Berge wünschen? Man glaubt halt
doch dabei andre zu täuschen oder beschwindeln
2, 40 zu können, halten wir aber unsre Gegner nicht für
so dumm, denn die kennen es ja doch, daß ein
solches, welches noch seine Sonntagspflicht hält und
auch sonst sich noch so ziemlich religiös zeigt, auf
einer Seite schwindeln muß, denn niemand kann
zwei Herren auf einmal dienen. Sie lassen
einstweilen zwar beides zu, weil sie ja wissen, daß
sich ein solches hauptsächlich ja nur selbst
beschwindelt, den größten Schaden dabei sich und
der Kirche zufügen. Sie werden zwar selten solchen
größere politische Posten anvertrauen, welche so ein
Doppelspiel betreiben. Tragen wir vielleicht da zur
Bekehrung andrer bei, wenn wir so ziemlich überall
mittun, was die Partei von uns wünscht oder befiehlt
um vielleicht nur irgend eines irdischen Vorteiles
halber, was müssen da die Andersgläubigen von uns
und unserm Glauben halten, wenn uns der so wenig
gilt? Wir
2, 41 müssen uns da direkt schämen *von echt illegalen
Parteigenossen, die seinerzeit trotz Verbot für ihr
Ideal, für ihre nationalsozialistische Weltanschauung*
gekämpft, sogar Kerker und Tod nicht gescheut
haben, obwohl ihr Glaube sich nur um irdische
Dinge gedreht? Wären die zu solchen Siegen
gekommen, wenn sie durchschnittlich so feige und
furchtsam gewesen wären, wie wir Katholiken es

heute in Deutschland sind? Aber wir Katholiken Deutschlands hoffen wahrscheinlich schon auch ohne Kampf für unsren Glauben einen herrlichen Sieg zu erringen und auch dann noch, wenn wir zuerst für die andern kämpfen und ihnen siegen helfen. Darf man da überhaupt noch denken dabei? Ich glaube, so etwas hat doch die Welt noch nie erlebt. Die Menschheit ist zwar heutzutage sehr gescheit und erfinderisch, ob sie aber auch das schon
2, 42 erfunden haben, daß man auch ohne zu kämpfen, siegen kann, davon hab ich noch nie etwas gehört!

2, 43 Über die Verantwortungslosigkeit!

Man kann in der heutigen Zeit gar häufig hören, das kann und darf man ruhig tun, die Verantwortung darüber tragen ja andre und so wird die Verantwortung hinaufgeschoben von einem zum andren, keiner will für etwas verantwortlich sein und so müßte nach menschlicher Beurteilung über die ganzen Verbrechen und Schrecklichkeiten, denen (die) man gerade in der jetzigen Zeit zur Genüge begeht, einmal nur einer oder höchstens zwei dafür büßen?
Zeigt das noch von christlicher Nächstenliebe, wenn ich eine Tat begehe, die ich zwar für schlecht und höchst ungerecht halte, sie aber trotzdem begehe, weil ich sonst am eigenen Körper oder an der Wirtschaft Schaden leiden könnte.
2, 44 Die Verantwortung darüber, sagt man, trägt ja ein anderer? Es wird ja sein, daß manche führende Persönlichkeiten, ob geistlich oder weltlich, eine sehr große Verantwortung zu tragen haben. Aber anstatt ihnen die Verantwortung leichter zu machen, will man ihnen das eigene Binkerl Schulden, das

man selbst leicht ertragen könnte, auch noch
aufladen, damit es solche einmal ganz tief
hinunterzieht! Tragen solch führende Persönlich-
keiten vor Gott einmal wirklich eine solch große
Verantwortung, wie wir manchmal glauben, oder
sind wir auch immer so Verantwortungs-los (ohne
Verantwortung), wie man uns manchmal sagt oder
uns oft vielleicht nur selbst einbilden? Wird nicht
Gott einmal mehr nach dem Verstande jedes
einzelnen Menschen urteilen als über seine Stellung,
die er in seinem Leben innegehabt? Wissen wir
2, 45 denn, ob jene Person auf die wir die Verantwortung
schieben wollen, nicht die Sache ganz anders ansieht
als wir und das, was wir für schlecht halten, jener
vielleicht für gut hält? Wir wissen doch oft gar
nichts, wie verschiedenartig wir Menschen in den
Anschauungen sind, ich glaube, darüber kann jeder
aus eigener Erfahrung sprechen, wie oft kommt es
vor, daß man so manches für ganz gut hält und auf
einmal kommt wieder eine ganz andre Ansicht. Es
kann einmal ganz leicht passieren, daß vor Gottes
Gericht so ein Hochgestellter vielleicht eine
geringere Verantwortung trägt, als ein ganz
gewöhnlicher Mensch aus dem Volke. Nehmen wir
nun ein kleines Beispiel! Es sind zwei in politischer
Weise nämlich für den Nationalsozialismus in
2, 46 ziemlich gleicher Weise betätigt. Der eine hält das,
was er tut, nach seiner Ansicht für gut und gerecht,
der andre aber hält diese ganzen Ideen, Opfer und
Kämpfe für ungerecht. Er glaubt aber trotzdem, er
ist weit besser wie der andere, weil er nicht so
gesinnt ist, obwohl er genau so opfert und kämpft
wie der andere. Ob die Partei, für die er opfert und
kämpft, davon einen Nutzen oder Schaden hat, das
ist einem solchen wahrscheinlich egal? Die
Hauptsache ist nur, wie es mir vorkommt, (daß) er

selbst am Körper keinen Schaden leidet. Nach meiner Ansicht kommt es mir aber vor, trägt man eine größere Schuld, wenn man die volle Erkenntnis hat, daß solche Werke, die man da vollbringt, eher schlecht sein müssen als gut, aber nur deshalb mittut, damit unser verhätschelter Körper ja keiner Gefahr

2, 47 und Entbehrung ausgesetzt wird, [natürlich klingen uns die Worte, wenn man uns sagt, die Verantwortung darüber tragen ja andre, sehr süß] als jene, welche einfach was sie da tun, für ihre Pflicht halten und dabei das ganze nach ihrer Erkenntnis gar nicht für schlecht halten.

2, 48 Läßt sich noch etwas machen?

Man kann heute gar häufig hören, da kann man nichts mehr machen, würde einer was sagen, es würde einem nur Kerker und Tod bringen, freilich kann an dem ganzen Weltgeschehen nicht mehr viel geändert werden. Ich glaube, da hätte schon hundert oder noch mehr Jahre früher begonnen werden müssen. Aber sich selbst retten, und vielleicht noch einge Seelen für Christus zu erobern, glaub ich, ist für uns Menschen nie zu spät, solange wir auf dieser Welt leben. Man braucht sich wirklich nicht wundern, wenn es heute Menschen gibt, die sich in dieser großen Wirrniß nicht mehr zurechtfinden können.

2, 49 Menschen, auf die man glaubt, sich verlassen zu können, die mit einem guten Beispiele vorangehen sollten, laufen einfach auch mit der Masse. Niemand gibt Aufklärung, weder in Wort noch Schrift, oder besser gesagt, es darf nicht gegeben werden. Und so geht dieses gedankenlose Rennen weiter, immer

näher der Ewigkeit zu, so lange noch alles halbwegs
gut geht, bemerkt man es gar nicht so recht, daß
man vielleicht anders handeln oder gehandelt haben
sollte. Doch wehe, wenn einmal Not und Elend
hereinbricht, dann wird es schon ans Tageslicht
kommen, ob es wirklich alles so gut und recht ist,
was die Masse tut, das Ende wird dann bei vielen in
Verzweiflung übergehen. Ich seh es auch ein, daß
viele Worte heute oft wirklich nicht viel mehr
2, 50 erzwecken würden als höchstens Kerkerhaft. Und
trotz allem ist es nicht gut, wenn unsre Seelenführer
Jahre hindurch schweigen. Worte, heißt es zwar,
belehren, Beispiele aber reißen hin. Will man denn
nicht Christen sehen, die es noch fertig bringen
dazustehen inmitten allen Dunkels, in überlegener
Klarheit, Gefaßtheit und Sicherheit, die inmitten
aller Fried- und Freudlosigkeit, Selbstsucht und
Gehässigkeit dastehen im reinsten Frieden und
Frohmut, die nicht sind wie ein schwankendes
Schilfrohr, das von jedem leichten Winde hin und
her getrieben, die nicht bloß schauen, was machen
meine Kameraden oder Freunde, sondern sich nur
fragen, was lehrt zu all dem unser Glaube oder kann
auch das Gewissen alles so ruhig ertragen, daß man
niemals
2, 51 etwas davon zu bereuen hat. Würden die Wegzeichen
einmal so lose in die Erde gesteckt werden, daß sie
jeder Wind verdrehen oder umwerfen kann, sollte
sich da einer der des Weges unbekannt ist noch
zurechtfinden können? Insbesonders erst dann, wenn
ihm die, welche ein solches um Auskunft fragt, die
Antwort darüber verweigern oder ihm höchstens
eine falsche Auskunft geben, um so den Fragenden
einfach bald wieder los zu werden.

2, 52 ## Gibt es noch einen Gott?

Wie oft kann man auch hören, gibt es denn noch
einen Gott, daß er zu all dem zusehen kann, was
jetzt auf der Welt vor sich geht. In einem
Evangelium heißt es, wie einst Christus zu den
Schnittern gesagt: „Lasset beides zusammen
wachsen, das Unkraut wie den Weizen, bis es Zeit
zur Ernte ist.“ (Mt 13,30) Christus sagte auch nicht,
daß sie es vielleicht dann ausreißen sollten, wenn
auch das Unkraut schon bedeutend mehr sein sollte
als der Weizen. Dieses Evangelium lehrt uns
eigentlich ganz deutlich, daß es nicht so werden
wird, wie viele der Meinung sind, daß Gott einmal
darunter fahren wird und (um) das Böse oder die
Bösen zu vertilgen, damit dann wieder alles so
halbwegs seinen Lauf weitergehen kann. Gott wird
2, 53 zwar noch einmal kommen, aber mit großer Macht
und Herrlichkeit, wie weit wir dann sind, wenn das
geschieht, wissen wir auch. Würde Gott die
Verfolger wegnehmen, gäbe es keine Märtyrer mehr,
würde Gott den Kampf von uns nehmen, bekämen
wir keine Siegeskronen mehr. Hat sich denn Gott
nicht ohnedies schon einmal unser erbarmt und hat
der höllischen Macht einen gewaltigen Strich durch
die Rechnung gemacht. Christus hat für unsre
Sündenschuld gebüßt und Sühne geleistet und alle,
die wir seine Lehren annehmen und danach leben,
können wir ewig glückselig werden. Was wollen wir
denn noch mehr? Soll sich denn Christus nochmals
für uns kreuzigen lassen, oder war das Wunder
seiner Auferstehung oder seine sonstigen Wunder,
2, 54 die er wirkte noch zu klein, so daß wir noch auf
neue Wunder warten um vielleicht dadurch eher an
seine Lehren glauben zu können? Hat uns denn
Christus den Weg in den Himmel durch Wort und

Beispiel noch zu wenig klar vorgezeigt? Christus wird auch die Wunder, die er nach seiner Himmelfahrt noch durch seine Apostel wirken ließ, nicht hauptsächlich für die ohnedies schon bestehenden Christengemeinden gewirkt haben, sondern hauptsächlich für solche, die noch nichts von seiner Allmacht wußten, um leichter an seine Lehren glauben zu können. Warum auch diese Jammertatzion (Lamentation) in unserm Volke, sind wir denn nicht zum Großteile schon oder noch Christen? Heißt es nicht in einem Meßlied: *„Wie glücklich ist der Christ!“* Wo fehlt es denn dann, stimmt der Text vom Liede nicht, oder stimmt unser Christsein
2, 55 nicht mehr? Die glücklichen Menschen glaub ich, sind heute sehr leicht zu zählen; viele werden halt sagen: „Ja, dieser Krieg, oder diese schlechten Zeiten!“ Glauben wir denn, daß die ersten Christen so rosige Zeiten hatten, weil viele so glücklich waren? Ist denn uns jetzigen Christen der Himmel verschlossen, daß wir so unglücklich sind oder ist denn Gottes Barmherzigkeit jetzt kleiner geworden, daß wir keine Verzeihung unsrer Sünden mehr hoffen können? All dies wird kaum der Grund sein zur jetzigen Trübsal, weil ja, wie man annehmen kann, an all diese Dinge sogar sehr wenig gedacht wird. — Aber die große Sorge um das leibliche Wohl. Warum aber dieses, wenn wir doch Christen sind? Hat denn nicht Christus selbst gesagt: „Sorget zuerst für das Reich Gottes und alles übrige
2, 56 wird Euch hinzugegeben werden.“ (Mt 6,33) Auch die ersten Christen wird so manches Leid getroffen haben, wissen denn wir heutigen Christen nicht mehr, daß jedes Leid, das Gott uns schickt, zur ewigen Seligkeit sogar sehr nützlich sein kann, wenn wir es mit Geduld und aus Liebe zu Gott ertragen?

Es wird ja sein, daß in der jetzigen Zeit die Hölle eine stärkere Macht auf dieser Welt ausüben kann, aber auch die brauchten wir Christen nicht zu fürchten; mag die Macht der Hölle noch so groß sein, Gottes Macht ist ja doch noch größer. Wer natürlich von den Kampf- und Abwehrmitteln, die uns Christus durch die Einsetzung des Allerheiligsten Altarsakramentes als höchstes Vermächtnis hinterlassen hat, sich gegen die höllische Macht nicht damit fest ausrüstet,
2, 57 wird kaum gegen diese starken Mächte lange standhalten können.

2, 58 Krieg oder Revolution

Viele sind zwar der Meinung, dieser Krieg, den Deutschland begonnen, sei halt ein Krieg wie viele andre, die schon vor diesem gewesen sind. Und doch ist es kein Krieg, wie so viele andre gewesen sind, wo bloße Ländergier allein die Rolle gespielt, sondern mehr eine Revolution, die schon fast die ganze Welt erfaßten. Der Führer sagt es ja selbst, der Nationalsozialist sei der größte Revolutionär aller Zeiten.
Denn wäre es ein bloßer Länderkrieg wie so viele andre schon gewesen und Deutschland würde tatsächlich als Endsieger hervorgehen, so müßte man nach diesem Kriegsende als Katholik genau dieselben Rechte besitzen, wie jeder andre Deutsche Staatsbürger, aber in dem es mehr eine
2, 59 Revolution oder Glaubenskrieg ist, so könnte ich für das deutsche Vaterland kämpfen, soviel ich wollte und würde mich nicht nach ihrem Endsieg, den sie sich ja schon so sicher hoffen, nicht zur nationalsozialistischen Volksgemeinschaft bekennen, so würde

man trotz all der Strapazen und Opfer, die so ein armer Soldat zu bringen hat, genauso als Feind betrachtet werden, wie jetzt alle anderen, die sich nicht gleich freiwillig wie die Österreicher vor vier Jahren den Nationalsozialisten unterwerfen. Diese Gedanken allein müßten eigentlich einen schon genügen, nicht für diesen Staat oder Nationalsozialistische Volksgemeinschaft zu kämpfen. Und zweitens glaub ich, haben doch viele noch nicht vergessen, was vor mehreren Jahren der Hl. Vater

2, 60 in einem kirchlichen Rundschreiben uns über den *Nationalsozialismus* gesagt hat, daß er sogar *gefährlicher ist als der Kommunismus.* Da bis jetzt dies von Rom noch nicht widerrufen wurde, so glaub ich, kann es unmöglich ein Verbrechen oder eine Sünde sein, wenn man als Katholik einfach die jetzige Militärpflicht verweigert, obwohl einer dann den sicheren Tod vor Augen hat, ist es denn nicht christlicher, sich selbst als Opfer hinzugeben, als daß man zuerst noch andre morden muß, die ja auch ein Lebensrecht auf Erden besitzen und leben wollen, um sich selbst noch auf eine kleine Weile das Leben zu retten? Man kommt einem zwar heute mit allen möglichen Phrasen daher, um die ganze Sache und das ganze Kämpfen

2, 61 in ein schöneres Licht zu stellen. Zum Beispiel, man kämpfe einfach nur für den deutschen Staat, denn Christus hat doch auch befohlen, daß man auch einer weltlichen Regierung, wenn sie auch nicht christlich wäre, zu gehorchen hätte; ist ganz recht, aber ich glaube nicht, daß Christus gesagt hat, man müsse einer solchen Regierung auch dann gehorchen, wenn sie uns sogar Schlechtes befiehlt. Denn nur für den deutschen Staat ohne dabei für die nationalsozialistische Partei zu kämpfen, wie viele sagen, glaub ich, ist so unmöglich, als wenn ich sagen würde, ich kämpfe nur für Gottvater, nicht aber für den Sohn oder den Hl. Geist. Denn der deutsche Staat und die nationalsozialistische Partei sind halt einmal heute zwei unzertrennliche Faktoren.

2, 62 Man spricht auch heute noch von einer Vaterlandsverteidigung. Haben wir Österreicher denn in so kurzer Zeit das Jahr 1938 vergessen? Kann ich denn noch sagen, ich hab noch ein Vaterland, wenn ich in einem Lande bin, wo ich nur Pflichten habe und keine Rechte mehr besitze? Kann da überhaupt noch von einer Vaterlandsverteidigung die Rede sein, wenn man ganz einfach in Länder einbricht, die einem gar nichts schuldig sind und darinnen raubt und mordet? Was können denn wir katholischen Österreicher noch verlieren, wenn wir für den deutschen Staat auch nicht mehr kämpfen? Würden wir dadurch vielleicht erst die Glaubensfreiheit oder die wirtschaftliche Freiheit verlieren? Hat man es uns vielleicht noch zu wenig gesagt, was man mit solchen machen wird, die

2, 63 sich nicht zum Nationalsozialismus bekennen? Natürlich wäre es den Herrn Parteigenossen sehr angenehm, wenn wir ihnen erst noch zu weiteren Siegen verhelfen würden.

Daß wir Katholiken uns zum Werkzeug der schlimmsten und gefährlichsten antichristlichen Macht, die bis jetzt existiert hat, ganz einfach zur Verfügung stellen müssen, kann und werde ich niemals glauben können.

2, 64 Von den gefährlichen Waffen

Man spricht heute von sehr schrecklichen Waffen, die der Menschengeist erfunden und vielleicht noch

erfinden wird, würde einer eine Waffe erfinden
können, womit man die ganze Welt in Trümmer
schlagen könnte, so wäre sie noch lange nicht so
gefährlich, als jene vor welcher die heutige
Menschheit eigentlich ganz wenig Furcht zeigt. Und
das ist die geistige Waffe, mit der man den Kindern
den wahren kath. Glauben aus dem Herzen reißt
oder nicht mehr hineinläßt, fast für jede Waffe gibt
es auch wieder Abwehrmittel, natürlich gäbe es
diese Abwehrmittel auch gegen diese geistige Waffe,
doch leider werden sie wenig angewendet. Wir
wissen es, wenn dieses Abwehrmittel praktisch und
mutig angewendet würde, auch in diesem Abwehr-
2, 65 kampfe würde es Tote und Verwundete geben, denn
zahlreich würden dabei die Menschen in die Kerker
wandeln. Es soll zwar für alles Mögliche gekämpft
und das Leben aufs Spiel gesetzt werden und zur
Verteidigung dieser Kinderseelen soll man nichts
wagen. Da soll man jahrelang schweigen und
wehrlos zusehen? Ich glaube für das gibt es einmal
bittere Reue und vielleicht auch ewiges Wehe. Sind
denn unsere Pflichten die Kinder zu Gott zu führen
etwa jetzt aufgehoben, weil sie bedeutend härter sind
als vor Jahrzehnten, ich glaube kaum?
Denn je härter hier der Kampf, desto herrlicher
wird einmal der Sieg sein.

Lose Blätter

II 1

Tauet Himmel den Gerechten, Wolken regnet ihn herab

Tauet Himmel den Gerechten, Wolken regnet ihn herab

Nur für kurze Zeit singen wir dieses Lied und bald feiern wir wieder das frohe Weihnachtsfest. Christus hätte zwar allen Menschen Friede und Befreiung gebracht, und doch sind es nicht viele, die jährlich frohe Weihnachten feiern, weil in ihrem Herzen der Frieden fehlt.
Der Friede sei mit euch, hat Christus einst zu den Aposteln gesagt. Haben vielleicht diese Worte für uns jetzige Christen keine Geltung mehr, weil schon fast die ganze Welt im Unfrieden lebt! Wieder hat es den Anschein, als lebten wir noch im Heidentum und Christus muß erst geboren werden und kommen, uns zu erlösen. Aber all das braucht uns nicht entmutigen oder uns den Glauben schwächen, denn sogar damals, als Christus selbst gelehrt und gepredigt hat, haben nicht alle den Frieden gefunden. Ehre sei Gott in der Höhe und Friede den Menschen auf Erden, die guten Willens sind (Lk 2,14). Christus hätte zwar allen Menschen den Frieden gebracht, und doch werden ihn nur die erhalten, die guten Willens sind. So war es immer und wird es auch bleiben, so lang es Menschen auf dieser Welt gibt. Denn mehr als Christus schon für uns getan, glaub ich, könnte er nicht mehr tun. Er hat seinen letzten Tropfen Blut für uns hingegeben. Er hat sogar sein eigenes Fleisch und Blut uns als Speise und Trank hinterlassen. Es liegt daher jetzt ganz in uns, wenn wir den Frieden nicht mehr

haben. So glücklich, lehrt uns der hl. Antonius, ist kein Glücklicher und so selig ist kein Seliger, als der, welcher Christus im Herzen trägt. Keine Wasserquelle wird süßes und saures Wasser zu gleicher Zeit hervorbringen. Und so ist es auch im Menschenherzen. Denn in dessen Herzen Christus seinen Wohnsitz hat, wird nicht sein Zank und Neid, Haß und Eifersucht, Rachsucht, Stolz und Hochmut, Lüge und Sittenlosigkeit, denn all das sind Werke des Satans. Denn Christus und Satan können nicht zu gleicher Zeit in einem Herzen regieren. Wollen wir die Welt verbessern, so müssen wir bei uns selbst anfangen. Wer wird zuerst zum Nachbar gehen
II 2 ins Löschen, wenn es in seinem eigenen Hause auch brennt?

Ist es daher einem auch recht für andere um Frieden zu beten, wenn er ihn selbst nicht hat? Ein altes Sprichwort heißt: „Wer selbst im Sumpfe steckt, wird keinen anderen aus dem Sumpfe ziehen können." Hätten daher auch schon alle den Frieden, wenn Gott dem Toben des Krieges ein Ende setzen würde, was ihm ja ein Leichtes wäre? Bestimmt nicht! Denn niemand wird Gott den Frieden und die ewige Glückseligkeit ohne sein Mitwirken in den Schoß legen, denn eher wird Gott die ganze Welt zugrundegehen lassen, als einem Menschen den freien Willen zu nehmen. Das Himmelreich leidet Gewalt, hat Christus gesagt, und nur wer Gewalt braucht, wird es an sich reißen, und an diesen Worten wird Gott nichts ändern und nicht in alle Ewigkeit (Mt 11,12). Ein warnendes Beispiel dafür gab uns das Jahr 1918. Das Toben des Krieges fand auf einmal sein Ende, wurde es aber in den Herzen (der) Menschen auch Friede? Nach außen hat zwar das Wüsten und Morden aufgehört, aber im Innern brannte das Feuer des Hasses und des Unfriedens

weiter, denn die Menschheit hat sich nicht gebessert. Anstatt Gott dafür zu danken, stürzten sich die Menschen wie rasend in die Vergnügungssucht und alle möglichen Laster und Leidenschaften, das Kind hatte fast keinen Platz mehr auf dieser Welt, Parteien entstanden und so brannte es im Innern weiter und schon nach 21 Jahren schlugen die Flammen wieder nach außen. Und noch immer sind viele der Ansicht, daß über das ganze Toben des Krieges, das schon bald die ganze Welt erfaßt hat, nur einige die Schuld und Verantwortung tragen. Wie sehr ist man dafür aber gleich beängstigt, es könnte einem an zeitlichen Gütern irgendein Schaden entstehen, das kommt eben daher, weil man sich am ganzen Weltgeschehen für schuldlos hält. Aber selbst den Frieden zu suchen, um auch anderen dazu verhelfen zu können, darüber ist man wahrscheinlich noch wenig besorgt?
Wollen wir den Frieden für uns und auch für andre, so müssen wir trachten, gänzlich jenem nachzuahmen, der uns den Frieden gebracht hat; Gott wird keinen von seiner Barmherzigkeit ausschalten, wer nur ernstlich den Willen hat, sich zu bessern. Auf solche und ähnliche Ermahnungen kann man schnell die Antwort haben, ja wenn wir schon verlorengehen, wo kommen dann solche hin, die oft soviel auf dem Gewissen haben? Und doch wird es dem schwersten Sünder, der seine Schuld erkennt und bereut und auch den ernstlichen Willen hat, sich zu bessern, einmal in der Ewigkeit besser
II 3 ergehen, als jenen, welche vielleicht in ihrem ganzen Leben nur eine einzige Todsünde begangen hätten, die läßlichen Sünden nicht achten und gar nicht den Willen haben, sich zu bessern. Noch ist kein Jahrhundert vergangen, wo nicht irgendwo ein Kriegssturm tobte und immer gab es Menschen

darunter, die trotz allem den Frieden sich erhalten haben und oft kein Opfer scheuten, zu diesem Frieden, den sie selbst hatten, auch andren zu verhelfen. Das waren unsre Heiligen, die glücklich waren, wenn Gott ihnen auch manchmal schwere Leiden schickte. Viele beteten sogar um Leiden, denn ihr Streben ging nicht nach irdischem Glück und Wohlergehen. Geduldig trugen sie ihr Kreuz dem Heiland nach. Und allen diesen hat Gott den Frieden nicht aufgezwungen, auch für sie gab es oft große Anstrengung, die Welt zu überwinden. Ja, sogar die seligste Jungfrau Maria mußte sich anstrengen, so große Gnaden von Gott zu erlangen, wie sie der *hl. Elisabetha, Äbtissin des Klosters zu Schönau bei Bingen* am Rhein sagte: Als Elisabeth zu ihr sagte, „warst du denn nicht schon voll der Gnade?“ „Wisse denn meine Tochter, daß ich mich für nichts und mich der göttlichen Gnade unwürdiger ansah, als alle anderen und Gott deswegen so dringend um Gnade und Tugend bat. Ich erlangte sie nicht ohne Anstrengung. Gott hat mir keine Gnade gegeben, ohne mich dazu bereitet zu haben, durch inbrünstiges Verlangen, anhaltendes Gebet, Bußwerke und große Anstrengung.“ Wenn also Gott der Unbefleckt Empfangenen die großen Gnaden nicht ohne Anstrengung geschenkt hat, wieviel weniger werden erst wir sündige Menschen ohne große Anstrengung zur Vollkommenheit gelangen. Deshalb darf uns kein Opfer zu groß sein, zum wahren Frieden zu gelangen und wer ihn schon hat, daß er ihn auch behalte. Denn wer hier auf dieser Welt den Frieden nicht findet, der wird ihn in Ewigkeit nicht mehr finden. Die kurzen Zeilen des christlichen Haussegens sagen eigentlich alles: Wo Glaube, da Liebe. Wo Liebe, da Friede. Wo Friede, da Segen. Wo Segen, da Gott. Wo Gott, keine Not.

II 4

Über die Zugehörigkeit zur Partei und opfern für dieselbe

Jetzt werden sich so manche denken, ist es sündhaft oder nicht, wenn man bei der *N.S.V* oder sonst bei einer Nationalen Gliederung dabei ist oder seine Kinder zur H.J. gehen läßt u.s.w. Darüber zu urteilen, steht uns gegenüber anderen nicht zu. Hab über dies und jenes mich schon öfters erkundigt. Einer sagte mir einmal, man kann ohne weiteres bei der N. Partei sein oder zum W H W opfern, das macht gar nichts aus, denn dies sei von Rom aufgehoben worden, hab aber diese Antwort nicht geglaubt und hab mich überdies noch an höherer Stelle darüber erkundigt. Selbe sagte mir, das sei nämlich nicht wahr, denn Rom hat darüber noch überhaupt nicht entschieden. Ich glaub, es sei auch ziemlich nutzlos, über diese Sachen die Priester zu fragen, denn erstens haben auch sie von Seite der Kirche keine näheren Weisungen und zweitens, würde einer anders sagen, als die Partei es wünscht, und selber würde verraten, so wissen wir ja auch, was mit jenem geschehen würde. Dann kann es auch Priester geben, die sich selbst über die ganze Sache nicht recht klar sind. Bei den Exerzitien hat uns einmal ein Pater gesagt, daß so manche Eltern fragen kommen, betreffs der Kinder. Er sagte, darüber sollen schon die Eltern selbst wissen, was sie zu tun haben. Er erkannte wohl die schwere Situation, in der sich heute viele Eltern befinden, denen das Gewissen nämlich anderes sagt als die Partei, denn man weiß ja, daß bei vielen die ganze Lebensexistenz daran hängt. Es wird für viele vielleicht besser sein, wenn die Kirche darüber nicht entscheidet, denn viele würden sich ja doch trotz kirchlichem Urteile nicht anders entschließen

können, da eben dann mit einem Schlag ihre ganze Existenz ruiniert sein könnte und solange die Kirche nicht darüber endgültig entscheidet, wird für viele die Verantwortung in der Ewigkeit doch nicht so schwer sein. Wie wir, glaub ich, alle wissen, die wir in der kath. Religion erzogen wurden, sie es uns nämlich nicht erlaubt, einer kirchenfeindlichen Partei beizutreten, auch nicht für eine solche zu opfern, damit sie sich immer mehr ausbreiten können. Mein Gewissen sagt halt darüber soviel. Hat man die volle Erkenntnis, daß diese Partei, welcher man beitritt oder -getreten ist oder für sie opfert, eine kirchenfeindliche ist und dennoch dabei bleibt und weiter für sie opfert, weil man dabei sich irdische Vorteile herausholen kann, für solche glaub ich, kann das ohne ewigen Nachteil nicht sein. Über
II 5 andere urteilen dürfen wir natürlich nicht, wenn sie auch da oder dort dabei sind oder fest opfern oder sammeln, denn wir wissen auch nicht, ob sie die volle Erkenntnis haben, daß jene Partei, der sie angehören, auch kirchenfeindlich sei oder wenn sies auch erkennen, vielleicht nicht mehr wissen, daß es unerlaubt sei. Viele kann es sogar geben, welche glauben, daß diese Opfer, welche sie da geben, sogar ein christliches Werk seien.
Dann wird auch wiederum ein großer Unterschied sein, sogar bei solchen, welche die volle Erkenntnis haben, welcher Gesinnung die Partei ist, der sie angehören, denn viele geben nur aus bloßer Schwäche und Menschenfurcht, haben dabei gar nicht die Absicht, der Kirche zu schaden, wenn auch der Erfolg ihrer Opfer derselbe ist als bei solchen, die mit voller Absicht dazu beisteuern um der Kirche Christi zu schaden. Die Verantwortung darüber wird doch sehr ungleich sein.
Schauen wir also, daß wir nicht selbst über dies

oder jenes gerichtet werden und lassen wir das Richten über andere beiseite. Denn Gott kann ohnehin niemand beschwindeln, mit welcher Ausrede wie immer man ihm kommen mag, denn nur er allein weiß und kennt unsre Schwächen und wie weit unser Erkennen reicht.

II 8
24. 5. 1942

(Gerechter oder ungerechter Krieg?)

Was kann mir das auch nützen, wenn ich dabei keine Sünde begehe, wenn ich die schlechten Befehle des Führers befolgen und ausführen darf? Wenn ich dabei doch nicht zur Vollkommenheit gelangen kann? Wenn einem heute das Nichtbefolgen solch schlechter Befehle als schwer sündhaft angerechnet wird, so ist es einem heute bei der größten Christenverfolgung, die je existiert hat, unmöglich, sein Leben für Christus und seinen Glauben zu opfern. Ist denn das heutzutage schon egal, ob man einen gerechten oder ungerechten Krieg führt? Hätte ich nie soviel an katholischen Büchern und Zeitschriften gelesen, so wär ich vielleicht auch heute andrer Gesinnung. Wie konnte man früher so viele Christen heiligsprechen, die ihr Leben so leicht aufs Spiel gesetzt, natürlich ihres Glaubens wegen, die meisten von denen hätten keine so schrecklichen Befehle ausführen gebraucht, als jetzt von uns verlangt wird. Gibt es denn noch viel Schlechteres, als wenn ich Menschen morden und berauben muß, die ihr Vaterland verteidigen, nur um einer antireligiösen Macht zum Siege zu verhelfen, damit sie ein gottgläubiges oder besser gesagt, ein gottloses Weltreich gründen können. Heute ist immer nur von den schlechten Russen die Rede, die andren Länder kommen wahrscheinlich gar nicht

mehr in Frage, denen man es genauso gemacht und vielleicht noch machen wird? Ist denn das für einen Christen nicht noch erdrückender, wenn ich einen Menschen erschießen oder erschlagen soll und dabei denken muß, wenn ich den jetzt erschieße, so fährt seine Seele auf ewig in die Hölle und doch führt dieser einen gerechteren Kampf als ich. Gute Menschen erschießen wäre bestimmt noch leichter, wenn man ein halbwegs guter Schütze wäre,
II 9 so wär es nur ein kleiner Moment und jener wäre ewig glückselig, wenn er für eine gerechte Sache gekämpft.

Muß es denn nicht genauso sündhaft sein, wenn man in der Heimat die Befehle des Führers nicht befolgt? Man weiß es da ganz gut, wenn man nicht irgendein Mitglied zur N. Volksgemeinschaft ist oder für sie opfert oder sammelt, daß man sein Leben aufs Spiel setzt, seine Existenz verlieren kann, oder seine Familie in große Not stürzen kann. Die Gabe der Weisheit und des Verstandes dürfen wir dann bei den sieben Bitten, um die wir zum Hl. Geist beten, gleich streichen. Denn wenn wir ohnedies blindlings dem Führer zu gehorchen haben, zu was brauchen wir da viel Weisheit und Verstand? Sollten wir Christen denn nicht wahre Nachfolger Christi werden? Stellen wir uns nun einmal vor, Christus hätte von Pilatus den Auftrag bekommen um irgendeiner schlechten Sache wegen andre Menschen zu töten oder zu berauben, wäre Christus auch da noch gehorsam gewesen? Hätten dann nicht auch die Schergen gesündigt, wenn sie sich vielleicht dem Befehl des Pilatus widersetzt hätten und Christus nicht gegeißelt und ans Kreuz geschlagen hätten? Man würde eigentlich nicht so schnell fertig mit dem Anführen solcher Beispiele. Aber für heute glaub ich, ist es genügend.

II 22

Laienapostel sollten wir sein

Seelen zu Christus zu führen wäre eine der schönsten Aufgaben, zu der wir schließlich alle mehr oder weniger von Gott dazu berufen sind. Wie traurig ist es jedoch in der jetzigen Zeit, daß wir als Laien nicht eine einzige Seele mehr retten können. Hilflos muß man zusehen, wie sogar die nächsten Verwandten und so manche Seele über die man sogar eine Verantwortung trägt, in diesem Strom, in dem wir ja alle schwimmen, untergehen, so daß man ihnen nicht einmal zurufen darf, wie sie sich aus diesem Strome retten könnten, wenn man auch als Laie imstande wäre, einem die nötigen Ratschläge dazu zu geben um glücklich ans andre Ufer zu gelangen. Denn solange unsre Seelenführer, auf die man sich doch am meisten verläßt und verlassen sollte, schweigen oder einem sogar das Gegenteil von dem, was man zu tun hätte um glücklich sich aus diesem gefährlichen Strom zu retten, zurufen, ist es natürlich besser, wir Laien schweigen ganz, denn wenn eines schon schwach ist, könnte man es durch dieses Zurufen in noch größere Verwirrung bringen als eins sich ohnedies schon befindet.
Solange unsre Priester und Bischöfe keine Ratschläge über die gefährliche Lage, in der sich fast alle befinden, geben oder höchstens das Gegenteil dazu anraten, können wir Laien höchstens Gott bitten, daß er einem so bald wie möglich glücklich ans andre Ufer gelangen läßt. Damit andre dann wenigstens dem Beispiele folgen können und sehen, wie dieses oder jenes sich glücklich, wenn auch fort ans andre Ufer gerettet hat.

II 25

Wir beten um den Frieden, kämpfen, opfern und arbeiten aber für den nationalsozialistischen Sieg

So mancher deutsche Katholik, der nicht nationalsozialistisch gesinnt ist, betet um den Frieden, der nationalsozialistisch Gesinnte dagegen um den Sieg. Wir sollten aber nicht bloß Katholiken des Gebetes, sondern auch der Tat sein. Genauso wenig, wie der Nationalsozialistischgesinnte durch Gebet allein Siege erreicht, genausowenig werden wir Nichtnationalsozialistischgesinnte mit dem bloßen Gebet um den Frieden, doch keinen Frieden erreichen. Der Nationalsozialist kämpft, opfert und arbeitet auch für den Sieg, sie haben dadurch auch schon viel erreicht und große Siege davongetragen. — Und wieviel kämpfen, opfern und arbeiten denn wir Nichtnationalsozialistischgesinnte für und um den Frieden? Uns soll halt der Herrgott den Frieden durch das Gebet alleine bringen. Wenn es auch nicht Sünde sein sollte, wenn wir Katholiken für den nationalsozialistischen Sieg kämpfen, opfern und arbeiten, so scheint es mir doch eine ganz unmögliche Sache zu sein, daß wir auf unser Beten um den Frieden auch Erhörung finden könnten, wenn wir in der Tat das gerade Gegenteil von dem tun um was wir beten. Wir wissen, daß wir ohne Gebet nicht in den Himmel kommen können, denn ohne Gnade und Hilfe von Gott sind wir im Vorwärtsschreiten zum Guten bald erledigt. Die Gnade Gottes, glaub ich, wirkt aber nur solange in uns, solange wir mit der Gnade mitwirken. Ich glaube, wir könnten noch soviel beten, um Heilige zu werden, wenn wir aber in der Tat das gerade Gegenteil von dem tun, was zur Heiligkeit führt, werden wir in tausend Jahren auch noch keine Heiligen. Viel bequemer wäre es freilich, wenn wir etwas haben und erreichen wollen, und Gott wird uns das Ersehnte durch bloßes Bitten gleich ohne unsre Anstrengung und Mühen in den Schoß legen. Wer bringt es fertig, Soldat Christi und zu gleicher Zeit auch Soldat für den Nationalsozialismus zu sein? Für den Sieg Christi und seiner Kirche und zur selben Zeit auch für die nationalsozialistische Idee und für deren Endsieg zu kämpfen?

II 28 (Den andren nicht verurteilen)

Wenn ich auch jetzt fest gegen den Nationalsozialismus losgehämmert habe, so ist es uns doch nicht erlaubt, über die Nationalsozialisten zu schimpfen. Weil es gegen das Gebot der Nächstenliebe ist. Wir dürfen verurteilen die nationalsozialistische Idee oder Gesinnung, aber nicht den Menschen selbst, der solche Gesinnung hat, denn es steht nur Gott allein zu, über den Menschen zu richten und ihn zu verurteilen, vor Gott sind wir eben alle Brüder und Schwestern. Wir wissen doch, daß das höchste Gebot die Gottesliebe ist und nach dieser kommt die Nächstenliebe. Dieses höchste Gebot möchte ich eben allen noch recht ins Herz legen. Ein Sprichwort heißt ja auch: „Was du nicht willst, das man dir tu, das füg auch keinem andern zu." Mit der Zunge gibt es eben viel mehr Totschläge als mit der Hand. Schnell ist die Ehre des Menschen vernichtet. Genauso weh, wie es uns tut, wenn wir erfahren, daß man unsre Fehler verbreitet oder über uns schimpft, tut es auch andern, ob diejenigen arm oder reich, hoch- oder niedergestellt sind. Wenn man uns auch manchmal unrecht tut oder beleidigt, so sollen wir doch gegen niemand eine Feindschaft

hegen oder einen Groll gegen andre haben. Denn wo ist ein Mensch, dem mehr Unrecht getan würde und mehr beleidigt würde als Christus selbst. Und wie hat sich Christus dabei verhalten? Hätte nicht Gott die Macht uns sofort zu vernichten und uns in die Hölle zu schicken, wenn wir ihn beleidigen? Sogar nach der allergrößten Schmach und Pein, die man einem Menschen zufügen könnte, hat Christus noch am Kreuze für seine Feinde gebetet. Und wie oft
II 29 wird er jetzt noch immer von uns beleidigt. Und immer wieder gibt er uns Gnadenfrist uns zu bessern. Und jederzeit ist Gott bereit uns zu verzeihen, wenn wir ihn darum bitten und den ernstlichen Vorsatz haben uns auch zu bessern. Natürlich bitten wir Gott vergebens, wenn nicht auch wir bereit sind, unsren Feinden vom Herzen zu verzeihen und keinen Groll mehr gegen andere zu haben, vielleicht ein Wohlgefallen an ihrer Vernichtung haben. Beten wir nicht im Vaterunser „Vergib uns unsre Schulden, wie auch wir vergeben unsren Schuldigern." Sind wir also nicht bereit unsren Feinden zu verzeihen, so ist es besser, wir lassen diese Bitte im Vaterunser ganz weg, denn ansonsten würden wir Gottes Nichtverzeihen nur auf uns herabflehen.

II 30 Viele werden sich jetzt denken, wenn ich wirklich so handle, wie ich geschrieben habe und so auch für einen Katholiken am besten sein sollte: Was ist dann mit unsren Söhnen, Brüdern oder Gatten, welche an der Front kämpfen oder vielleicht gefallen sind? Dieses Urteil müßten wir eigentlich gänzlich Gott überlassen, wir haben weder das Recht, sie zu verdammen, noch auch heiligzusprechen. Ob einer freiwillig bei diesem Kampfe beteiligt oder nur gezwungen dabei ist. — Ich bin zwar nicht dieser Ansicht, wie viele sagen, der einzelne Soldat trägt

über das Ganze keine Verantwortung, dies trägt nur einer. Freilich werden viele, die noch in der Heimat sind, mit der bloßen Gesinnung oft mehr Verantwortung tragen als so mancher Soldat, der Hunderte erschießt, weil er es eben für seine Pflicht hält. Die meisten dieser Soldaten werden halt in diesem Kampfe mittun, weil es eben der Staat befiehlt und gegen dieses Gesetz sich aufzulehnen einem der sichere Tod geschworen wird. Hoffen wir, daß es nicht viele sind, die mit jener Gesinnung kämpfen, um andre Menschen und Völker zu vernichten oder zu Sklaven zu machen, um selbst dann einmal einen Herren spielen zu können. Aber selbst nicht einmal über solche können und dürfen wir urteilen, denn auch sie können im letzten Moment noch Erkenntnis und Reue über ihre Tat bekommen und dennoch ewig glückselig werden. Das eine möchte ich schon sagen, daß wir besorgt sein müssen für unsre Angehörigen, welche bei
II 31 diesem Verein sind, aber mehr sollen wir uns um ihr ewiges als zeitliches Wohl sorgen. Für das zeitliche Wohl der Soldaten sorgt der Staat, wenn auch oft nur sehr ungenügend und wir dabei Werke der leiblichen Barmherzigkeit üben können, wenn wir ihnen manchmal ein Paket zukommen lassen. Aber mehr sollen wir um ihr ewiges Wohl besorgt sein, denn um dieses Wohl trägt der Staat für sie wohl wenig oder gar keine Sorge. Denn wenn sie auch noch eine Predigt anhören könnten, so bleiben doch wieder viele ihr aus Menschenfurcht ferne. *Fügt man ihnen aber in den Briefen öfters christliche Ermahnungen und Belehrungen bei,* da können sie schließlich nicht ausweichen und müssen sie annehmen, wenn sie natürlich alles gleich in den Wind schlagen, das ist dann ihr eigenes Verschulden, wir sind dann unsrer Pflicht nachgekommen.

(. . . nach diesem Kriege)

Will hier nun doch einige Gedanken niederschreiben, was für die meisten besser wäre, wenn alles leichter würde als wie mir manchmal die Gedanken durch den Kopf gehen. Daß es für gewöhnlich anders kommt als man sich denkt, das ist ja sicher, ich meine halt nur die Ähnlichkeit damit. Man kann heutzutage von vielen Katholiken hören, daß nach diesem Kriege eine Blütezeit für die katholische Kirche anbrechen wird, natürlich wird man dasselbe auch für Deutschland erhoffen, nicht vielleicht bloß für andre Völker. Ja es wäre sehr zu wünschen, wenn dieses Völkerringen bald sein Ende finden würde und die schweren schwarzen Wolken, die ich für Deutschland aufsteigen sehe, sich wieder zerteilen würden. Ich sehe zwar für alle Völker nichts Gutes, denn kein Land oder Volk dieser Erde ist so reich, daß es sich einen solchen Krieg wie der heutige ist, leisten könnte und somit auch den Siegerstaaten nicht viel andres bevorstehen wird als ein Zusammenbruch. Wessen ich gerade für das deutsche Volk am schlimmsten sehe, kommt daher, weil ich es für das Hauptschuldtragendste unter allen Völkern ansehen muß, möge der Herrgott mir diese Gedanken nicht für Sünde anrechnen; wenn auch alle Völker daran mitschuldig sind, so werden doch nicht alle die gleiche Schuld daran haben. Vielleicht würde auch ich nicht so schwarz sehen für das deutsche Volk, wenn man es uns vor dem Jahre 1938 erzählt allein hätte, was das nationalsozialistisch gesinnte Volk will. Doch leider mußten wir es auch am eigenen Leibe verspüren. Ja, es wäre sehr zu wünschen, wenn auch für das deutsche Volk noch alles so halbwegs gut ausgehen würde und nachher sich die Mehrzahl der Menschen zur Nachfolge

Christi sich bereitfinden würde, denn Christus hat ja für uns alle gelitten und Gott will auch, daß alle Menschen selig werden. Es steht uns auch nicht zu, vielleicht das nationalsozialistische Volk zu verurteilen oder den einzelnen Nationalsozialisten, sondern die nationalsozialistische Gesinnung oder Idee, die müssen wir als Katholiken verurteilen und verwerfen. Und wer vielleicht glaubt, durch die Lehre Christi hier auf dieser Welt nicht glücklich werden zu können, für den ist es ein sicheres Zeichen, daß er sie zuwenig kennt, denn unser Glaube bietet uns so viel, daß wir damit nicht bloß ewig glückselig werden können, sondern auch schon hier auf dieser Welt durch ihn glücklich werden können. So haben wir Katholiken also nicht die geringste Ursache, unsern Glauben vielleicht mit einer andren Lehre vermischen zu lassen. Wenn auch die katholische Kirche die Nationalsozialistische Partei noch nicht als kirchenfeindlich erklärt hat und daher es dem Katholiken unter Sünde verboten wäre selber beizutreten, wenn auch die katholische Kirche über dieses jetzt schweigt, so wissen wir ja doch, was diese Partei ist und wie sie der Kirche gegenüber sich steht. Dann wird auch so mancher Österreicher sich noch an die Worte des Hl. Vaters erinnern können, die in einem kirchlichen Rundschreiben als in Österreich noch so etwas stattfinden durfte, uns zu Ohren kamen: Als es unter anderem auch hieß, daß *die nationalsozialistische Gefahr für uns noch gefährlicher* ist als die kommunistische, oder so ähnlich, denn genau kann ich es gerade nicht mehr sagen, da ich mir es damals ja nicht aufgeschrieben habe. Obwohl es heute schnell heißt: „Wären Euch die Kommunisten lieber?“ Bin ich denn gezwungen, mich einer von diesen beiden Parteien anzuschließen? Daß natürlich

die ganze Lebensexistenz, ja sogar das Leben für einen solchen in Gefahr kommt ist ja fast sicher, wenn sich eines nicht dieser Volksgemeinschaft anschließt. Es werden ja viele sein, die nicht gesinnungshalber dieser Volksgemeinschaft beigetreten sind, sondern nur irdischer Vorteile halber, aber ich glaub, deswegen ist die Gefahr doch ziemlich groß, in die man sich begibt, denn wer an den Vorteilen dieser Volksgemeinschaft teilnehmen will, wird schon auch die Nachteile, die daraus noch erstehen können, mit in Kauf nehmen müssen. Wenn man in den Ehestand tritt, muß man halt auch die Leiden, die daraus erstehen können, mit ertragen. Nur ist es bei der Volksgemeinschaft nicht so wie bei der Ehe, daß man sich ewig bindet, nur ist halt das Austreten mit Lebensgefahr verbunden. Ist denn für uns Katholiken das Sterben so was Schlimmes, daß man lieber alles täte, wenn man sich nur das Leben verlängern könnte? Muß uns denn nicht ohnedies alles gegenwärtige Vergnügen und wenn wir noch soviel auf dieser Welt zu erwarten hätten, direkt eine Pein sein, wenn man an die ewigen Freuden des Himmels denkt.
Wäre also dieser Krieg für Deutschland ein gerechter, den es begonnen und wäre die Zugehörigkeit zu den nationalen Gliederungen und das ständige Opfern für diese Partei mit keinen seelischen Nachteilen verbunden? Dann hätte sich für uns Katholiken betreffs Glaubens eigentlich gar nicht soviel geändert, seit wir die nationalsozialistische Regierung haben.

Einige Worte die uns alle angehen. Über das Lesen Christlicher Zeitschriften und Erbauungsbücher.

Was sollen uns Katholiken diese Bücher und Zeitschriften sein? Nichts anderes als Briefe Gottes, die er durch Menschenhand schreiben ließ, sie zeigen uns den Weg in den Himmel und verbinden uns immer inniger mit Gott und der ewigen Heimat. Wie viele Menschen gibt es denn, die von der Heimat fortziehen und nichts mehr von ihr und den Lieben, die dort wohnen, wissen wollen? Sind wir nicht alle arme Wanderer, fern von der Heimat, die wir ob kurz oder lang wieder zu ihr zurückkehren werden. — Und nun ein kurzes Beispiel: Ein Ehegatte wird zum Militärdienst einberufen, welcher zu Hause eine brave, sehr um ihn besorgte Gattin hinterläßt, welche ihm einen Brief nach dem anderen sendet, aber dieser Gatte kümmert sich gar nicht um diese Briefe, hat wahrscheinlich kein Interesse, was seine besorgte Gattin ihm schreibt, er legt ganz einfach diese Briefe ungelesen zur Seite und sucht sich eine andre Beschäftigung oder Zerstreuung. Durch eine fremde Hand erfährt dies aber auch seine Gattin. Nach mehreren Monaten gibt es auch für diesen Gatten einen Urlaub, natürlich will er diese schönen Tage in der Heimat zubringen und es sich gut gehen lassen. Wird das jetzt auch alles in Erfüllung gehen so wie sichs dieser Herr Gemahl wünscht, ich glaube kaum? Wird seine Frau noch an seine Liebe glauben können, wenn er auch kurz vor seinem Urlaub ihr noch weiß Gott welche Liebesbeteuerungen macht, indem sie doch alles erfahren, wie gleichgültig er mit ihren Briefen umgegangen ist? Wird es uns um viel besser ergehen, wenn es „auf“ heißt, unsere

Tage auf dieser Welt sind zuende, wir dürfen nun die Reise in die ewige Heimat antreten. Glauben wir vielleicht, Gott weiß es nicht, wie gleichgültig wir gegen seine Briefe waren, wird er uns dann im Himmel eine schöne Wohnung bereiten, in dem (die) wir nach unsrem Tode ja doch hineinkommen wollen? Ist es den antichristlichen Mächten nicht gleich darum zu tun, wenn die Macht ihnen zur Verfügung steht, die christlichen Zeitschriften und Bücher dem Volke zu entziehen, weil sie eben wissen, daß sie die beste Verbindung mit Gott und der ewigen Heimat herstellen? Werden wir da von Gott noch für besser befunden als diejenigen, welche andren diese Schriften nicht mehr zukommen lassen wollen, wenn wir sie ohnedies nicht lesen und es uns ganz gleichgültig ist, ob wir solche Bücher und Schriften erhalten oder nicht? Hat nicht Christus einmal gesagt: „Wärest Du kalt oder warm, so würde ich Dich behalten, weil Du aber lau bist, so werde ich Dich aus meinem Munde speien." (Offbg 3,15f) Zu welchen gehören also wir?

II, 71

Vom Tode!

Was gäbe nicht so mancher Mensch, wenn er sich das Leben verlängern könnte, aber nicht vielleicht deswegen, um noch vollkommener zu werden, sondern um einfach leben zu können, denn der Tod ist für viele Menschen etwas Furchtbares. Obwohl bei uns Katholiken der Tod keinen Stachel mehr hat, so gibt es doch auch viele, die lieber alles in Kauf nehmen, aber nur nicht sterben wollen. Der Tod war einmal etwas Furchtbares, bis Christus uns das Himmelstor geöffnet und so viele Gnadenmittel uns hinterlassen hat um leichter die ewige Glückseligkeit zu erlangen. Werden wir damit Gott Freude bereiten, wenn wir so wenig Sehnsucht nach dem Himmel haben, indem wir das Sterben immer wieder hinausschieben möchten um lieber auf dieser gefahrvollen Welt herumzutaumeln. Wir wissen zwar, daß das Sterben meistens mit großen Schmerzen verbunden ist und bei vielen der Satan noch alles daransetzen wird um uns noch im letzten Moment die ewige Glückseligkeit zu rauben. Wird uns dies aber deswegen alles erspart bleiben, wenn wir den Tod auch noch eine Zeitlang von uns ferne halten könnten. Müssen wir aber deswegen so sehr beängstigt sein, daß der böse Feind uns noch im letzten Moment besiegen wird? Unsre Kräfte wären freilich nicht hinreichend in diesem Kampfe, ist es aber möglich, wenn wir täglich fünfzigmal oder noch öfters beten: „Heilige Maria Muttergottes bitte für uns arme Sünder jetzt und in der Stunde unseres Absterbens. Amen“, daß uns diese Mutter dann in der letzten Stunde verlassen wird? Wir wissen zwar, daß vom Tode die ganze Ewigkeit abhängt, entweder ewig glückselig oder ewig verdammt. Wenn wir schon vor dem Sterben eine so große Angst haben, weil die ganze Ewigkeit davon abhängt, müssen wir dann nicht mit derselben Furcht zum Tisch des Herrn treten, da gibt es eben auch nur beides, entweder gereicht uns das Brot des Lebens zur ewigen Glückseligkeit, oder zur ewigen Verdammnis. Das kann man doch wieder beichten, wenn man die Kommunion unwürdig empfängt, werden wir uns denken, wissen wir aber auch, ob Gott uns noch so viel Zeit läßt, dies zu beichten, oder ob wir noch die Gnade erhalten, in letzter Stunde es noch zu bereuen? Deshalb sollten wir uns genauso vorbereiten, wenn wir zum Tisch des Herren treten, als würden wir uns zum Sterben vorbereiten. Wie wenig schätzen wir den unermeßlichen Wert, der uns durch Empfang des ewigen Brotes zuteil wird. Wie glücklich würde sich so mancher Mensch fühlen, wenn ihm jemand ein ganzes Königreich schenken würde. Könnte man aber ein solches Geschenk mit einem einzigen würdigen Kommunionempfang vergleichen? Noch lange nicht, denn könnte uns jemand die ganze Welt mit all ihren Schätzen und Reichtümern schenken, so wär dies auch noch alles nichts gegen einen einzigen würdigen Kommunionempfang. Jetzt bedenken wir, welch unendliches Glück es ist, recht oft zum Tisch des Herrn gehen zu dürfen. Sollte man das aber noch für möglich halten können, daß es Katholiken gibt, die sogar die Gnadenzeit benützen und fast täglich zum Tisch des Herrn treten und dabei noch unglücklich sein können, sodaß man sie im täglichen Leben und Wirken fast nicht von andren unterscheiden, die sogar Monate auf diesen Wert verzichten. Wir wissen ja, daß unter Millionen Kommunionempfängern kaum zwei ganz gleich sein werden. Es ist zwar in jeder Hostie der gleiche Christus, der gleich hohe Wert enthalten. Es wird daher ganz auf uns ankommen, wie sehr uns so ein Kommunionempfang bereichern wird. Es kommt vielfach auf unsren Glauben und auf unsre Vorbereitung an. Wir sollten nie anders zum Tisch des Herrn treten als würde es unser letzter Empfang sein, wir müssen daher bereit sein, Gott alles zu schenken, Hab und Gut, Leib und Seele, wir müssen ganz bereit sein auch zu sterben, je mehr wir Gott schenken, desto mehr wird auch Gott uns schenken. Gott kennt uns, er weiß alle unsre Gedanken, er kennt unsren Willen, er weiß, wie bereit wir auch wirklich wären, wenn er alles von uns fordern würde. Können wir also mit einer

solchen Bereitwilligkeit und Gottergebenheit zum Tisch des Herrn treten, dann wird auch Gott seine Gnadenschätze uns im reichsten Maße zuteil werden lassen. Somit müssen wahrer Friede und Glückseligkeit in unsrem Herzen einkehren. Man soll auch nach jeder hl. Kommunion folgendes Gebet verrichten: „Mein Herr und Gott, schon jetzt nehme ich den Tod, wann, wo und wie er mich nach Deinem heiligsten Ratschlusse treffen mag mit all seinen Ängsten, Peinen und Leiden willig und
II, 71 ergeben aus deinen Vaterhänden entgegen.“ Wären wir aber noch nicht bereit zum Sterben, dann ist es besser, wir lassen dieses Gebet aus, denn sonst machen wir uns schon gleich wieder nach der hl. Kommunion zum Lügner. Ein Katholik, der das große Glück hat, oft zum Tisch des Herrn treten zu dürfen und kann sich ganz dem Willen Gottes ergeben, der wird auch in den schwersten Zeiten im Frieden leben und wird immer Freude haben. Weil er eben weiß, wenn Gott ihm auch Hartes schickt und trägt es mit Geduld, daß ihm auch dieses zum ewigen Heile gereichen wird! „Ehre sei Gott in der Höhe und Friede den Menschen auf Erden, die guten Willens sind!“

Zur geistigen Betrachtung

Es gibt einen Gott und drei göttliche Personen. Gott Vater, der uns erschaffen, Gott Sohn, der uns erlöst und Gott der Hl. Geist, der uns geheiligt. Wozu hat Gott uns erschaffen? Daß wir Gott dienen, ihn lieben, ihn anbeten um ewig glückselig zu werden. Ist es Gott auch angenehm, wenn wir die ewige Glückseligkeit öfters betrachten? Es würde Gott sehr mißfallen, wenn wir recht wenig an den Himmel

denken würden. Denn ewige Freuden, ewige Wonne, Licht ohne Finsternis und alles ewig ohne Ende, so manches Opfer wird uns leichter werden, wenn wir dies alles öfters betrachten. Aber nicht immer ward uns der Himmel offen, denn durch die Sünde der ersten Menschen wurde er uns verschlossen. Aber Gott hat sich wieder uns erbarmt. Der Sohn Gottes hat sich selbst angeboten und ist Mensch geworden, hat für uns gelitten und ist für uns gestorben. Jetzt liegt es nur in uns, wenn wir diese ewige Glückseligkeit nicht erlangen. Gott ist so barmherzig, daß der größte Sünder nicht mehr verzweifeln braucht. Und doch dürfen wir Gottes Barmherzigkeit nicht mißbrauchen, denn der Tod kann auch unerwartet kommen.
Gewissenserforschung! Was hab ich heute gesündigt in Gedanken, — in Worten, — in Werken, — durch Unterlassung im Guten?

Betrachtung der Liebe Gottes zu uns Menschen

Die Liebe Gottes zu uns Menschen ist so groß, daß wir sie mit unsrem menschlichen Verstande niemals erfassen können. Obwohl wir Gott so oft beleidigen und sogar schwer beleidigen, so liebt uns Gott dennoch immer wieder, denn ansonsten würde er uns nicht immer wieder verzeihen. Und was Gott einmal verziehen hat, das bleibt verziehen für die ganze Ewigkeit. Könnte man sich noch eine größere Liebe vorstellen? Und noch nicht genug dieser Liebe der Verzeihung allein, Christus hat sogar für unsre Sünden Sühne geleistet, hat die größten Leiden, die kein Mensch hätte ertragen können, freiwillig auf sich genommen. Und noch immer nicht genug,

Jesus Christus opfert sich noch täglich unzählige Male auf unsern Altären, um uns mit Gottvater wieder zu versöhnen. Jesus bietet ich sogar selbst als Speise dar und will sogar bei uns sündigen Menschen einkehren. — Jetzt betrachten wir unsre Liebe zu den Nächsten, gegen die (im Vergleich zur) Liebe Gottes zu uns. Sollten wir Christen Christus nicht immer ähnlicher werden? Obwohl wir von unsern Mitmenschen niemals so arg beleidigt werden können, als wie wir Gott beleidigen, so sind wir im Verzeihen gegen (im Vergleich zu) Gott zu unserm Nächsten weit zurück. Denn wir könnten nie über den Nächsten Übles reden, wenn wir ihn wahrhaft lieben täten; deshalb wäre es die größte Dankbarkeit, die wir Gott für seine Liebe bezeigen könnten, denn die Liebe ist das erste, was Gott von uns verlangt und wer in der Liebe wandelt, der bleibt in Gott und Gott in ihm!

10 (11) Fragen

Wer kann und will mir diese 10 Fragen, die ich stelle, beantworten?

1. Wer gibt uns die Garantie, daß es nicht im geringsten mehr sündhaft ist, einer Partei beizutreten, deren Bestreben es ist, das Christentum auszurotten?

2. Wann hat das kirchliche Lehramt die Entscheidung und Gutheißung gegeben, daß man jetzt alles tun und befolgen darf, was die Nationale Partei oder Regierung uns befiehlt oder von uns wünscht?

3. Wenn das alles jetzt für recht und gut befunden wird, wenn man der d. Volksgemeinschaft als Mitglied angehört, für sie sammelt oder opfert, muß nicht dann jedes, das da nicht mittut, für schlecht oder ungerecht erklärt werden, denn beides kann doch nicht gut sein?

4. Welcher Katholik getraut sich, diese Raubzüge, die Deutschland schon in mehreren Ländern unternommen hat und noch immer weiterführt, für einen gerechten und heiligen Krieg zu erklären?

5. Wer traut sich zu behaupten, daß vom deutschen Volk in diesem Kriege nur einer die Verantwortung trägt, weshalb mußten dann noch so viele Millionen Deutscher ihr „Ja“ oder „Nein“ hergeben?

6. Seit wann können auch die Verführten, welche ohne Reue und Besserung ihrer begangenen Sünden und Fehler, die sie durch Verführung begangen haben, dahinsterben, denn auch in den Himmel kommen?

7. Warum feiert man die Kämpfer für den Nationalsozialismus heute auch in den Kirchen Österreichs als Helden? Hat man denn nicht solche bei uns vor fünf Jahren noch völlig verd . . .?

8. Wenn also die deutschen Soldaten, die im Kampfe für den nationalsozialistischen Sieg ihr Leben lassen müssen, für Helden und Heilige erklärt werden können, um wieviel besser muß es dann noch für die Soldaten in den andern Ländern bestellt sein, die von den Deutschen überfallen wurden und hinausziehen um ihr Vaterland zu verteidigen, kann man da den Krieg noch als Strafe Gottes ansehen, ist es dann nicht besser, zu beten, daß der Krieg fortdauere bis ans Ende der Welt, als zu beten, daß er bald aufhöre, wenn doch soviele Helden und Heilige daraus hervorgehen?

9. Wie kann man denn heute seine Kinder noch zu wahren Katholiken erziehen, wenn man ihnen auch das, was früher schwer sündhaft war, für gut oder wenigstens nichts Sündhaftes erklären soll?

10. Warum soll denn jetzt das für gerecht und gut befunden werden, was die Masse schreit und tut? Kann man jetzt auch glücklich ans andere Ufer gelangen, wenn man sich stets wehrlos vom Strom mitreißen läßt?

11. Wer bringt es fertig, zu gleicher Zeit Soldat Christi und Soldat für den Nationalsozialismus zu sein, für den Sieg Christi und seiner Kirche und zugleich auch für den Nationalsozialistischen Sieg zu kämpfen?

Heft 3

7 Fragen

3, 1 1.) Wie bringt man es fertig, zu gleicher Zeit Soldat Christi und Soldat der Nationalszl. Revolution zu sein, für den Sieg Christi und seiner Kirche und zugleich auch für den Nationalsozialistischen Sieg zu kämpfen?

2.) Scheint es nicht etwas lächerlich, wenn man sagt, es kann noch nicht recht entschieden werden, ob dieser Krieg, den Deutschland schon mit so vielen Ländern führt, gerecht oder ungerecht ist?

3.) Indem ich in dieser schweren Zeit schon einige Male gehört habe, daß jeder Familienvater auch Hauspriester sein muß, indem man dann als Fam.-Vater und zugleich auch als Hauspriester über seine Fam. und Untergebenen einmal vor Gott Rechenschaft ablegen muß und darüber eine ziemlich große Verantwortung haben werde, so möchte ich fragen, ob man da schweigend zusehen soll, wenn sich seine Fam. und Untergebenen aktiv oder unterstützend sich zum Nationalen Sieg sich beteiligen? Denn wenn man nach den Grundsätzen des kath. Glaubens urteilt und handelt meint man,
3, 2 gewissenshalber so manchmal ein anderes Urteil und Entscheidung geben zu müssen, als so mancher Priester in dieser Zeit seinen Pfarrkindern gibt. Ist einem das dann als Hauspriester für seine Untergebenen erlaubt?

4.) Müssen wir nicht jetzt weit größere Heilige werden als unsre ersten Christen? Da wir doch der Regierung gegenüber viel gehorsamer sind als sie. Die hätten oft bloß den Götzen (zu) opfern

gebraucht, wo doch schließlich niemand viel zu Schaden gekommen wäre und sie hätten sich auf eine Zeit ihr Leben retten können. Was wird von uns jetzigen Christen verlangt? Man soll nicht bloß opfern, sondern Menschen überfallen, berauben und sogar morden, damit man ein Nationalsozialistisches Weltreich gründen könnte. Bringt einer das nicht mehr fertig, solchen Befehlen zu gehorchen, so wird es einem für schwer sündhaft angerechnet. Wäre es
3, 3 da nicht besser, sämtliche Heiligenlegenden einzuziehen, damit man nicht mehr wisse, wie die ersten Christen sich schlechten Befehlen gegenüber verhalten haben? Kann man es einem heute noch zum Vorwurf machen, daß man keine Vaterlandsliebe mehr hat?

Haben wir denn überhaupt auf dieser Welt noch ein Vaterland? Denn wenn ein Land mein Vaterland sein soll, so darf es für mich nicht bloß Pflichten geben, sondern man muß auch Rechte besitzen, hat man das aber heute bei uns noch? Wird einer ausbildungsunfähig und würde vielleicht gar dem Staate zur Last fallen, was macht man denn mit solchen? Wäre so ein Vaterland überhaupt noch eine Verteidigung wert, von der ja ohnedies nicht die Rede sein kann, denn Deutschland wurde ja von niemand überfallen. Einmal glaub ich, hätten wir (wohl) noch ein Verteidigungsrecht gehabt und zwar als wir vor 4 Jahren noch Österreicher waren.

3, 4 Es mag schon sein, daß es für die Menschheit besser ist, wenn sie im Unklaren sind, weil die Mehrzahl schließlich doch nicht anders handeln würde, wenn gleich auch eine richtige Entscheidung gegeben würde. Müßte man nicht dann auch Christus einen Vorwurf machen, daß er das Allerheiligste Sakrament des Altares eingesetzt hat, denn auch dieses Sakrament wird vielleicht in der

Ewigkeit der Mehrheit der Katholiken einmal zum großen Verhängnisse werden, so daß in der Hölle alle Heiden bedeutend besser daran sind als wir Katholiken, wenn wir hinunterstürzen.

5.) Warum dann dies Jammertatzion unter den Christen, *wenn also außer Kirchenaustritt ohnehin nichts mehr schlecht ist, was die Partei von uns Katholiken wünscht?* Und wir daher ohne weiteres diesen Wünschen und Befehlen Folge leisten dürfen ohne irgend eine Sünde zu begehen? Leiden und Sterben soll doch für einen Christen nicht das Schlimmste sein, denn daß wir einmal sterben müssen, das wissen wir doch alle. Und wer auf dieser Welt nichts leiden will, lehrt uns der Glaube, muß halt einmal im Jenseits leiden.
3, 5 Diese Trostworte, die man heute bekommt, wie z. B.: „Ruhe bewahren, oder geduldig abwarten, jetzt nützt so nichts, wenn man auch etwas dagegen tun würde. u.s.w.", kommt mir nicht viel anders vor, als würden sich mehrere in einem Hause befinden, das ringsum brennt, jetzt ruft man ihnen von außen zu: „Nur ruhig sein, es dauert so nicht mehr lange, bricht das ganze Haus zusammen." Kann ihnen aber jemand garantieren, daß die nicht schon im Rauch erstickt sind, bevor das Haus einstürzt, oder ob sie nicht beim Einsturz von den Trümmern erschlagen werden?

6.) In früheren Zeiten kam es auch öfters vor, daß eine Stadt oder ein ganzes Volk sehr tief gesunken sind. Da sind halt dann doch wieder einige Männer aufgestanden und versuchten zu retten, was noch zu retten war. Die Gerechten wurden angeeifert, Sühne zu leisten, die Ungerechten, Buße zu tun. Und was hört man heute noch von Sühne und Buße? Und für was auch heute Buße tun, wenn man so fast nichts

Unrechtes mehr tun (tut), die aus der Kirche austreten, sind nicht viel, und was ansonsten in diesen Jahren neu aufgetaucht ist, wird ohnedies nicht für schlecht und ungerecht gehalten?

3, 6 Man kann heute gar häufig hören, da kann man nichts mehr machen. Würde einer was sagen, es würde einem nur Kerker und Tod bringen. Freilich könnte damit an dem ganzen Weltgeschehen nicht mehr viel geändert werden. Aber unseren Missionären ging es auch oft nicht viel besser, konnten auch oft weiters keine Erfolge erzielen als bloß Lohn dafür Kerker und Tod. Ich seh es auch ein, daß viele Worte heute gar nicht mehr viel erzwecken würden. Worte, heißt es, belehren, Beispiele aber reißen hin. Und würde einer schweigen wie eine Mauer, so könnte er dennoch viel Gutes tun. Man will eben Christen sehen, die es auch in der heutigen Zeit noch fertig bringen inmitten allen Dunkels dastehen in überlegener Klarheit, Gefaßtheit und Sicherheit, die inmitten aller Fried- und Freudlosigkeit, Selbstsucht und Gehässigkeit dastehen im reinsten Frieden, Frohmut und Dienmut. Die nicht sind wie ein wankendes Schilfrohr, das von jedem leichten Winde hin- und hergetrieben wird, die sich nur fragen, was lehrt Christus und unser Glaube, die nicht nur schauen, wie verhält sich zu diesem oder jenem Punkt mein Kamerad. Würden die Wegzeichen einmal so lose hineingesteckt werden, daß sie jeder Wind verdrehen kann, so bald nach dieser und bald jener Richtung zeigen würden, würde sich da einer des Weges noch Unbekannter noch zurechtfinden können?

7.) Wie oft kann man auch hören, gibt es denn noch einen Gott, daß er zu all dem zusehen kann? Wissen wir denn nicht, wie es im Evangelium heißt, als

Christus zu den Schnittern gesagt: „Lasset beides mitsammen wachsen, das Unkraut wie den Weizen, bis es Zeit zur Ernte ist!“ (Mt 13,30). Er sagte auch nicht, daß sie es dann ausreißen sollen, wenn etwa das Unkraut mehr sein sollte als der Weizen. Dieses Evangelium lehrt uns ganz deutlich, daß es nicht so sein wird, wie vielleicht viele der Meinung sind, daß Gott einmal darunter fahren wird *um das*

Heft 4
Gefängnisaufzeichnungen, Berlin 1943

Was jeder Christ wissen soll

1) Josef ist ein herrliches Vorbild des schweigenden und pünktlichen Gehorsams. Den echten Christen erkennt man weniger am Reden als am Tun. (Vgl. Mt 1,18ff)

2) Christusjünger sollen mit dem Salz übernatürlicher Werte andre vor sittlicher Fäulnis bewahren, ihnen aber nicht das Leben versalzen. Ihr Licht soll leuchten, nicht blenden. (Vgl. Mt 5,13—16)

3) Christus fordert eine Religion der Gesinnung und Tat.

4) Wer die schlechte Tat meiden will, muß die Begierde zügeln. Die ungeordnete Begierde reizt zum lüsternen Blick: Der lüsterne Blick stachelt zur bösen Tat an. (Vgl. Mt 5,27ff)

5) Wir dürfen unser Recht suchen, höher jedoch als kaltes Recht steht die Bruderliebe. (Vgl. Mt 5,38ff)

6) Feindesliebe ist nicht charakterlose Schwäche, sondern heldische Seelenkraft und Nachahmung des göttlichen Vorbildes. (Vgl. Mt 5,43ff)

7) Stilles Wohltun aus Gottesliebe leistet auf die Dauer am meisten, weil es aus inneren Quellen fließt, nicht aus verkehrter Selbstsucht oder Zwang. (Vgl. Mt 6,1ff)

8) Wer zu stolz ist, mit anderen zusammen zu Gott zu beten, wird es auch bald nicht mehr in stiller Kammer allein tun. (Vgl. Mt 6,5f)

9) Jesus setzt voraus, daß wir fasten, aber wir sollen es in rechter Meinung tun. (Vgl. Mt 6,16ff)

10) Jeder ist vor die Entscheidung gestellt, ob er Gott dienen will oder nicht. Geht er im Diesseits auf, so wird das Geld sein Götze. Sorglosigkeit um Irdisches darf aber nicht aus Bequemlichkeit entspringen. Wer sich um sein Fortkommen plagt, als komme alles auf ihn an, dabei aber kindlich auf Gott vertraut, als hinge alles von dessen Hilfe ab, bleibt innerlich frei und froh. (Vgl. Mt 6,25ff)

11) Der Pharisäergeist, den Jesus geißelt, ist unter Christen doppelt häßlich. Niemand soll glauben, er sei fromm, wenn er lieblos ist im Urteil über andre. (Vgl. Mt 7,1ff)

12) Wozu die eigene Kraft nicht ausreicht, das sollen wir in demütigem Gebet erflehen. (Vgl. Mt 7,7ff)

13) Dem Menschen das antun, was man selbst von ihm haben will, ist mehr, als ihnen das nicht tun, was man selbst nicht will. (Vgl. Mt 7,12)

14) Wer den rechten Weg zum ewigen Glück finden will, darf nicht mit der Masse laufen, die meist opferscheu ist. Und darf sich keinen Führern anvertrauen, die anders handeln als reden. (Vgl. Mt 7,15ff)

15) Nicht aufs fromm reden kommt es an, sondern auf das Leben nach Gottes Gebot. Ohne dies nützt einem sogar die Wunderkraft nichts. (Vgl. Mt 7,21ff)

16) Die Nachfolge Christi fordert Heldensinn. Weichliche und unentschlossene Charaktere taugen nicht dazu. (Vgl. Mt 8,18ff)

17) Die Heilung ihrer Mitbürger hätte den Gerasenern den Verlust der Schweineherde aufwiegen und sie zum Glauben führen müssen; aber dem Diesseitsmenschen sind ein paar Schweine mehr wert, als die Güter der Übernatur. (Vgl. Mt 8,28ff)

18) Ohne barmherzige Liebe sind Opfer wertlos. Die Gerechten bedürfen keiner besonderen Einladung. (Vgl. Mt 9,10ff)

19) Die Zugehörigkeit zu Christus fordert Bekennermut. (Vgl. Mt 10,17ff)

20) Jesus fordert seine Jünger auf, den Frieden mit Gott und der Kirche höher zu stellen, als den Frieden mit den Anverwandten, seine Nachfolge höher als die Furcht vor Schmerz und Tod, das Leben der Seele höher als das des Leibes. Er will keinen Unfrieden in die Familie bringen, der aus Lieblosigkeit und Eigennutz entsteht; er will aber auch keinen faulen Frieden unter Verletzung der Gewissenspflicht. (Vgl. Mt 10,34—39)

21) Große Gnaden erhöhen die Verantwortung. (Vgl. Mt 11,25ff)

22) Nicht nur seine Taten, auch seine Reden hat der Mensch zu verantworten. (Vgl. Mt 12,33ff)

23) Jesus selber hat also gelehrt, daß es in seiner Kirche auf Erden nicht nur gute Christen geben werde. Die große Scheidung kommt am Ende. (Vgl. Sämann-Gleichnisse von Mt 13)

24) Wer alles für die Sache Gottes opfert, hat den besten Tausch gemacht. (Vgl. Mt 14,1ff)

25) Ehebrecherisch werden die Juden genannt, weil sie Gott die Treue brachen, der einen Bund mit ihnen eingegangen war. (Vgl. Mt 12,39ff)

26) Jesus erklärt den Apostel Petrus zum Fundament der Kirche und verheißt ihm den Primat, die oberste Leitung der sichtbaren Kirche auf Erden. Das Papsttum ist also von Christus selber eingesetzt. (Vgl. Mt 16,13ff)

27) Das von Christus verkündete Kinderschutzgesetz zeigt den Wert jeder Menschenseele. Um sie zu retten ist kein Opfer zu groß. (Vgl. Mt 18,5ff)

28) Die kirchliche Obrigkeit hat die Vollmacht, schwere Vergehen mit dem Ausschluß aus der Gemeinschaft der

Gläubigen zu bestrafen. Dieses Strafurteil wird von Gott anerkannt. (Vgl. Mt 18,15ff)

29) Wahre Liebe fragt nicht nach den Grenzen der Pflicht, sondern verzeiht, sooft sie Gelegenheit hat. Im engen Kreis der Familie bietet sich solche Gelegenheit an jedem Tage. (Vgl. Mt 18,21f)

30) Die Apostel erschrecken vor einer unauflöslichen Ehe. Jesus stellt den freiwilligen Verzicht auf die Ehe aus Liebe zu Gott als höheres Lebensideal hin. Dadurch hat er aber die Eheleute nicht als mindervollkommene Christen hinstellen wollen. Das Maß der Vollkommenheit hängt nicht von dem Ehestande oder dem jungfräulichen Stande allein ab, sondern von der Liebe und Treue mit der man seine Standespflichten erfüllt. (Vgl. Mt 19,1ff)

31) Das Kind hat ein heiliges Recht darauf, durch religiöse Unterweisung zu Christus geführt zu werden. Den Eltern und Erziehern obliegt die strenge Pflicht, für diese Unterweisung Sorge zu tragen. Niemand darf sie daran hindern. (Vgl. Mt 19,13ff)

32) Wir dürfen uns des ewigen Lohnes für unsre guten Werke freuen, aber Gott ist unabhängig in der Bemessung. (Vgl. Mt 20,1—16)

33) Besser ist es, einen begangenen Fehler reumütig zu sühnen, als frommes Getue mit innerer Unwahrhaftigkeit zu verbinden. (Vgl. Mt 21,28—32)

34) Beide Gebote sind gleich, zwei Seiten des einen Gebotes, weil die Nächstenliebe sichtbar gewordene Gottesliebe ist. (Vgl. Mt 22,34—39)

35) Unerwartet, aber allen sichtbar wird der Weltenrichter erscheinen. Es bedarf keiner Einladung. Jeder wird schnell und sicher an der Richtstätte sein, wie Vögel, die von weitem Beute wittern. (Vgl. Mt 24)

36) Immer wieder mahnt der Herr zur Wachsamkeit. Die folgenden Gleichnisse dienen demselben Zweck.

37) Die Jungfrauen sind Freundinnen der Braut. Den Törichten wird ihre Sorglosigkeit zum Verhängnis. Jeder muß selber sein Heil sichern. (Vgl. Mt 25,1—12)

38) Gott fordert gewissenhafte Berufsarbeit von allen. Nicht die bessere oder geringere Begabung ist entscheidend für den Lohn, sondern die Treue in der Ausnutzung des Empfangenen. Auch Nichtstun ist Sünde. (Vgl. Mt 25,14—30)

39) Die Schuld der Verdammten ist, daß sie nichts Gutes taten. Auch wegen andrer Sünden kann sich jemand die Hölle verdienen, wie die Werke der leiblichen Barmherzigkeit allein nicht zur Seligkeit genügen. (Vgl. Mt 25,31—46)

40) Die entsetzliche Selbstverfluchung zeigt, wohin ein Volk kommen kann, wenn es gewissenlosen Hetzern sein Ohr leiht. (Vgl. Mt 27,24ff)

41) Das Gefühl der Gottverlassenheit war für die Menschennatur Jesu der furchtbarste Schmerz. (Vgl. Mt 27,45f)

42) Im Bewußtsein göttlicher Vollmacht überträgt Christus seinen Aposteln und ihren Nachfolgern bis zum Weltende das Lehramt, Priesteramt und Hirtenamt. (Vgl. Mt 28,18ff)

43) Jesu Beispiel zeigt, daß auch ein vollbesetztes Tagewerk noch Zeit zum Verkehr mit Gott im Gebete läßt. (Vgl. Mk 1,35)

44) Der Hl. Geist ist der Spender aller Gnade und der Geist der Wahrheit. Wer bewußt seiner Gnade widersteht und gegen die Wahrheit mit Lüge kämpft, ist keiner Reue fähig. (Vgl. Mk 3,28f)

45) Die Bindung an den Willen Gottes muß stärker sein, als die Liebe zu den leiblichen Verwandten. (Vgl. Mk 3,31—35)

46) Die Religion muß auch nach außen sich bekunden und das ganze Leben erfassen. Treues Mitwirken zieht neue Gnaden nach sich. Der Nachlässige verliert bald alles. (Vgl. Mk 4,1—9)

47) Christus hat den Samen des Gotteswortes auf Erden ausgestreut und läßt ihn wachsen aus innerer Kraft bis zur Ernte beim Weltgericht. (Vgl. Mk 4,26—29)

48) Die Jünger Jesu müssen lernen, das Leiden ihres Meisters als unvermeidlich zu betrachten und die Religion Jesu als Religion des Kreuzes zu erfassen. (Vgl. Mk 8,31)
Das Seelenheil geht über alles.

49) Wer uns einen andren Weg weisen will, als den Weg des Kreuzes in der Nachfolge Christi, hält uns als Gehilfe Satans vom ewigen Heile ab. (Vgl. Mk 8,32f)

50) Nicht Strebertum und Geltungsbedürfnis, sondern demütiges Dienen ziert den Christusjünger. (Vgl. Mk 9,33—37)

51) Wer noch die Lösung des ehelichen Bandes für erlaubt hält, stellt das jüdische Recht über das christliche. (Vgl. Mk 10,1—12)

52) Gottes Gnade vermag den Menschen auch für den freiwilligen Verzicht auf die Erdengüter zu begeistern. (Vgl. Mk 10,17—22)

53) Niemand hat entschiedener gefordert, aber auch niemand vorbildlicher bewiesen, als Jesus, daß Gemeinnutz vor Eigennutz geht. (Vgl. Mk 12,38ff)

54) Wer sich über Verrat freut und ihn bezahlt, ist schlimmer, als der Verräter selbst. (Vgl. Mk 14,10f)

55) Der Gottmensch sucht Trost bei seinen Jüngern. In schweren Stunden brauchen wir einen verstehenden Menschen. Den besten Trost aber finden wir wie die

Menschennatur Jesu in vertrauensvollem Gebet und mutigem Jasagen zum Willen Gottes. (Vgl. Mk 14,32—42)

56) Der im Himmel thronende Christkönig lebt und wirkt auf Erden weiter in seiner Kirche. Die Taufe gliedert uns in die Lebensgemeinschaft mit ihm ein. (Vgl. Mk 16,14ff)

57) Die Magd des Herrn übt Mutterdienst und Familienpflege. Echte Gottesliebe wird sichtbar in tätiger Nächstenliebe. (Vgl. Lk 1,39—56)

58) Wie die aufgehende Sonne den Tag bringt, so sendet Gott den Erlöser als Licht in die Welt. (Vgl. Lk 2,29ff)

59) Das Festhalten des Willen des Vaters ist für Jesus die oberste Norm. Darin geht er ganz auf, auch wenn er dabei der Mutter und dem Pflegevater Schmerz bereiten muß. (Vgl. Lk 2,42—50)

60) Versucht zu werden, ist noch kein Zeichen mangelnden Wohlgefallen Gottes. Es gilt den Versucher mit der festen Entschiedenheit und Ruhe abzuwehren, wie wir sie an Jesus bewundern. (Vgl. Lk 4,1—13)

70) Dauernde Sicherheit vor teuflischen Anfechtungen gibt es hienieden nicht. (Vgl. Lk 4,13)

71) Nur jene Reichen trifft das Wehe, die im Reichtum ihr Genüge, ihren Trost, haben und nach nichts Höherem verlangen. (Vgl. Lk 6,24)

72) Nicht dem Frohsinn gilt das Wehe, sondern der frivolen Ausgelassenheit. (Vgl. Lk 6,25b)

73) In Christi Reich ist nicht starres Recht, sondern hingebende Liebe oberstes Gesetz. Der Selbstsucht stellt Christus die Selbstlosigkeit gegenüber. Unrecht und Gewalttat hat er nie gutgeheißen. Von einem Christen muß höhere Opferbereitschaft gefordert werden, als von einem Ungläubigen. (Vgl. 6,27—35)

74) Wer im Gnadenstande lebt und die Gottesliebe zur Grundhaltung seiner Seele macht, dessen Werke sind von selbst übernatürlich gute Früchte: „Liebe Gott, dann tue, was du willst!“ (Vgl. Lk 6,43ff)

75) Als Gotteskind zum Reiche Christi zu gehören, ist höhere Gnade, als der größte Prophet des Alten Bundes zu sein. (Vgl. Lk 7,18—28)

76) Keiner irdischen Macht steht es zu, die Gewissen zu knechten. Gottes Recht bricht Menschenrecht.

77) Wie Paulus sich als Schuldner aller bekennt, so trägt jeder Christ Mitverantwortung für das Heil seiner Mitmenschen. Keiner ist im Religiösen unabhängig. (Röm 1,8ff)

78) Wer sich seines Glaubens an Christus schämt, beweist, daß er ihn nicht kennt. (Vgl. Röm 1,16)

79) Der klarere Einblick in den Willen Gottes erhöht die Verantwortlichkeit. Wo das Leben im Gegensatz zur Lehre steht, wird die Religion zum Gespött. (Vgl. Röm 2,12—24)

80) Nicht die äußerliche Zugehörigkeit zur Religionsgemeinschaft macht den Menschen vor Gott wohlgefällig, sondern rechte Gesinnung und Tat im Alten wie im Neuen Bunde. (Vgl. Röm 2)

81) Was weder die heidnische Philosophie, noch das jüdische Gesetz zu gewähren vermochten, das erlangen alle Menschen im Glauben an Jesus Christus. Sein Erlösungstod schenkt denen, die sich gläubig ihm anschließen, die „Herrlichkeit Gottes“, d. h. das übernatürliche Gnadenleben. Keine Nation ist mehr dabei bevorzugt. (Vgl. Röm 3)

82) Von allen Menschen gilt, was an Abraham geschah: nicht das Gesetz, sondern der Glaube wird ihnen der Weg zum Heil. Aber es muß ein starker Glaube sein, der auch dann

nicht wankt, wenn alles verloren zu sein scheint. (Vgl. Röm 4)

83) Die Sünde hatte Feindschaft zwischen Gott und den Menschen geschaffen. Christi Erlösungstod brachte den Frieden. Nachdem er aus reiner Liebe soviel für uns Sünder tat, was dürfen da erst (wir) als Erlöste von seiner Güte erwarten! Dem Christen ziemt steter Optimismus. (Vgl. Röm 5)

84) Der Geist Gottes lehrt uns, das Leid nicht in stummer Ergebung hinzunehmen, sondern ihm hohe positive Werte abzugewinnen. (Vgl. Röm 8,14—25)

85) Der in Christus so reich beschenkte Christ darf sich nicht träger Ruhe oder gar genießerischer Zügellosigkeit hingeben. Der Adel der Erlösung legt die Pflicht eines reinen Lebens auf. Christ sein und Sünder sein wäre ein Unding, wie leben und zugleich tot sein. Bei der Taufe, die durch Untertauchen gespendet wurde, ist der alte Mensch der Sünde begraben worden: ein neuer Mensch, mit Christus, dem Auferstandenen zur Lebenseinheit verbunden, ist aus dem Taufwasser emporgestiegen. — Alle Sünde ist abgetan, wie bei einem Verbrecher die gesamte Schuld gesühnt ist, durch die vollzogene Todesstrafe. Rückfall in die Sünde bedeutet Rückfall in die Sklaverei der Begierde. (Vgl. Röm 6,1—14)

86) Jeder Christ bleibt sein Leben lang verpflichtet, die Sünde zu meiden, deren Knecht er einst war. Er gehört ganz Christus zu eigen. Streben nach Heiligkeit ist nicht nur Sache einzelner, sondern aller Erlösten. Ewiges Leben ist der lockende Preis. (Vgl. Röm 6,15—23)

87) Für den, der Gott liebt, gibt es nur ein einziges Unglück: die Sünde.

88) Gottes Ruf und des Menschen Antwort, Gnadengeschenk des Himmels und freies Mittun des Geschöpfes wirken

zusammen. Wir müssen Christus gleichförmig werden, sonst sind wir keine Christen.

89) Es steht nicht bloß bei den Menschen, die Gnade und Barmherzigkeit Gottes zu erlangen, sondern es steht in erster Linie bei Gott selbst. Nicht unser eigenes Wollen ist Grund unsrer Begnadigung; freilich ohne daß der Mensch will und strebt, begnadigt ihn Gott auch nicht. Wenn nun der Mensch die Gnade nicht will, so kann ihn Gott auch diesem bösen Willen überlassen. Nie hat ein Mensch das Recht, Gott seinen Schöpfer zur Rechenschaft zu ziehen oder sich über ihn zu beklagen. (Vgl. Röm 8 und 9)

90) Niemand kann sich mit Unkenntnis der Heilsbedingungen entschuldigen. Aber wer nicht hören will, wenn Gott die Wahrheit überall verkünden läßt, darf sich nicht wundern, wenn andre der Gnade teilhaftig werden, die ihm angeboten war. (Vgl. Röm 10)

91) Zwischen Christentum und Weltgeist besteht allzeit ein unversöhnlicher Gegensatz. Wer es mit der Welt nicht verderben will, wird sicher Christus untreu werden.

92) In der Bibel spricht Gott selber zu uns und gibt unsrer Hoffnung eine unerschütterliche Grundlage. Wenn alle von Menschen geschriebenen Bücher uns nichts mehr zu sagen hätten, am Gotteswort vermag sich unsre Seele immer wieder aufzurichten.

93) Gebetsgemeinschaft ist die beste Kampfgemeinschaft für die Sache Christi.

94) Die Gültigkeit und Wirksamkeit der Taufe hängt nicht von der Würde des Spenders ab. Es kommt aber sehr viel drauf an, wer uns im Glauben unterrichtet und wie es geschieht.

95) Der Erfolg der Glaubensverkündigung hängt nicht nur vom Prediger, sondern auch von der Geistesverfassung des Hörers ab. Wenn uns „der Sinn Christi“ abgeht, werden

wir nie den Standpunkt wahrhaft religiöser Menschen verstehen.

96) Oberflächenmenschen finden am meisten Anlaß zum Nörgeln am Tun und Lassen der kirchlichen Behörde.

97) Wer als Christ sich von Minderwertigkeitsgefühlen beherrschen läßt, beweist, daß er gar nicht weiß, wie reich er ist, in seiner Zugehörigkeit zu Christus. (Vgl. Röm 15,14ff)

98) Die echten und darum einfachen Wahrheiten der Heiligen Schrift bieten uns bessere Gewähr als dieser oder jener vielgenannte Modeschriftsteller oder Lehrer.

99) Die vom Teufel verursachten körperlichen Leiden sollen den Sünder zur Reue und dadurch zur Rettung der Seele führen.

100) Bloße Namenschristen schaden der Kirche am meisten. (Vgl. 1 Kor 5,12)

101) Nirgendwo wird auch dem Menschenleibe so hohe Würde zuerkannt, wie in der Religion Jesu; aber sie treibt keinen Fleischeskult. Es gibt kein „Recht auf den Körper“ um ihn zur Sünde zu mißbrauchen. Paulus gibt Antwort auf eine diesbezügliche Frage, will also weder den einzigen und höchsten Zweck der Ehe nennen, wenn er sie als das von Gott gegebene Mittel zur Stillung des starken Naturtriebes empfiehlt. — Beide Gatten stehen sich mit gleichem Recht und gleicher Pflicht in diesem Punkte gegenüber. Kein Eheteil darf ohne Grund dem andern sein Recht verkürzen, aber ebensowenig etwas fordern, was gegen Gottesgesetz und die Heiligkeit des Ehelebens verstößt. — Nicht nur die Berufung zur gottgeweihten Jungfräulichkeit, sondern auch zur Ehe ist eine Gnade. — Die Unauflöslichkeit der Ehe ist also ein Gebot des Herrn und gilt für alle. Die Kirche kann daran nichts ändern, noch weniger der Staat. (Vgl. 1 Kor 7)

102) Nicht um ein bequemes Leben zu haben, soll einer die Jungfräulichkeit der Ehe vorziehen, sondern um in ungeteilter Hingabe Gott zu dienen und „an Leib und Seele heilig zu sein". (Vgl. 1 Kor 7,32ff)

103) Eine in sich erlaubte Handlung kann durch die äußeren Umstände sündhaft werden. Das Christentum ist die Religion der Liebe, nicht des starren Rechtes. (Vgl. 1 Kor 8)

104) (a) Als erfahrener Menschenkenner weiß der Apostel Paulus, daß er nicht alle zu retten vermag; aber er bietet alles auf, um wenigstens etliche zum Heil zu führen. (Vgl. 1 Kor 9,19—23)

104) (b) Um die Berufung zum Christentum ist es etwas bitter Ernstes. Der Name allein tut es nicht, noch genügen fromme Stimmungen.

105) Immer wieder betont der Apostel Paulus, daß beim Gottesdienst der Gemeinde in erster Linie der Nutzen der Gesamtheit zu erstreben ist, nicht bloß private Ergriffenheit. Liturgie ist Gemeinschaftsdienst vor Gott. (Vgl. 1 Kor 11,17—33)

106) Der Bericht des Apostels über die Auferstehung Jesu ist keine Legende oder Privatmeinung, sondern ein durch viele Zeugen erhärteter Beweis für einen geschichtlichen Vorgang der jüngsten Vergangenheit, ein Hauptstück des urchristlichen Glaubensbekenntnisses. (Vgl. 1 Kor 15)

107) Aus dem Jenseitsglauben wächst der Mut zur rechten Lebensgestaltung auf Erden. Er schafft Helden. (Vgl. u. a. 1 Kor 15,30f)

108) Zu trösten versteht am besten, wer selber durch tiefes Leid hindurchgegangen ist und auf dem Weg des Kreuzes Gott näherkam. (Vgl. 2 Kor 1,3ff)

109) Wie die gleiche Medizin dem einen Heilung bringt, dem

anderen Tod, so ist es mit dem Wirken der Glaubensboten. (Vgl. 2 Kor 2,15ff). Ähnlich sagt die Liturgie im „Lauda Sion“ vom Genuß der heiligen Eucharistie: „Bösen wird es Tod und Hölle — Guten ihres Lebens Quelle — so verschieden wirkt dies Brot.“ Die seelische Verfassung des Menschen ist dabei entscheidend.

110) Als Diener des Neuen Bundes steht der Apostel hoch über Moses. Denn der Alte Bund war auf den Buchstaben des Gesetzes gegründet, im Neuen Bund dagegen herrscht der Geist Gottes. Dort Tod, hier Leben. (Vgl. 2 Kor 3,4ff)

111) Alle äußeren Leiden und Verfolgungen können den inneren Widerstand dessen nicht brechen, in dem Christus lebt und wirkt. Wenn der Blick aufs ewige gerichtet ist, verlieren zeitliche Drangsale ihre Schrecken. (Vgl. 2 Kor 4,7—18)

112) Der Leib ist das vergängliche Zelt der Seele, ihr irdisches Kleid. Im Himmel hat uns Gott eine ewige Wohnung bereitet und ein herrliches Festkleid. Die Seele sehnt sich danach, aber der Abbruch des Erdenzeltes und das Ausziehen des irdischen Kleides, der leibliche Tod, bleibt etwas Schmerzliches. (Vgl. 2 Kor 5)

113) Die Gegner spotteten, wenn Paulus in unbegrenztem Seeleneifer außer sich geriet. Die Parole: „Nur nichts übertreiben“, war stets denen eigen, die nicht von Christusliebe, sondern von berechnender Eigenliebe geleitet werden und darum fürchten, das Leben könne „ungemütlich“ werden. (Vgl. 2 Kor 6)

114) Die rechte Liebe glaubt an das Gute im andern und will es wecken und entfalten, auch wenn sie dabei wehetun muß. (Vgl. 2 Kor 7)

115) Aus christlicher Reue wachsen sittliche Helden; denn sie ist das Zeichen innerer Kraft. Aus Weltschmerz gehen schwächliche Menschenverächter und feige Selbstmörder hervor. (Vgl. 2 Kor 7,8—11)

116) Gott läßt sich an Großmut vom Menschen nicht übertreffen. (Vgl. 2 Kor 8,9)

117) Der liebste Dank für das Wohltun liegt darin, daß die Armen Gott preisen und seinen Segen auf ihre Wohltäter herabrufen. (Vgl. 2 Kor 9)

118) Übertriebene Geduld wird zur Schwäche. (Vgl. 2 Kor 10—13)

119) Zum ganzen Christus gehört nicht nur „die zerbrochene Knechtsgestalt" des Karfreitags, sondern auch der Todesüberwinder des Ostermorgens. (Vgl. Eph 1,19—23)

120) Es war immer so, wer selber schwach am Glauben ist, kontrolliert am liebsten den Glauben und die Befugnisse der kirchlichen Vorgesetzten. (Vgl. 2 Kor 10—11)

121) In der Religion geht es ums Ganze. Man kann nicht nach Belieben einzelnes annehmen, anderes verwerfen. Nicht Nationalität und Rasse geben den Ausschlag, sondern der lebendige Glaube an Christus. Anders denken, heißt in jüdische Enge und Geistesknechtung zurückzufallen. (Vgl. Eph 2,11—21)

122) Die beste Bekämpfung der Begierlichkeit ist die Übung der Werke des Geistes, der positiven entgegengesetzten Tugenden. (vgl. Eph 4)

123) Früchte des geistigen Lebens sind: Liebe, Freude, Friede, Geduld, Milde, Güte, Treue, Sanftmut, Mäßigkeit, Enthaltsamkeit, Keuschheit. Wo durch die Gnade solche Früchte des Geistes reifen, braucht man kein Gesetz mehr, das ja nur gegen die Sünde gerichtet ist. (Vgl. Kol 3)

124) Brüderliche Zurechtweisung ist sittliche Pflicht. Keiner darf wie Kain sprechen: „Bin ich denn der Hüter meines Bruders?" Christ sein legt Verantwortung für alle auf uns. Das Bewußtsein der eigenen Armseligkeit mahnt zur Bescheidenheit. (Vgl. 1 Thess 2)

125) Die christliche Pflicht: „Tut Gutes allen“ wird dadurch nicht verletzt, daß wir auch konfessionelle Liebestätigkeit üben. Solche wird hier geradezu gefordert als Krönung der allgemeinen Wohltätigkeit. (Vgl. 1 Thess 5,12f)

126) Nicht um irdische Gaben fleht der Apostel, sondern um das Höchste, was Gott zu geben vermag: den Geist der Weisheit und Offenbarung. (Eph 3,14—19)

127) Der im Himmel thronende Christus ist uns nicht fern und fremd. Er bildet mit uns als unser Haupt und wir mit ihm als seine Glieder eine geheimnisvolle Wirklichkeit, den mystischen Christusleib, die Kirche. Erst in der Kirche erreicht Christus seine höchste Vollendung als gottmenschlicher Erlöser. Und wir sind nur als Glieder der Kirche in den alles erfüllenden Stromkreis des göttlichen Lebens einbezogen, der von ihm, dem Haupte, ausgeht. Der Satz: „Außer der Kirche kein Heil“ ist also keine Anmaßung, sondern eine Naturnotwendigkeit, das Lebensgesetz der Übernatur. (Vgl. Eph 4,1—16)

128) Wie ein Toter nie aus sich selbst ins Leben zurückkehrt, so vermag kein Sünder das verlorene Gnadenleben aus sich selbst wiedererlangen. Die Torheit der Lehre von der Selbsterlösung des Menschen ist hier ebenso klar dargelegt, wie die Größe der erbarmenden Gottesliebe gegen uns Sünder. (Vgl. Eph 4,7ff)

129) Die Auferstehung Christi ist Grund, Vorbild und Bürgschaft unsrer geistigen Wiederbelebung. Das ewige Leben beginnt in der Rechtfertigung und wird vollendet in der Auferstehung und Beseligung im Himmel.

130) Die Kirche ist ein lebendiger Organismus, der ganze Leib zieht seine Lebenskraft aus dem Haupte durch die in den Gliedern wirkende Liebe. (Vgl. Eph 4,15f)

131) Das Laster nimmt den Menschen die Lust am Geistigen. Der Lasterhafte vertiert. (Vgl. Eph 4,17—31)

132) Wo einer im andern Christus sieht, fällt die Unterordnung nicht schwer, am wenigsten in der Ehe und Familie.

133) Von der Ehe. Der Mann ist das Abbild Christi, des Erlösers, seines Leibes der Kirche. Die Frau ist Abbild der bis zur Selbsthingabe von Christus geliebten Kirche, der Braut Christi. Nicht Selbstsucht führt sie zusammen, sondern der Wille, sich gegenseitig zu heiligen. Eines wird dem andern zum zweiten Ich. Und diese Einheit in der Zweiheit ist eingegliedert in die übernatürliche Lebensgemeinschaft mit Christus. Die Ehe ist also unendlich mehr als ein „weltlich Ding". (Vgl. Eph 5,21ff)

134) Dankbare Gesinnung spricht sich bei religiösen Menschen von selbst im Gebet füreinander aus. (Vgl. Eph 6,18ff)

135) Christi Freude ist die aus der Wurzel der Gnade sprossende Blüte. Für Christus leiden zu dürfen, ist dem Apostel Paulus Gnade und Freude zugleich. (Vgl. Phil 1,19ff)

136) Die Unruhe zu Christus hin läßt den echten Christen nie zu satter Genügsamkeit kommen. Am Bewährten festhaltend, strebt er immer weiter. (Vgl. Phil 3,7—16)

137) Christus hat am Kreuze genug gelitten, um die ganze Menschheit zu erlösen. Aber weil jeder Christ ein Glied am mystischen Christusleib ist, hat Gott auch ihm ein bestimmtes Maß von Leiden zugedacht. Da es in der Lebenseinheit mit dem mystischen Christus gelitten wird, darf es auch „Leiden Christi" oder „Drangsal Christi" genannt werden. Es kommt der Kirche, die ja der mystische Leib Christi ist, zugute und wird erst vollendet, wenn die leidende und streitende Kirche ganz in die triumphierende übergegangen ist. Aus dieser tiefen Leidensmystik erwächst Freude am Leiden für andere. (Vgl. Kol 1,15ff)

138) Wie die Welt nichts weiß von dem verklärten Christus, so

auch nichts von dem übernatürlichen Leben des Christen, bis nicht die große Wendung kommt, beim allgemeinen Gericht. Wo das religiöse Innenleben fehlt, ist aller äußerer Betrieb nur Schein. (Vgl. Kol 3,1—4)

139) Die Liebe ist, wie das Oberkleid, die „Uniform" der Jünger Jesu. An ihr werden sie erkannt. (Vgl. Kol 3,9—15)

140) Die elterliche Autorität darf nicht aus Laune mißbraucht werden. Unverstandene Kinder und ungerecht behandelte werden verschüchtert oder verbittert. (Vgl. Kol 3,21)

141) Vor denen, die draußen sind, nicht zur Kirche gehören, soll man unklugen und unzeitigen Eifer vermeiden. (Vgl. Kol 4,5)

142) Das Reden des Christen soll Weisheit mit Kraft, herzgewinnende Anmut mit gesunder, durchdringender Schärfe [Salz] vereinigen. Süßliches Guttun ist zuwider. Jedem wird bei der Taufe das Salz der Weisheit gereicht, damit „es allzeit in ihm bleibe". (Vgl. Kol 4,6)

143) Der heilige Augustin sagt: Betet ohne Unterlaß, was heißt das anders als: verlanget ohne Unterlaß das ewige Leben von demjenigen, der allein es zu geben vermag. Wir sollen alle Arbeiten, Freuden und Leiden Gott aufopfern. Der Gebetsgeist muß in uns leben, auch wenn wir wegen der Arbeit keine besonderen Gebete verrichten können. Dann wird die Arbeit als Gottesdienst zum Gebet. (Vgl. 1 Thess 1,2f)

144) Gott tut seine Werke nie nur halb, wenn nicht der schlechte Wille des Menschen ihn hindert. (Vgl. 1 Thess 3,6—13)

145) Der Anschluß an Christus sichert uns nicht vor irdischem Leid, gibt aber Leidenskraft im Hinblick auf die ewige Vergeltung. (Vgl. 2 Thess 1,3ff)

146) Wer aus Liebe handelt, wie es der Gerechte tut, fühlt das

Gesetz Gottes mehr als Stütze, denn als Last. (Vgl. 1 Tim 1,3—9)

147) Keiner ist vom göttlichen Heilswillen ausgeschlossen. Die Menschennatur des Erlösers wird besonders hervorgehoben, weil er nur als Gottmensch leiden und sterben konnte. (Vgl. 1 Tim 2,4ff)

148) Dem heidnischen Herrn darf der Sklave nicht durch mangelnde Ehrfurcht Anlaß geben, die christliche Religion für ein solches Verhalten verantwortlich zu machen. Dem christlichen Herrn gegenüber darf er sich nichts herausnehmen, wenn er auch vor Gott gleichberechtigter Mitbruder ist. (Vgl. 1 Tim 6,1f)

149) Von Ewigkeit her hat Gott beschlossen, uns durch Christus zu begnadigen. Diese Gnade ist durch die Menschwerdung Christi geoffenbart und uns zuteil geworden. (Vgl. Hebr. 1)

150) Die hohe Bedeutung der Bibel für die Gestaltung des christlichen Lebens, für die Bildung des Gewissens und des Willens und des ganzen Menschen tritt in diesen Worten klar zutage. Es dürfte deshalb nicht sein, daß jemand eine ganze Reihe frommer „Bücher" besitzt, aber nicht das „Buch der Bücher", worin Gott selber zum Menschen spricht. (Vgl. Hebr 2,1—4)

151) Ein Christ darf nicht wie der unfruchtbare Feigenbaum bloß im Blätterschmuck seines Glaubens dastehen. Seine Früchte sind die Werke der Nächstenliebe. (Vgl. Mt 21,19)

152) Gott hat seinen Sohn zu der Teilnahme an der Herrschaft über alles, Himmel und Erde, berufen. Der Sohn, das Ebenbild des Vaters, ist also gleichen Wesens mit ihm, er ist allmächtig wie er. Dann nämlich, wenn der Sohn Gottes in seiner Herrlichkeit zum Weltgericht kommen wird. Christus überragt nicht nur die Engel, sondern ist selber Gott. (Vgl. Hebr 2,5ff)

153) Das muß uns mit stärkstem Vertrauen erfüllen, daß Christus der wesenhafte Gottessohn ist und doch nicht unnahbar und fremd, sondern eingeweiht in all unsre Armseligkeiten, soweit nicht Sünde, d. h. Abkehr von Gott in Frage kommt. (Vgl. Hebr 4,15)

154) Nicht nur die Person Christi steht hoch über den altbündlichen Hohepriestern, sondern auch sein Dienst ist weit erhabener. Ist er doch im Himmel selbst unser Mittler, nicht in einem irdischen Zelt. Der von ihm geschlossene Bund bewirkt eine vergeistigte Gotteserkenntnis und dauernde Sündenvergebung.
(Vgl. Hebr 8—10)

155) Diesem herrlichen Morgengebet des Erlöserlebens entspricht sein letztes Wort: „Es ist vollbracht." Das wahre Christenleben hat den gleichen Sinn: „Siehe ich komme, o Gott, deinen Willen zu vollziehen." Darin offenbart sich die echte Gottesliebe. (Vgl. Hebr 10,7)

156) Die Sünde wider den Hl. Geist: Der erkannten Wahrheit widerstreben. Diese Sünde beginnt schon mit dem bewußten Fernbleiben vom gemeinsamen Gottesdienst aus Lauheit und Widerwillen. (Vgl. Hebr 10,23—25)

157) Moses ist leuchtendes Vorbild für jene, die aus echtem Glaubensgeist lieber auf eine glänzende irdische Stellung verzichten, als daß sie ihrer Überzeugung untreu würden. Der Apostel Paulus hat ein ähnliches Opfer für Christus gebracht. (Vgl. Hebr 11,24ff)

158) Christus redete und redet vom Himmel her zu uns durch den Hl. Geist und durch seine Glaubensboten. (Vgl. Hebr 12, 25ff)

159) Am Ende der Tage „vergeht die Gestalt dieser Welt" und es folgt ein „neuer Himmel und eine neue Erde" mit dauerndem Bestand. (Vgl. Offb 21 und Hebr 12)

160) Keine Zeit darf sich also das Christusbild nach ihrem Geschmack formen, sonst wird es gefälscht. (Vgl. Hebr 13,8f)

161) Die Zunge zügeln, werktätige Liebe üben und nicht ein „Weltmensch" sein, sind drei unerläßliche Stücke echter Religiosität, ohne daß damit alle Pflichten erschöpft wären; denn Gott schreibt vor, wie wir ihn zu verehren haben. Es ist nicht in unser Belieben gestellt. (Vgl. Jak 1,26f)

162) Der schöne Titel „Königliches Gesetz" hebt die Erhabenheit und allgemeine Verpflichtung des Gebotes der Nächstenliebe hervor. (Vgl. Jak 2,8)

163) Durch das verheerende Feuer der Sünde bringt die Zunge Verderben in das Leben des Menschen hinein, ist so ein Werkzeug der Hölle. (Vgl. Jak 3)

164) Ehebrecher im übertragenen, geistigen Sinne ist der Sünder, der Gott die Treue nicht hält und sich an die Welt hängt. (Vgl. Jak 4,4)

165) Nicht im Wortlaut, aber dem Sinn nach ist dieser Gedanke im Alten Testament oft angesprochen: Gott verlangt Gegenliebe von dem Menschen, und zwar die ganze, ungeteilte Liebe. Wir gehören ihm zu eigen, nicht einem andern. Er kennt unsre Schwachheit und bemißt danach seine Gnaden für die Demütigen. (Vgl. Jak 4,5ff)

166 Die Habsucht wird zur „himmelschreienden Sünde", wenn der Habsüchtige den Arbeitern den wohlverdienten Lohn vorenthält. (Vgl. Jak 4,13—5,6)

167) Sowohl für den einzelnen Christen als für die ganze Christenheit ist die Zeit des Streitens und Leidens kurz im Vergleich zur Ewigkeit. (Vgl. Jak 5,7f)

168) Leichtfertiges Schwören verrät Mangel an Wahrhaftigkeit. Auf das Ja oder Nein eines Christen muß sich jeder verlassen können. (Vgl. Jak 5,12)

169) Die Christen sind von Gott dem Vater vorherbestimmt zum Glauben, in der Taufe durch den Heiligen Geist geheiligt und dazu berufen, dem Sohn Gottes zu gehorchen und sich mit seinem Blute zu besprengen, das heißt, sich von Sünden zu reinigen und zu heiligen durch Christi Blut. (Vgl. 1 Petr 1,1f)

170) Die Christenhoffnung ist lebendig durch die Auferstehung Jesu Christi; denn dieser verbürgt dem Christen die eigene Auferstehung und Verklärung. (Vgl. 1 Petr 1,3ff)

171) Frohes Selbstbewußtsein darf trotz aller Leiden die Christen erfüllen. Gott hat sie überreich beschenkt. Das Heil in Christus, wonach die Propheten sich sehnten, und die Wahrheit des Evangeliums, worin selbst die Engel eine Erhöhung ihres Glückes erkennen, ist ihr herrlicher Besitz. (Vgl. 1 Petr 1,6—12)

172) Wie die Wanderer, Arbeiter und Kämpfer, das lange, weite Obergewand um die Hüften gürteten, um sich leichter bewegen zu können, so sollen sich auch die Christen zur Arbeit oder zum Kampfe im Dienste Gottes rüsten und durch Abstreifen alles dessen, was sie hierbei hindert, ihrem Ziele entgegenwandern. Sie müssen geistig nüchtern, d. h. vom Taumel der Sünde frei sein. (Vgl. 1 Petr 1,13)

173) Die Christen sind eine königliche Priesterschaft: Könige, weil zur Herrschaft im Himmel berufen, Priester, weil von Gott geweiht um die geistigen Opfer der Anbetung, der Verdemütigung, der Selbstverleugnung, kurz, der guten Werke überhaupt darzubringen. Jeder Christ empfängt in der Heiligen Firmung das Sakrament des Laienpriestertums, um in der Zusammenarbeit mit dem amtlichen Priestertum am Aufbau des Gottesreiches mitzuwirken. (Vgl. 1 Petr 2,9)

174) Von dem Einfluß einer frommen, keuschen und allzeit

gütigen Frau auf ihren Mann erwartet der Apostel mehr als von der Predigt des Missionärs. (Vgl. 1 Petr 3,1f)

175) Das vorbildliche Leben der Christen ist die beste Werbung für den Glauben, aber es sichert die Gläubigen nicht immer vor der Verfolgung durch die Böswilligen. (Vgl. 1 Petr 2,12)

176) Immer wieder schärft der Apostel den jungen Christengemeinden ein, daß die Berufung zum Christentum keinen Freibrief gegen Leiden und Verfolgungen auf Erden bedeutet, daß vielmehr gerade das unschuldige Leiden um Christi willen ein Zeichen der Auserwählung, also ein Grund zur Freude sei. (Vgl. 1 Petr 3,14—22)

177) Das Erhabenste, dessen wir fähig sind, schenkt uns Gott in der Gnade: er läßt uns an seiner göttlichen Natur teilnehmen durch das Leben der Übernatur. Solcher Adel verpflichtet zu einem sittenreinen Leben. Gottes Gabe wird zur Aufgabe für uns. (Vgl. 2 Petr 1,1ff)

178) Wir dürfen an Gottes Verheißungen nicht unsre kleinen menschlichen Maßstäbe anlegen. Gott ist der Zeitlose, der Ewige, darum auch der Geduldige, doch ebenso der Gerechte und Wahrhaftige. Sein Tag kommt immer noch früh genug. Keiner vermag sich seinem Gerichte zu entziehen. (Vgl. 2 Petr 3,8ff)

179) Sündenbewußtsein ist nicht knechtseliges Minderwertigkeitsgefühl, sondern ehrliche Selbsterkenntnis im Lichte des Allheiligen Gottes. (Vgl. 1 Joh 1,8—10)

180) Die Liebe zur gottfeindlichen Welt ist unvereinbar mit der Liebe zu Gott, denn niemand kann zwei Herren dienen. (Vgl. 2 Joh 2,15)

181) Die Sünde widerstrebt dem von Gott gesetzten Rechte, daher kann der Sünder nicht zu Gott kommen. (Vgl. 1 Joh 3,3ff)

182) Der Samen Gottes ist der in der heiligen Taufe in (die) Seele gelangte Keim göttlichen Lebens, die heiligmachende Gnade. Solange diese Gnade im Menschen ist, lebt er in Gemeinschaft mit Gott. All sein Tun ist geheiligt. Aber das Gnadenleben kann verlorengehen. Es stirbt durch die bewußte Abkehr von Gott in der schweren Sünde, die darum Todsünde heißt. (Vgl. 1 Joh 3,1ff)

183) Werktätige Nächstenliebe aus Liebe zu Gott ist das beste Heilmittel für ängstliche Seelen und das sicherste Zeichen der Gotteskindschaft. (Vgl. 1 Joh 3,11ff)

184) Die christliche Nächstenliebe stellt am sichersten die Verbindung mit dem unsichtbaren Gott her. Sie ist ein Gottesbeweis der Tat. (Vgl. 1 Joh 3,21ff)

185) Der Apostel nimmt die knechtische Furcht, die mit Liebe unvereinbar ist. Die kindliche Furcht, Gott zu beleidigen, ist dagegen ein Ausdruck der ehrerbietigen Liebe. (Vgl. 1 Joh 17f)

186) Bei allem apostolischen Eifer zur Belehrung der Zweifelnden, zur Rettung der Gefährdeten und zur Wiedergewinnung der Abgefallenen ist Wachsamkeit über sich selbst nötig, damit die Abscheu vor dem Bösen nicht verlorengeht. (Vgl. Judasbrief)

187) Die Losung des Christen im Kampfe ist nicht: Gewalt mit Gewalt abwehren, sondern Geduld und Ausharren im Glauben. (Vgl. Judas 20)

188) Aus den Briefen des Hl. Apostel Johannes. Sündiget nicht. Das ist die Botschaft, die wir von ihm gehört haben und euch verkünden: Gott ist Licht, und keine Finsternis ist in ihm. Wenn wir sagen, daß wir Gemeinschaft mit ihm haben und dabei in der Finsternis wandeln, so lügen wir und handeln nicht nach der Wahrheit. Wenn wir aber im Lichte wandeln, so wie er im Lichte ist, so haben wir Gemeinschaft miteinander und das Blut Jesu Christi seines

Sohnes macht uns von jeder Sünde rein. Wenn wir sagen, wir haben keine Sünde, so belügen wir uns selbst und die Wahrheit ist nicht in uns. Wenn wir unsre Sünden bekennen, so ist er treu und gerecht. Er vergibt uns unsre Sünden und wird uns rein machen von alter Ungerechtigkeit. Sagen wir, wir haben nicht gesündigt, so machen wir ihn zum Lügner, und sein Wort ist nicht in uns. Meine Kindlein, dies schreibe ich euch, damit ihr nicht sündigt. Wenn aber einer sündigt, so haben wir einen Fürsprecher beim Vater, Jesus Christus, den Gerechten. Er ist die Versöhnung für unsre Sünden, doch nicht nur für unsre, sondern auch für die der ganzen Welt. (1 Joh 1,5—2,2)

189) Haltet die Gebote. Daran sehen wir, daß wir ihn erkennen, wenn wir seine Gebote halten. Wer sagt, ich kenne ihn, ohne daß er seine Gebote hält, der ist ein Lügner, und die Wahrheit ist nicht in ihm. Wer sein Wort hält, in dem ist wahrhaft die Liebe Gottes vollkommen. Daran erkennen wir es, daß wir in ihm sind. Wer da sagt, er bleibe in ihm, der muß selbst so wandeln, wie er wandelte. Meine Lieben! Es ist kein neues Gebot, das ich euch schreibe, sondern ein altes Gebot, das ihr von Anfang an hattet. Das Wort, das ihr gehört habt, das ist das alte Gebot. Und doch schreibe ich euch ein neues Gebot. Dies ist wahr in ihm und in euch. Denn die Finsternis ist vorüber, und schon leuchtet das wahrhaftige Licht. Wer sagt, er sei im Lichte, aber seinen Bruder haßt, der ist noch in der Finsternis. Wer seinen Bruder liebt, der bleibt im Lichte, und kein Anstoß ist in ihm. Wer aber seinen Bruder haßt, der ist in der Finsternis und wandelt in der Finsternis; er weiß nicht wohin er geht, weil die Finsternis seine Augen geblendet hat. (1 Joh 2,3—11)

190 Sündiget nicht, habt die Welt nicht lieb. Ich schreibe euch Kindlein, weil euch die Sünden um seines Namens willen vergeben sind. Ich schreibe euch, ihr Väter, weil ihr den erkannt habt, der von Anfang an ist. Ich schreibe euch, ihr

Jünglinge, weil ihr den Bösen besiegt habt. Ich habe euch geschrieben, ihr Kinder, weil ihr den Vater kennet. (. . .) Ich habe euch geschrieben, ihr Jünglinge, weil ihr stark seid, das Wort Gottes in euch wohnt und ihr den Bösen überwunden habt. — Habet die Welt nicht lieb, noch das, was in der Welt ist. Die Liebe des Vaters ist nicht in dem, der die Welt lieb hat. Denn alles, was in der Welt ist, ist Fleischeslust und Augenlust und Hoffart des Lebens. Dies ist nicht vom Vater, sondern von der Welt. Die Welt vergeht samt ihrer Lust. Wer aber Gottes Willen tut, bleibt in Ewigkeit. (1 Joh 2,12—17) (F. J. läßt in Vers 14 eine Wiederholung des Johannes weg)

191) Kennzeichen der Gotteskindschaft. Wenn ihr wisset, daß er gerecht ist, so wisset auch, daß jeder, der Gerechtigkeit übt, aus ihm geboren ist. Wir dürfen uns Kinder Gottes nennen; ja wir sind es. Darum erkennt die Welt uns nicht, weil sie ihn nicht erkannt hat. Geliebte! Jetzt sind wir Kinder Gottes und was wir sein werden, ist noch nicht offenbar geworden. Wir wissen aber, daß wir ihm ähnlich sein werden, wenn er erscheint. Denn wir werden ihn sehen, so wie er ist. Jeder nun, der dies von ihm hofft, heiligt sich, wie er heilig ist. Ein jeder, der Sünde begeht, tut auch unrecht; die Sünde ist das Unrecht. Ihr wißt aber, daß er erschienen ist, um unsre Sünden hinwegzunehmen, und daß in ihm keine Sünde ist. Wer in ihm bleibt, sündigt nicht. Wer aber sündigt, hat ihn nicht gesehen und nicht erkannt. Kindlein, niemand möge euch verführen. Wer Gerechtigkeit übt, der ist gerecht, wie jener gerecht ist. Wer Sünde begeht, der ist vom Teufel; denn der Teufel sündigt von Anfang an. Dazu ist der Sohn Gottes erschienen, um die Werke des Teufels zu zerstören. Jeder, der aus Gott geboren ist, begeht keine Sünde, denn Gottes Samen bleibt in ihm. Er kann nicht sündigen, weil er aus Gott geboren ist. (1 Joh 2,29—3,9)

192) Laßt uns die Brüder lieben. Daran erkennt man die Kinder

Gottes und die Kinder des Teufels: Wer nicht Gerechtigkeit übt und wer seinen Bruder nicht liebt, der ist nicht aus Gott. Denn das ist die Botschaft, die ihr von Anfang an gehört habt. Wir sollen einander lieben, nicht wie Kain tat, der aus den Bösen war und seinen Bruder tötete. Und weshalb tötete er ihn? Weil seine Werke böse waren, die seines Bruders aber gerecht. Brüder wundert euch nicht, wenn die Welt euch haßt. Wir wissen, daß wir vom Tod zum Leben gekommen sind, weil wir die Brüder lieben. Wer nicht liebt, bleibt im Tode. Jeder der seinen Bruder haßt, ist ein Mörder. Ihr wisset aber, daß kein Mörder ewiges Leben in sich behalten kann. Daran haben wir die Liebe Gottes erkannt, daß er sein Leben für uns hingab. So müssen auch wir das Leben geben für die Brüder. Wie kann die Liebe Gottes in dem bleiben, der irdisches Gut besitzt, aber sein Herz verschließt, wenn er seinen Bruder Not leiden sieht? Meine Kindlein, wir wollen lieben nicht mit Worten und nicht mit der Zunge, sondern in Tat und Wahrheit. Daran erkennen wir, daß wir aus der Wahrheit sind, und können ihm gegenüber unser Herz beruhigen. Denn, wenn unser Herz uns verurteilt, so ist Gott größer als unser Herz, und er weiß alles. Geliebte, wenn unser Herz uns nicht verurteilt, so vertrauen wir zuversichtlich auf Gott. Und wir werden von ihm alles empfangen um was wir ihn bitten, weil wir seine Gebote halten und tun, was vor ihm wohlgefällig ist. Und dies ist sein Gebot, daß wir an den Namen seines Sohnes Jesus Christus glauben und einander lieben, wie er uns geboten hat. Wer seine Gebote hält, der bleibt in Gott und Gott in ihm. Und daß er in uns bleibt, das erkennen wir an dem Geiste, den er uns gegeben hat. (1 Joh 3,10—24)

193) Gottes Liebe zu uns. Geliebte, wir wollen einander lieben, denn die Liebe ist aus Gott, und jeder der liebt ist aus Gott geboren und erkennt Gott. Wer nicht liebt, kennt Gott nicht, denn Gott ist die Liebe. Darin ist die Liebe Gottes in uns offenbar geworden, daß Gott seinen eingeborenen

Sohn auf die Welt gesandt hat, damit wir durch ihn leben. Darin erweist sich die Liebe: Nicht wir haben Gott geliebt, sondern er hat uns geliebt und seinen Sohn gesandt als Sühnopfer für unsere Sünden. (1 Joh 4,7—10)

194) Unsre Liebe zu Gott. Geliebte, wenn Gott uns so sehr liebte, müssen auch wir einander lieben. Nie hat jemand Gott gesehen. Doch wenn wir einander lieben, bleibt Gott in uns, und seine Liebe ist in uns vollkommen. Daran erkennen wir, daß wir in ihm bleiben und er in uns, daß er von seinem Geiste uns gegeben hat. Und wir haben gesehen und bezeugen es, daß der Vater seinen Sohn schickte als Heiland der Welt. In jedem, der bekennt, daß Jesus der Sohn Gottes ist, bleibt Gott, und er bleibt in Gott. Und wir haben erkannt und an die Liebe geglaubt, die Gott zu uns hat. Gott ist die Liebe, und wer in der Liebe bleibt, der bleibt in Gott und Gott bleibt in ihm. Darin ist die Liebe (Gottes) bei uns vollendet, daß wir am Tage des Gerichtes Zuversicht haben, weil auch wir in dieser Welt sind, wie er ist. Furcht ist nicht in der Liebe, sondern die vollkommene Liebe treibt die Furcht aus. Denn die Furcht hat Pein. Wer aber fürchtet, ist in der Liebe noch nicht vollkommen. Wir lieben, weil er uns zuerst geliebt hat. Wenn einer sagt: Ich liebe Gott, dabei aber seinen Bruder haßt, so ist er ein Lügner. Denn wie kann einer Gott lieben, den er nicht sieht, wenn er seinen Bruder nicht liebt, den er sieht. Und wir haben dies Gebot von Gott: Wer Gott liebt, der muß auch seinen Bruder lieben. (1 Joh 4,11—21)

Aus den Briefen des hl. Apostels Jakobus

195) Gebet um Weisheit.

Wenn es einem von euch an Weisheit mangelt, so erbitte er sie von Gott, der allen ohne weiteres gibt und nichts vorhält — und sie wird ihm gegeben werden. Er bitte aber im gläubigen Vertrauen und zweifle nicht; denn wer zweifelt, der gleicht einer Meereswelle, die vom Wind bewegt und umhergetrieben wird. Ein solcher Mensch soll nicht glauben, daß er etwas vom Herrn empfange. Er ist ja ein Mann mit geteiltem Herzen und unbeständig auf allen seinen Wegen. Der Bruder in niedriger Stellung rühme sich wegen seiner Hoheit, der Reiche wegen seiner Niedrigkeit; denn wie eine Blume auf der Wiese wird er vergehen. Die Sonne geht auf mit ihrer Glut und versengt das Gras; und seine Blüte fällt ab und die Schönheit ihres Anblicks ist dahin. So wird auch der Reiche auf seinen Wegen dahinwelken. (Jak 1,5—11)

196) Warnung vor Zungensünden.

[Schwierigkeiten] Meine Brüder! Tretet nicht viel als Lehrer auf. Ihr wißt, daß wir damit nur ein umso strengeres Gericht auf uns laden. Wir fehlen ohnehin schon genug. Wer in Worten nicht fehlt, der ist ein vollkommener Mann, fähig auch den ganzen Leib im Zaum zu halten. Wenn wir den Pferden die Zäume ins Maul legen, damit sie uns folgen, so lenken wir ihren ganzen Körper. Seht auch die Schiffe, so groß sie sind und obgleich sie von starken Winden getrieben werden, sie werden von einem kleinen Steuerruder gelenkt, wohin der Druck des Steuermannes will. So ist auch die Zunge ein kleines Glied, darf sich aber doch großer Dinge rühmen. Seht ein kleiner Funke — wie groß der Wald, den er in Brand steckt! Auch die Zunge ist ein Feuer, eine Welt von Ungerechtigkeit. Die Zunge ist unter unsern Gliedern das Organ, das den ganzen Leib befleckt und das Lebensrad in Brand steckt, sie, die selbst von der Hölle ihr Feuer empfängt. Jegliche Art der Landtiere und Vögel, der kriechenden Tiere und der Seetiere kann gebändigt werden und wird gebändigt durch die menschliche Natur. Die Zunge aber kann kein Mensch bändigen, das nimmermüde Übel voll todbringenden Giftes. Mit ihr preisen wir den Herrn und Vater und mit ihr verfluchen wir die Menschen, die nach Gottes Ebenbild geschaffen sind. Aus demselben Munde geht Segen und Fluch hervor. Das, meine Brüder, sollte nicht so sein! Läßt denn die Quelle aus derselben Öffnung süßes und bitteres Wasser hervorquellen? Kann denn, meine Brüder, ein Weinstock Feigen tragen? So kann auch keine Salzquelle süßes Wasser geben. (Jak 3,1—12).

197) Von der wahren Weisheit.
Wer ist weise und verständig unter euch? Er zeige durch seinen guten Wandel seine Werke in weiser Sanftmut. Wenn ihr aber bittere Eifersucht und Hader in euren Herzen habet, dann rühmt euch nicht und lüget nicht wider die Wahrheit. Das ist nicht die Weisheit, die von oben kommt, sondern die irdische, sinnliche, teuflische. Denn wo falscher Eifer und Hader sind, da gibt es Unfrieden und allerlei böse Händel. Die Weisheit, die von oben kommt, ist vor allem lauter, dann friedfertig, bescheiden, nachgiebig (dem Guten hold), voll Erbarmen und guter Früchte, frei von Parteilichkeit, ohne Heuchelei. Frucht der Gerechtigkeit wird in Friede gesät für jene, die Frieden halten. (Jak 3,13—18)

198) Warnung vor Neid und Streit.
Woher kommen Streitigkeiten und Kämpfe unter euch? Woher anders als von euren Begierden, die da streiten in euren Gliedern? Ihr begehrt und kommt nicht zum Besitz. Ihr mordet und neidet und könnt nicht erlangen, ihr streitet und kämpft und erhaltet nicht, weil ihr nicht betet. Ihr betet und erlanget nicht, weil ihr schlecht betet, um es in euren Lüsten zu verbrauchen. Ihr Ehebrecher! Wißt ihr nicht, daß die Freundschaft mit dieser Welt Feindschaft gegen Gott ist? Wer also Freund dieser Welt sein will, der wird ein Feind Gottes. Oder meint ihr, daß die Schrift umsonst sagt: Voll Eifersucht verlangt er nach dem Geiste, den er in uns Wohnung nehmen ließ. Umso größer ist auch die Gnade, die er schenkt. Deshalb spricht die Schrift: Gott widersteht dem Hoffährtigen, den Demütigen aber

gibt er Gnade. Unterwerfet euch also Gott! Widersteht dem Teufel, so wird er von euch fliehen. Nahet euch Gott und er wird sich euch nahen, reinigt die Hände, ihr Sünder, läutert die Herzen ihr Menschen mit geteilter Seele! Fühlet euer Elend, trauert und weint, euer Lachen soll sich in Klagen und eure Freude in Trauer verwandeln. Demütigt euch vor dem Herrn, so wird er euch erhöhen. (Jak 4,1—10)

199) Schlußermahnungen.
Meine Brüder! Vor allem schwört nicht, weder beim Himmel, noch bei der Erde, noch sonst einen Eid. Euer Ja sei ein Ja, und euer Nein sei ein Nein, damit ihr nicht dem Gerichte verfallet. Ist jemand unter euch unglücklich? Er bete! Ist jemand guten Mutes? Er singe Loblieder! (Jak 5,12f)

Aus den Briefen des hl. Apostels Petrus

200) Bruderliebe und sittliche Reinheit.
Reinigt eure Seelen im Gehorsam gegen die Wahrheit zu ungeheuchelter Bruderliebe, liebet einander innig mit aufrichtigem Herzen! Seid ihr doch wiedergeboren nicht aus vergänglichem, sondern aus unvergänglichem Samen durch das lebendige und bleibende Wort Gottes. Denn alles Fleisch ist wie Gras und all seine Herrlichkeit wie des Grases Blume. Das Gras verdorrt und die Blume fällt ab. Doch des Herrn Wort bleibt in Ewigkeit. Das ist das Wort, das euch als Evangelium verkündigt worden ist. (1 Petr 1,22—25)

201) Christliche Pflichtenlehre.
Geliebte! Ich ermahne euch als Fremdlinge und Pilger: Enthaltet euch der fleischlichen Lüste, die gegen die Seele streiten! Führet einen ehrbaren Lebenswandel unter den Heiden! Sie sollen, während sie euch als Übeltäter

schmähen, eure guten Werke sehen und um ihretwillen am Tage der Heimsuchung Gott die Ehre geben. (1 Petr 2,11f)

202) Ermahnungen an alle.

Seid endlich alle einträchtig, mitleidig, brüderlich, barmherzig, demütig! Vergeltet nicht Böses mit Bösem, noch Schmähung mit Schmähung! Im Gegenteil, segnet, weil ihr ja dazu berufen seid, Segen zu erben. Denn wer seines Lebens froh werden und gute Tage haben will, der halte seine Zunge vom Bösen fern und seine Lippen von trügerischem Gerede; er wende sich weg vom Bösen und tue Gutes, er suche Frieden und trachte ihm nach. Denn die Augen des Herrn sind auf die Gerechten gerichtet, und seine Ohren hören auf ihr Flehen. Das Angesicht des Herrn aber wendet sich wider die Übeltäter. — Wer könnte euch auch Übles zufügen, wenn ihr eifrig nach dem Guten trachtet? Indes, wenn ihr auch um der Gerechtigkeit willen leiden müßtet, Heil euch! Fürchtet euch nicht vor ihrer Drohung und laßt euch nicht bange machen! Den Herrn Christus aber heiligt in euren Herzen und seid allezeit zur Verantwortung bereit einem jeden gegenüber, der von euch Rechenschaft über eure Hoffnung fordert. Aber bewahrt dabei Sanftmut und Ehrfurcht und haltet euer Gewissen rein, damit die, welche euren guten Wandel in Christus schmähen, gerade darin beschämt werden, worin ihr verleumdet werdet. Denn es ist besser, wenn es nun doch einmal Gottes Wille sein sollte, ihr leidet wegen guter, als wegen böser Taten. (1 Petr 3,8—17)

203) Ermahnung zur Geduld.

Geliebte! Stoßt euch nicht an der Feuerprobe, die zur Läuterung über euch kommt, als ob euch etwas Befremdliches widerfahre! Nein, freut euch vielmehr an dem Maße, als ihr an Christi Leiden teilnehmen dürft. Damit ihr bei der Offenbarung seiner Herrlichkeit Freude und Wonne habet. Werdet ihr um des Namens Christi willen geschmäht — dann Heil euch! Denn der Geist der

Herrlichkeit, der Geist Gottes ruht auf euch. Sehet zu, daß ja keiner von euch als Mörder oder Dieb oder Übeltäter oder wegen unbefugter Einmischung in fremde Angelegenheiten [als Spitzel?] zu leiden habe; wenn er aber als Christ leidet, braucht er sich nicht zu schämen, vielmehr preise er Gott um dieses Namens willen. Denn es ist Zeit, daß das Gericht bei dem Hause Gottes seinen Anfang nimmt. Wenn es aber zuerst zu uns kommt, was wird das Ende sein bei denen, welche der Heilsbotschaft Gottes nicht gehorchen? Und wenn der Gerechte kaum gerettet wird, wo wird der Gottlose und Sünder bleiben? So mögen denn die, welche nach Gottes Willen leiden, dem getreuen Schöpfer ihre Seelen dadurch anbefehlen, daß sie Gutes tun. (1 Petr 4,12—19)

204) Heilsgewißheit.

Was werden wir nun dazu sagen? Wenn Gott für uns ist, was ist wider uns? Er, der ja seines eigenen Sohnes nicht schonte, sondern für uns alle hingegeben hat, wie sollte er uns mit ihm nicht alles schenken. Wer wird Anklage erheben gegen die Erwählten Gottes? Gott? Nein! Denn er ist es, der rechtfertigt! Wer wird verdammen? Christus Jesus? Nein! Denn er ist es, der gestorben, aber auch wieder erstanden ist, der zur Rechten Gottes ist, der auch Fürsprache einlegt für uns. Wer also wird uns scheiden von der Liebe Christi? Trübsal oder Angst oder Verfolgung oder Hunger oder Blöße oder Gefahr oder Schwert? Es steht ja geschrieben: Um deinetwillen werden wir getötet den ganzen Tag, werden wir geachtet wie Schlachtschafe [Ps 44,23]. Aber in all dem überwinden wir durch ihn, der uns geliebt hat. Denn ich bin gewiß: weder Tod noch Leben, noch Engel, noch Gewalten, weder Gegenwärtiges noch Zukünftiges, noch Mächte, weder Höhe noch Tiefe, noch ein anderes Geschöpf vermag uns zu trennen von der Liebe Gottes, welche ist in Christus Jesus, unserm Herrn. (Röm 8,31—39)

Aus den Briefen des hl. Apostels Paulus.

205) (a) Das Hohelied der Liebe.

Wenn ich mit Menschen, ja mit Engelzungen redete, hätte aber die Liebe nicht, so wär ich wie ein tönendes Erz und eine klingende Schelle. Hätte ich die Prophetengabe wüßte ich alle Geschehnisse und besäße alle Erkenntnis, hätte ich alle Glaubenskraft, so daß ich Berge versetzen könnte, fehlte mir aber die Liebe, so wäre ich nichts. Wenn ich alle meine Habe den Armen zur Speisung austeilte und wenn ich meinen Leib zum Verbrennen hingäbe, hätte aber die Liebe nicht, so nützte es mir nichts. Die Liebe ist langmütig, gütig ist die Liebe: Die Liebe ist nicht eifersüchtig, sie prahlt nicht und bläht sich nicht auf. Sie handelt nicht taktlos, sucht nicht das Ihrige; sie läßt sich nicht erbittern, sie trägt das Böse nicht nach. Sie freut sich nicht über das Unrecht, freut sich vielmehr mit der Wahrheit. Sie erträgt alles, sie glaubt alles, sie hofft alles, sie hält alles aus. Die Liebe hört nie auf. Die Prophetengaben verschwinden, die Sprachengaben hören auf, Erkenntnis wird ein Ende nehmen, denn Stückwerk ist unser Wissen, und unsere Prophetengabe ist Stückwerk. Wenn das Vollkommene erscheint wird das was Stückwerk ist, abgetan werden. Als ich ein Kind war, redete ich wie ein Kind, dachte wie ein Kind, urteilte wie ein Kind; als ich aber Mann ward, legte ich das kindische Wesen ab. Jetzt sehen wir nur wie durch einen Spiegel in Rätseln, dann aber von Angesicht zu Angesicht. Jetzt ist mein Erkennen Stückwerk: Dann aber werde ich erkennen, wie auch ich erkannt bin. Nun aber bleiben Glaube, Hoffnung, Liebe: diese drei: das größte aber unter ihnen ist die Liebe. (1 Kor 13,1—13)

205) (b) Trost im Leiden.

Da wir aber denselben Glaubensgeist besitzen, wie ihn das Schriftwort bezeugt: Ich glaubte, darum redete ich, so

glauben auch wir und darum reden wir auch. Dies tun wir in der Überzeugung, daß der, welcher den Herrn Jesus auferweckt hat, auch uns mit Jesus auferwecken und mit euch darstellen wird. Denn alles geschieht um euretwillen, damit die Gnade sich mehre mit der Zahl [der Begnadeten] und so die Danksagung sich steigere zur Ehre Gottes. Daher verlieren wir den Mut nicht, sondern wenn auch unser äußerer Mensch aufgerieben wird, so wird doch der innere von Tag zu Tag erneuert. Denn die leichte Not des Augenblicks erwirkt uns eine überschwengliche, ewige, alles überwiegende Herrlichkeit, wenn wir nicht auf das Sichtbare, sondern auf das Unsichtbare unsre Blicke richten. Denn das Sichtbare ist bloß zeitlich, das Unsichtbare aber ewig. Denn wir sind gewiß, daß, wenn dieses unser irdisches Gezelt abgebrochen wird, wir einen Bau von Gott empfangen, ein nicht mit Händen gemachtes, ewiges Wohnhaus im Himmel. Eben darum seufzen wir voll Verlangen, mit unsrer himmlischen Wohnung überkleidet zu werden, da wir nur dann, wenn wir sie angezogen haben, nicht entblößt befunden werden. Ja, in dieser Hütte seufzen wir beklommen, weil wir nicht entkleidet, sondern überkleidet werden wollen, damit das Sterbliche vom Leben verschlungen werde. Der uns aber dazu bereitet, ist Gott, der uns den Geist als Angeld gegeben hat. Deswegen sind wir allezeit voll Zuversicht. Wir wissen ja: Solang wir im Leibe sind, sind wir Pilger, fern vom Herrn. Ja, wir haben guten Mut und wünschen lieber auszuziehen aus dem Leibe und bei dem Herrn Heimat zu finden. Daher befleißen wir uns auch in der Fremde wie in der Heimat, ihm zu gefallen. Denn wir alle müssen erscheinen vor dem Richterstuhl Christi, damit ein jeder, je nachdem er während seines Lebens im Leibe Gutes oder Böses tat, seine Vergeltung empfange.
(2 Kor 4,13—5,10)

Aus dem Mathäusevangelium

206) Von den zwei Wegen.
Gehet ein durch die enge Pforte, denn weit ist das Tor und breit der Weg, der zum Verderben führt, und viele sind, die da hineingehen. Wie eng ist die Pforte und wie schmal der Weg, der zum Leben führt und nur wenige sind es, die ihn finden. (Mt 7,13f)

Aus dem Lukasevangelium

207) Das beharrliche Gebet.
Dann sprach er zu ihnen: Gesetzt, einer von euch hat einen Freund. Dieser kommt mitten in der Nacht zu ihm mit der Bitte: Freund, leihe mir drei Brote, denn ein Freund von mir ist auf der Reise zu mir gekommen, aber ich habe ihm nichts vorzusetzen. Jener antwortet von innen: Fall mir nicht lästig, denn die Türe ist schon geschlossen und meine Kinder sind schon bei mir in der Schlafkammer. Ich kann nicht aufstehen und dir etwas geben. Jener aber fährt fort zu klopfen. Ich sage euch: Wenn er auch nicht um dessenwillen, weil er sein Freund ist, aufsteht und ihm etwas gibt, so wird er doch wegen seiner Zudringlichkeit aufstehen und ihm geben, was er nötig hat. Deswegen sage ich euch: Bittet und es wird euch gegeben werden; suchet und ihr werdet finden; klopfet an, und es wird euch aufgetan werden. Denn wer bittet, empfängt, wer sucht, findet, und dem, der anklopft, wird aufgetan werden. Wenn einer von euch seinen Vater um Brot bittet, wird er ihm etwa einen Stein geben? Oder um einen Fisch — wird er ihm statt des Fisches eine Schlange geben? Oder wenn er um ein Ei bittet, wird er ihm einen Skorpion reichen? Wenn nun ihr, die ihr doch böse seid, euren Kindern gute Gaben zu geben wißt, wieviel mehr wird euer Vater vom Himmel her den

Heiligen Geist denen geben, die ihn darum bitten? (Lk 11,5—13)

Aus dem Mathäus-Evangelium

208) Vertrauen und Ausdauer.

Fürchtet sie also nicht! Denn nichts ist verborgen, das nicht offenbar, und nichts geheim, das nicht bekannt werden wird. Was ich euch im Finstern sage, das saget im Lichte, und was euch ins Ohr geflüstert wird, das verkündet auf den Dächern. Und fürchtet euch nicht vor denen, die den Leib töten, aber die Seele nicht töten können. Fürchtet vielmehr den, der Seele und Leib in der Hölle zu verderben vermag. Kauft man denn nicht zwei Sperlinge um ein paar Pfennige? Und doch fällt keiner von ihnen zur Erde ohne euren Vater. Bei euch aber sind sogar alle Haare des Hauptes gezählt. Darum fürchtet euch nicht. Ihr seid mehr wert als viele Sperlinge. Wer mich nun vor den Menschen bekennen wird, den werde ich auch bekennen vor meinem Vater, der im Himmel ist. Wer mich aber vor den Menschen verleugnet, den will ich auch verleugnen vor meinem Vater im Himmel. Glaubet nicht, daß ich gekommen bin, Frieden auf die Erde zu bringen. Ich bin nicht gekommen, Frieden zu bringen, sondern das Schwert! Ich bin gekommen den Sohn zu entzweien mit seinem Vater, die Tochter mit ihrer Mutter, die Schwiegertochter mit ihrer Schwiegermutter. Und die Feinde des Menschen sind seine Hausgenossen. Wer Vater und Mutter mehr liebt als mich, ist meiner nicht wert. Und wer sein Kreuz nicht auf sich nimmt und mir nachfolgt, ist meiner nicht wert. Wer sein Leben findet, wird es verlieren, und wer sein Leben um meinetwillen verliert, wird es finden. Wer euch aufnimmt, der nimmt mich auf, und wer mich aufnimmt, der nimmt den auf, der mich gesandt hat. Wer einen Propheten aufnimmt, weil er Prophet ist, wird

Prophetenlohn empfangen; und wer einen Gerechten aufnimmt, wegen seiner Gerechtigkeit, wird den Lohn eines Gerechten empfangen. Und wer einem von diesen Geringsten nur einen Becher frischen Wassers zu trinken reicht, wegen seines Jüngernamens, wahrlich ich sage euch: Er wird seinen Lohn nicht verlieren. (Mt 10,26—42)

Erklärungen

Briefe

An Hans Rambichler vom 30. 11. 1941

Am 8. 3. 1942 antwortet Hans Rambichler auf den Brief: „Ich bedanke mich vielmals für Deinen sinnreichen Brief, den ich auch anderen lesen hab lassen. Obwohl viele dabei wären, die einen solchen Brief zerreißen würden."

An Patensohn Franz Huber vom 30. 8. 1942

l. Gattin noch mehr beängstigt . . . Angriffe der eigenen Kameraden
Franziska war sich der Gefährlichkeit des Briefwechsels ihres Mannes bewußt. Franz Huber hat erfahren, daß zuhause seine Schwester gestorben ist, er schreibt am 16. 8. 1942 in diesem Zusammenhang: „Aber für sie ist es gut, daß sie es überstanden hat. Man möchte sie sowieso fast beneiden, wenn man so in die Zukunft denkt, was uns noch alles bevorsteht. Lieber Pate habe Deinen Brief 3 bis 4mal durchgelesen, bis ich einmal den Sinn dieses Briefes begriffen hatte, muß Dir sagen, daß es bestimmt nicht anders wie Du es meinst. Ich erkenn das schon aus eigener Erfahrung. Wir haben in der Gruppe einen, zirka 30 Jahr alt, ein echter Nazi Bandit. Wir zwei streiten oft mitsammen, sagte ich dazu (zu ihm), bei uns in der Heimat wird es einmal genauso werden, wie es hier in Rußland aussieht. Ihr habt eine falsche Idee, sagte er mit Zorn, wir werden es euch nach dem (Krieg) schon noch beibringen, was wir vorhaben. Das werdet ihr auf dem Land nicht imstande bringen, sagte ich. So, sagte er, das bringen wir fertig, wenn es gut nicht geht, so geht es mit Feuer und Schwert. Jetzt unter dem Krieg können wir das nicht machen, weil wir

die Leute brauchen. Da kann man sich was Gutes in die Zukunft denken, könnte noch viel schreiben, wenn ich dürfte. Mit solchen Leuten soll man in den Kampf ziehen. Nun wir werden in den nächsten Tagen zum Einsatz kommen."

An Lorenz und Maria Schwaninger, Februar 1943

Nach Erhalt der Einberufung besuchte das Ehepaar Jägerstätter die Schwiegereltern Schwaninger in Hochburg; das Vorhaben, den Kriegsdienst zu verweigern, führte zu Auseinandersetzungen.

was die Priester über meinen Fall gesprochen
Die Priester, mit denen Jägerstätter sein Vorhaben besprach, wollten sein Leben „retten" und redeten ihm zu, den Militärdienst zu leisten.

(62)
An Josef Karobath vom 23. 2. 1943

Karobath war bereits 1929 als Seelsorger in St. Radegund, 1934 kehrte er dorthin als Pfarrer zurück und arbeitete dort bis zu seiner Verhaftung durch die Gestapo am 10. Juli 1940; Karobath wurde am 26. 8. 1940 wieder freigelassen und machte Seelsorgsdienst während des Krieges zuerst in Wolfern, dann in Laakirchen, dorthin schreibt F. J. Am 1. 7. 1945 kehrte Karobath als Pfarrer wiederum nach St. Radegund zurück und verblieb dort bis zu seiner Pensionierung 1970.

bei denen in Stalingrad
Seit 22. November 1942 waren die ca. 250.000 Soldaten der 6. deutschen Armee in Stalingrad eingeschlossen, Kapitulation am 31. 1. 1943

(63)
An Familie vom 1. 3. 1943

Fam. Krenn
Der Priester Franz Krenn lebt mit seiner Mutter in

Enns. Vom 1. August 1933 bis 31. Dezember 1935 war er in Ostermiething als Kooperator. Mit Beginn des Jahres 1936 kam er nach Geinberg, von wo ihn die Nationalsozialisten vertrieben; in Enns verboten sie ihm die Predigt, er konnte dort nur als Organist tätig sein.

Zürne auch der Mutter nicht
Die Mutter Rosalia Jägerstätter suchte verständlicherweise ihren Sohn zum Militärdienst zu bewegen; von der Schwiegertochter Franziska sah sie sich darin zu wenig unterstützt.

(64)
An Frau vom
2. 3. 1943

weshalb kannst Dir ja denken
F. J. besuchte eine Messe

Hochw. Herr Pfarrer
Seit 20. 8. 1940 ist Ferdinand Fürthauer als Pfarrprovisor in St. Radegund, er bleibt bis zur Rückkehr Pfarrer Karobaths im Juli 1945; Fürthauer redete Jägerstätter zu, den Militärdienst zu leisten.

Gruß an Resi
Seit Lichtmeß 1941 arbeitet die Schwester Franziskas, Theresia Schwaninger, bei ihr auf dem Hof. Sie hilft, bis die Töchter erwachsen sind.

(65)
An Frau vom
3. 3. 1943

neuen Heim
Franz Jägerstätter ist im Gebäude des ehemaligen Ursulinenklosters auf der vormaligen (und heutigen) Linzer Landstraße inhaftiert. Absender auf dem Briefumschlag: F. J. Standort Kommandantur, Linz, Freiheitsstr. 30, Abt. I b

uns 5 Mann
Haftgenossen in Linz waren die Franzosen Gregoire Breit, Lucien Weyland, die wegen Eidesverweige-

rung verurteilt wurden, aber dann doch an die Front gingen; sowie ein Albert Baul. Offensichtlich hat F. J. gar nicht mit dem Überleben nach dem Aussprechen der Verweigerung gerechnet, denn er hat die notwendigsten Gebrauchsgegenstände nicht mitgenommen.

(66)
An Frau vom
5. 3. 1943

Zeugenaussage
Franziska Jägerstätter wurde während der NS-Zeit nie über ihren Mann einvernommen. Peinliche Befragungen hatte sie erst durch die Behörden der 2. Republik zu erleiden, als sie um eine Witwenpension ansuchte.

Herr Pfarrer
Seit 20. 8. 1940 war Ferdinand Fürthauer Pfarrprovisor in St. Radegund und blieb dort bis zum 1. 7. 1945.

unter Illegale
Wurden Mitkämpfer aus der „Verbotszeit" (1934—1938), ehemalige illegale Nazis, zu Konkurrenten oder sonstwie mißliebig, wanderten sie wie die Gegner ins Gefängnis.

(68)
An Frau vom
12. 3. 1943

daß die kleine Rosl schon so große Opfer bringen kann
Franziska berichtet im Brief vom 7. März, daß die sechsjährige Tochter Rosa dem Jesukind zuliebe Opfer bringt, wie auf das von ihr so geschätzte Fleisch verzichtet; Franziska betont: „Hätte es ihr aber nicht angeschafft."

Hafer bauen
bauen umgangssprl. für „säen"

keine Briefmarken
Es genügte der Vermerk „Feldpost“

(69)
An Frau vom
19. 3. 1943

Wachter von Ach
Franziska schreibt am 14. 3., daß dieser Mann gefallen sein soll.

Ist der Pate Franz noch in Braunau?
Cousin und Patensohn Franz Huber, seit Frühjahr 1942 bei der Wehrmacht, am 27. 9. 1942 vor Stalingrad verwundet, daraufhin in Lazaretten im Jänner 1943 wieder in Braunau beim „Stamm Jäger Ers. Batl. II“

(70)
An Frau vom
25. 3. 1943

mit dem Wasser
Am 18. 3. schreibt Franziska, daß sie seit 14 Tagen beim Nachbarn das Wasser holen müsse, weil der Brunnen kein Wasser mehr liefere.

wo der Vater ist
Franziska und Rosalia Jägerstätter ließen anfangs Nachbarn und Kinder im Glauben, Franz sei eingerückt wie alle anderen.

Kongregationsfest
Franz ist wie seine Frau Mitglied der Marianischen Kongregation, einer kirchlichen Vereinigung, die auf Apostolat und Marienverehrung ausgerichtet war.

die Kommunionbitten
Im Zusammenhang mit der Herz-Jesu-Frömmigkeit war und ist es kirchlicherseits empfohlen, einmal im Monat die Kommunion im Geist der Sühne zu empfangen und dabei der Gebetsanliegen des Papstes zu gedenken. Am 1. April 1943 schreibt Franziska die entsprechende Bitte für den Monat April:

„Herz Jesu, Du Wohnsitz der Gerechtigkeit und Liebe, verleihe uns Klugheit Gerechtigkeit, Mäßigkeit und Starkmut. Amen." Am 6. Mai schreibt sie: „Herz Jesu, Du Abgrund aller Tugenden, schmücke uns mit denselben und mit allen Tugenden unseres Standes! Amen."

Brief von Krenn
Im Brief vom 7. 3. berichtet Franziska, daß sie am 28. 2. einen Brief an Franz an die Adresse Krenns geschrieben hätte; dieser dürfte den Brief jedoch nicht weitergeschickt haben. Am 23. 3. 1943 schreibt Pfarrer Krenn an Franziska J., die ihm von der Bereitschaft ihres Mannes zur Sanität geschrieben hatte, daß er erst dorthin schreiben würde. Krenn hatte bis Kriegsende Gestapo-Hausdurchsuchungen zu erleiden.

Lang
Nachbarhof, Schreibname Eckinger

Rosl Tochter Rosalia, geb. 1. Sept. 1937
Maridl Tochter Maria, geb. 4. Sept. 1938
Loisi Tochter Aloisia, geb. 5. Mai 1940

schon noch zusperren lassen
Franziska schreibt am 21. 3.: „. . . der Loisi geht es schon zu lange her, heute hätt sie mir die Haustüre nicht mehr zusperren lassen und sagte unter Tränen: ‚Vater wird ja doch einmal heimkommen, dann kann er nicht herein.'" Die jüngste Tochter Loisi war damals noch nicht ganz drei Jahre alt.

(71)
An Frau vom
4. 4. 1943

wegen besuchen
In einem Brief von Anfang April erkundigt sich Frau Jägerstätter nach den Besuchsmöglichkeiten.

beim Bleikner erkundigen
Bleikner, Nachbarhof, Schreibname Hofbauer, der Sohn Johann Hofbauer wurde am 30. 10. 1941 ohne Angabe von Gründen als Pfarrer von Burgkirchen verhaftet, bis 4. 4. 1945 in Haft.

3 Orangen
sie waren als Besonderheit für den Schmuck der Palmbuschen; Frau Franziska bedankt sich am 11. 4. im Namen der Mädel, die eine riesige Freude hatten: „. . . wir konnten uns nicht denken, wo Du diese Orangen bekommen hast, sollst es doch Du selber gegessen haben“.

(72)
An Frau vom
9. 4. 1943

heute ein Meßopfer
Franziska hatte zum Hochzeitstag eine Messe bestellt.

(73)
An Frau vom
11. 4. 1943

schlimme Tage . . . mit dieser Witterung
Am 4. 4. schreibt Franziska, daß das stürmische und kalte Wetter ihrem „Lüngerl gar nicht behagt“.

(74)
An Frau vom
18. 4. 1943

Eier scheiben
Im Innviertel gibt es den Osterbrauch des Eierscheiben, die Eier werden an Rechenstielen entlang gerollt, Sieger ist der, dessen Ei am weitesten kommt.

(75)
An Frau vom
25. 4. 1943

ein Priester versprochen
Am Gründonnerstag 1943 besuchte der Priester Franz Baldinger Franz Jägerstätter; in der Nr. 34 vom 25. August 1963 des Linzer Kirchenblattes erinnert er sich an den Besuch und an Jägerstätter

als „sehr frommen und konsequenten Menschen“, der seiner Familie sehr zugetan war.

daß Ihr auch für unser liebes Gotteshaus noch Opfer bringt
Im Brief vom 18. 4. berichtet Franziska, daß sie in Burghausen die schönsten Blumen für den Kirchenschmuck bekommen hat; das heilige *Grab* an den Kartagen war über und über mit Blumen geschmückt. Die Frau schreibt auch, daß sie die Kirche gründlich sauber gemacht haben.

(79)
An Frau vom
5. 5. 1943

gegen niemanden Rachegedanken
Nach Dietrich Bonhoeffer, der zur gleichen Zeit in Berlin Tegel inhaftiert war, war die Behandlung insbesondere der Neuzugänge sehr brutal.

am 6. Juni nicht bei Euch
Zu diesem Termin ist in St. Radegund „Kirtag“, Kirchweihfest, das wichtigste Familienfest in dieser Region mit vielen Besuchen und der üppigsten Küche des Jahres (Fleisch und viele Arten von Schmalzgebackenem). Über die Ostereinladung schreibt Franziska: „Die welche Du zu Weihnachten eingeladen hast, waren auch heute Mittag zu Gast, auch Pate Franzl“ (25. 4. 1943).

schreibe an meinen Kameraden Albert Baul
Diese Aufforderung mag bewirkt haben, daß die Berliner Zensur den Brief, wie die Stempel auf dem Briefumschlag zeigen, zuerst nach Linz gesandt hat. Den Briefkontakt zwischen den Zellengenossen dürften die Behörden aber nicht zugelassen haben.

Einen schönen Gruß auch an Br. Mayer
Rudolf Mayer lernte Franz Jägerstätter während der Militärdienstzeit in Enns kennen, mit ihm zusammen

wurde er am 8. Dezember 1940 in Enns in den Dritten Orden des Hl. Franziskus eingekleidet, daher Bruder, Ordensbruder.

(80)
An Frau vom
6. 6. 1943

diese kleinen Störungen des Magens
Franziska Jägerstätter sieht im vielen Fasten die Ursachen für die Magenschmerzen ihres Mannes.

Frau Kirsch hat mir geschrieben
Frau Theresia Kirsch, geb. Auer, war Mutter der 1933 geborenen Tochter Hildegard.

(81)
An Frau vom
8. 7. 1943

Marktbürger
Zwischen 1943 und 1945 verlor die Gemeinde St. Radegund die Selbständigkeit und wurde dem „Markt" Ostermiething eingemeindet.

ohne Schröpfen
Der Schwiegervater Lorenz Schwaninger berichtet im Brief vom 20. 5. 1943, daß ihm der Arzt vom Schröpfen, das ist Ansetzen von Blutegeln, abgeraten habe.

wenn Du meine Leute nicht zuviel antreibst
Der Schwiegervater klagt im selben Brief, daß es mit der Arbeit bei ihm nicht mehr so gut ginge, wie vor zwei Jahren.

hoffe bis dorthin auf eine endgültige Entscheidung
Zwei Tage vor Abfassung dieses Briefes, am 6. Juli 1943 wurde Franz Jägerstätter zum Tode verurteilt wegen Wehrkraftzersetzung. Die „Bestätigung" des Urteils stand allerdings noch aus, dies wäre wohl die „endgültige" Entscheidung gewesen. Die Bestätigung erfolgte am 14. Juli, wurde Franz Jägerstätter aber erst am Hinrichtungstag mitgeteilt.

(82)
An Frau vom
8. 8. 1943

vier Wochen, daß wir uns wiedersahen
Auf Anregung des Pflichtverteidigers Feldmann kam Franziska Jägerstätter am Montag, dem 12. Juli 1943, nach Berlin und konnte eine schwache halbe Stunde ihren Mann sehen. Sie war in Begleitung von Pfarrvikar Fürthauer, der fast die ganze Zeit über versuchte, Jägerstätter sein Vorhaben auszureden.

nicht wenig das „Gegrüßet seist du Maria" über meine Lippen rollt . . .
F. J. spielt auf die Passage „bitte für uns arme Sünder jetzt und in der Stunde unseres Absterbens" an.

die neun Herz-Jesu-Freitage halten
Nach der hl. Margareta Maria Alacoque sind denen besondere Gnaden für die Sterbestunde versprochen, welche neun Monate hintereinander am Herz-Jesu-Freitag die Sühnekommunion (für die Sünden der Welt) empfangen. Im Linzer Diözesangebetbuch „Vater unser" (1940) ist die H.-J.-Frömmigkeit betont.

Sorget auch nicht so ängstlich ums Irdische
Familie Jägerstätter war in Sorge, daß ihr nach einer Verurteilung der Hof weggenommen werden könnte.

Von Bruder Mayer hab ich auch vor kurzem einen sehr trostreichen Brief erhalten
In einem mit 12. Juli 1943 datierten Brief schildert Rudolf Mayer die Kriegsgreuel an der zusammenbrechenden Ostfront. Er beneidet F. J. um die Zeit, die dieser zum Beten hat. Jetzt bestätigt der Freund die Entscheidung: „Du weißt, daß Christus sagte im Evangelium, Maria hat den besten Teil erwählt, der ihr nicht genommen werden kann. Wie es schon

Gott wohlgefällig ist, den Nächsten zu helfen in diesem Leben, so war Gott Maria Magdalena doch wohlgefälliger in seiner (ihrer) Andacht. „Vgl. Lk 10,38ff; es handelt sich um Maria, die Schwester von Lazarus und Martha, nicht um M. Magdalena.

daß er noch vor mir in die Ewigkeit abberufen werden könnte.
Nach einem Brief von Maria Mayer an Frau Jägerstätter ist Rudolf Mayer seit 12. August 1943 vermißt, er sollte unverwundet in russische Gefangenschaft gekommen sein. Doch die Frau konnte nie mehr etwas von ihrem Mann erfahren, er dürfte tatsächlich wenige Tage nach Jägerstätter gestorben sein.
Der Brief vom 8. 8. schließt ohne Unterschrift; am 9. wäre wieder Postabgabetermin gewesen. Doch es sollte der letzte Lebenstag für F. J. sein, an dem er seinen Abschiedsbrief schreiben muß.

---

(83)
Abschiedsbrief

Inhaltlich sind viele Parallelen zum Brief vom Vortag, Erklärungen siehe dort.

Aufzeichnungen aus der Zeit nach der Verurteilung

In Berlin darf Franz Jägerstätter nur einmal im Monat einen kurzgefaßten Brief an seine Familie abgeben.
Seit der Verhandlung am 6. Juli war der zum Tod Verurteilte Tag und Nacht gefesselt, dennoch dürfte es ihm möglich gewesen sein, noch zu schreiben, ab nun in winzigen Buchstaben.
Die Aufzeichnungen richten sich z. T. direkt an die Familie mit einer persönlichen Anrede, aber auch wenn sie keine Anrede enthalten, sollen sie dieser die Grundlagen der Entscheidung des Ehemannes und Sohnes darlegen.

Zu den zentralen Themen gehört die Frage nach der Sünde wie in (84) und weiters die Überzeugung, daß der, der sich nach den Forderungen des Glaubens richtet, langfristig besser daran ist.

(85) Aus (85) geht hervor, daß Franz Jägerstätter mit einem Eid erneut dem Führer Gehorsam hätte versprechen können und so möglicherweise sein Leben retten. Pflichtverteidiger Feldmann schreibt an den Pfarrer von St. Radegund, daß unter diesen Umständen ein „Wiederaufnahmeverfahren anhängig gemacht“ werden könne.

Gruß auch noch an Hilda,
1933 geborene, uneheliche Tochter Hildegard Auer. Dieser Brief ist auf dem allerdings nie gefalteten Karton eines „Kartenbriefes“ im Format DIN A 5 geschrieben; mit einem dicken Rotstift sind 14 auf den beiden Seiten eingezeichnet. Nach Franziska Jägerstätter ist der Brief aus Berlin so an sie gekommen.

(86) Auch dieser Text ist mit winzigen Buchstaben auf den Karton eines „Kartenbriefes“ geschrieben.

(87) Diese Worte schreibt Franz Jägerstätter auf die freie Rückseite und weiter dann auf dem freien Raum auf der Vorderseite eines Briefes von „Kaplan“ Josef Karobath an ihn. Der Brief von Karobath ist mit 20. 7. 1943 datiert. Nach seinem Kalender hat Jägerstätter in Berlin die Briefe etwa 10 Tage nachdem sie geschrieben waren erhalten; somit wurden diese Zeilen in der ersten Augustwoche, in den letzten Lebenstagen, geschrieben. Inhaltlich dürften sie sich auf die Vorhaltungen beziehen, die Vikar Fürthauer und Franziska Jägerstätter beim Besuch in Berlin am 12. Juli gemacht hatten.

daß ich betreffs meinem Fall als Katholik nicht der erste bin
Pfarrer Kreutzberg, der Jägerstätter im Berliner Gefängnis mehrmals besucht hatte, schreibt am 18. 2. 1946 an Franziska Jägerstätter, daß er ihrem Mann von der sehr ähnlichen Entscheidung des Tiroler Pallottiner-Paters Franz Reinisch erzählt hatte: „Ich habe kaum einen glücklicheren Menschen gesehen im Gefängnis als Ihren Mann nach den wenigen Worten über Franz Reinisch."

durch dies lange
Am Ende der Seite bricht dieser Satz so ab.

(Dezember 1932)

Zwei Gedichte aus dem Jahre 1932

Dieser Text findet sich auf der Rückseite eines mit Oktober 1932 datierten Werbeprospekts.

Brief an den Patensohn

Lieber Franz . . . keinen Vater mehr
Franz Huber ist 1923 als siebtes von zehn Kindern der Eheleute Johann und Anna Huber geboren. Sein Vater ist der Bruder von Rosalia Jägerstätter, der Mutter seines Firmpaten Franz Jägerstätter. 1932 stirbt Johann Huber. Sein Sohn Franz kommt auf den wesentlich größeren Hof der Tante Rosalia. Bereits als Zwölfjähriger muß Franz den Jägerstätter-Hof auf Anraten des Arztes wieder verlassen, da die Cousine Loisi an Lungentuberkulose erkrankt war.
Im Innviertel ist es Brauch, daß der Firmgöd (Pate) sein Patenkind nach Verlassen der Schule

„aussteuert“, in der Form eines größeren, letztmaligen Geschenkes. Dieser Brauch dürfte der Anlaß für den sonst kaum üblichen Patenbrief gewesen sein. Er ist in der Zeit um 1935 entstanden.

daß ein solches gefallen ist
Am 1. August 1933 wurde Franz Jägerstätter Vater einer unehelichen Tochter.

Heft 1

Auf dem ersten Blatt dieses Heftes findet sich ein Inhaltsverzeichnis, auf dessen Rückseite die Widmung „Meinen Lieben“.

I, 4 *das Anwenden*
Traditionelle Naturheilkunde, Gebete und magische Praktiken sollen Krankheiten und Unheil von Mensch und Tier fernhalten.

I, 29 *„Martin Brugers Lehr- und Exempelbuch“*
Martin Pruggers Lehr- und Exempelbuch, worin der vollständige Katechismus oder die christkatholische Lehre leichtfaßlich vorgetragen, sowie auch mit verschiedenen schönen Exempeln, Gleichnissen und Sprüchen aus der heiligen Schrift und HH. Vätern erklärt und bekräftigt ist.
20. durchaus verbesserte Auflage, (o. J.), hg. von Simon Buchfelner, Augsburg. (1. Auflage 1724)
Auf dem rückwärtigen Buchdeckel: Gelesen von Franz Jägerstätter im Winter 1937–1938. Empfehle es jedem zu lesen.

I, 34 *Stephanus*
Vom Diakon und Märtyrer Stephanus ist kein

solcher Ausspruch überliefert; möglicherweise bezieht sich Jägerstätter auf den Heiligen dieses Namens, der im 8. Jhdt. in Konstantinopel lebte und dort Verfolgung und Kerker erlitt.

I, 65 *so wird er bald von seinem Posten verschwinden müssen*
Pfarrer Karobath von St. Radegund hatte nach seiner Verhaftung wegen einer „aufreizenden" Predigt ab 1940 „Kreisverbot" für den Bezirk Braunau.

I, 66 *die Laien mit der Hl. Schrift zu versehen*
Die von Klosterneuburg und Stuttgart ausgehende Bibelbewegung erreichte offensichtlich das abgelegene St. Radegund.

Heft 2

2, 1 *ein Sozialdemokrat kann unmöglich auch Katholik sein*
Am 1. März 1930 veröffentlichte Bischof Johann Gföllner in Linz (LDbl. 1930/41ff) einen Hirtenbrief über den Kommunismus. Dieser Brief war in allen Kirchen zu verlesen. Er schließt mit einem Hieb gegen die österreichischen Sozialdemokraten: „Ganz nach russischem Muster sucht man auch bei uns die Religion aus dem öffentlichen und privaten Leben zu verdrängen . . . Vor allem aber sucht man die Jugend schon vom zarten Kindesalter an der Religion zu entfremden, mit Verachtung gegen Priester und Kirche zu erfüllen, vom katholischen Hochfeste des heiligen Fronleichnam künstlich fern zu halten, ihr im gottlosen Geist der ‚sozialistischen Kinderfreunde' Gotteshaß und Kirchenhaß einzuimpfen . . . Ähnlich wie in Rußland leugnete

man auch bei uns von sozialistischer Seite jeden Terror ab, trotz offenkundigster Tatsachen und Beweise. Wer darum den Sozialismus fördert, fördert indirekt den Bolschewismus. Kein überzeugter Katholik, dem es mit seinem Glauben voller Ernst ist, kann daher ein Freund und Anhänger des Sozialismus sein."

Im Anschluß an den Hirtenbrief ist in derselben Nummer des Linzer Diözesanblattes (1930/49ff) eine „Kundgebung des österreichischen Episkopates zur derzeitigen Kontroverse über soziale Fragen" abgedruckt. Darin wiederholen die Bischöfe eine Distanzierung vom „Bund der religiösen Sozialisten" weil diese das Festhalten der Kirche am „christlichen Eigentumsbegriff" als „Begünstigung ‚des Kapitalismus und aller Ungerechtigkeiten, die mit diesem wirtschaftlichen System in Zusammenhang gebracht werden'" kritisierten.

In dieser Kundgabe des Episkopates findet sich ein Absatz fettgedruckt; er sei hier wiedergegeben, weil zehn Jahre später Franz Jägerstätter in genau dieser Mentalität die Berechtigung abgesprochen wurde, die politischen Zusammenhänge selbständig zu beurteilen. Nach dem Hinweis darauf, daß die Päpste seit Leo XIII. den Bischöfen die Behandlung und Forschung über die sozialen Fragen besonders ans Herz gelegt haben und aus der Tatsache, daß Benedikt XV. den Priestern eben das Studium dieser Problematik empfohlen hatte, folgern die österreichischen Bischöfe, daß nur Priester darüber etwas zu sagen haben: „Dieser kirchlichen Auffassung widerspricht es jedenfalls, wenn Laien als Schriftsteller sich befugt erachten, in Fragen der Moraltheologie und der christlichen Ethik als Wortführer und gar als Schiedsrichter über bischöfliche Kundgebungen aufzutreten und

Weisungen der kirchlichen Obrigkeit nicht beachten zu müssen vorgeben."

2, 3 *N.S.D.A.P.* Nationalsozialistische Deutsche Arbeiter Partei

N.S.W. müßte wahrscheinlich N.S.V. heißen: Nationalsozialistische Volkswohlfahrt

N.S.F. Nationalsozialistische Frauenschaft, diente als Gliederung der NSDAP der ideologischen Schulung und karitativen Aufgaben

H.J. Hitlerjugend, Parteiorganisation mit Pflichtcharakter für Kinder zwischen 10 und 18 Jahren, Hauptaufgabe ideologische Schulung

2, 4 *einer nationalen Gliederung angehören*
für die Ausübung vieler Berufe war die Mitgliedschaft bei der Partei-Standesorganisation Bedingung

rote Büchse
17,5 cm hohe, rot lackierte Blechbüchse für Parteisammlungen

2, 5 *In Mautern*
Im Zuge seines Dienstes in der Deutschen Wehrmacht kam Franz Jägerstätter am 2. März 1941 mit einem Pferdekonvoi durch Mautern an der Donau.

W.H.W.
Das Winterhilfswerk, die nat.-soz. Hilfsorganisation, sammelte auf propagandistisch wirksame Art Spenden zur Verteilung an Hilfsbedürftige.

Der Führer will also ständig sein Volk prüfen
In einem „streng vertraulichen Rundschreiben" Martin Bormanns, Reichsleiter der SS, vom 6. Juni

1941 zum Thema Nationalsozialismus und Christentum heißt es: „Nationalsozialismus und christliche Auffassungen sind unvereinbar . . . Aus der Unvereinbarkeit nationalsozialistischer und christlicher Auffassungen folgt, daß eine Stärkung bestehender und jede Förderung entstehender christlicher Konfessionen von uns abzulehnen ist. Ein Unterschied zwischen den verschiedenen Konfessionen ist hier nicht zu machen . . . weil die *E*vangelische Kirche uns genauso feindlich gegenübersteht wie die *K*atholische Kirche. Jede Stärkung der Evangelischen Kirche würde sich lediglich gegen uns auswirken . . . Zum ersten Male in der deutschen Geschichte hat der Führer bewußt und vollständig die Volksführung selbst in der Hand. Mit der Partei, ihren Gliederungen und angeschlossenen Verbänden hat der Führer sich und damit der deutschen Reichsführung ein Instrument geschaffen, das ihn von der Kirche unabhängig macht. Alle Einflüsse, die die durch den Führer mit Hilfe der NSDAP ausgeübte Volksführung beeinträchtigen oder gar schädigen könnten, müssen ausgeschaltet werden. Immer mehr muß das Volk den Kirchen und ihren Organen, den Pfarrern, entwunden werden. Selbstverständlich werden und müssen die Kirchen, von ihrem Standpunkt betrachtet, sich gegen diese Machteinbuße wehren. Niemals aber darf den Kirchen wieder ein Einfluß auf die Volksführung eingeräumt werden. Dieser muß restlos und endgültig gebrochen werden.“
(Walter Hofer, Der Nationalsozialismus, Fischer Tb. S. 160)

2, 6/7 *am 10. April . . . und ihnen so zu einem fast hundertprozentigen Wahlsieg zu verhelfen*

2, 20 *der unglückselige 10. April 1938. Dort ließ sich die Kirche Österreichs gefangennehmen*

„Verlautbarung von der Kanzel am Sonntag, 27. März 1938. Nach eingehenden Beratungen haben Wir Bischöfe von Österreich angesichts der großen geschichtlichen Stunde, die Österreichs Volk erlebt, und im Bewußtsein, daß in unseren Tagen die tausendjährige Sehnsucht unseres Volkes nach Einigung in einem großen Reich der Deutschen ihre Erfüllung findet, uns entschlossen, nachfolgenden Aufruf an alle unsere Gläubigen zu richten.

Wir können das umso unbesorgter tun, als uns der Beauftragte des Führers für die Volksabstimmung in Österreich, Gauleiter Bürckel, die aufrichtige Linie seiner Politik bekanntgab, die unter dem Motto stehen soll: ‚Gebet Gott, was Gottes ist, und dem Kaiser, was des Kaisers ist.'

Aus innerster Überzeugung und mit freiem Willen erklären Wir daher anläßlich der großen geschichtlichen Geschehnisse in Deutsch-Österreich: Wir erkennen freudig an, daß die nationalsozialistische Bewegung auf dem Gebiete des völkischen und wirtschaftlichen Aufbaues sowie der Sozialpolitik für das deutsche Reich und Volk und namentlich für die ärmsten Schichten des Volkes Hervorragendes geleistet hat und leistet. Wir sind auch der Überzeugung, daß durch das Wirken der nationalsozialistischen Bewegung die Gefahr des alles zerstörenden gottlosen Bolschewismus abgewehrt wurde. Die Bischöfe begleiten dieses Wirken für die Zukunft mit ihren besten Segenswünschen und werden auch die Gläubigen in diesem Sinne ermahnen. Am Tage der Volksabstimmung ist es für uns Bischöfe selbstverständliche nationale Pflicht, uns als Deutsche zum deutschen Reich zu bekennen, und Wir erwarten auch von allen gläubigen

Christen, daß sie wissen, was sie ihrem Volke schuldig sind.

Für die Wiener Kirchenprovinz
gez. Kardinal Innitzer
Für die Salzburger Kirchenprovinz
gez. Fürsterzbischof Waitz."

Der von der Diözese Linz verbreitete Text ohne Unterschrift von Bischof Gföllner, Original im Pfarrarchiv Ostermiething.

2, 16 *die nicht irre wurden und zu diesem unglückseligen „Ja" zu bewegen waren*
Jägerstätter stimmte am 10. April 1938 mit „Nein", doch dieses wurde unterschlagen. Von Seite der Gemeindeleitung gab es immer wieder Bemühungen, ihn zu einem Mindestmaß an Beteiligung am neuen System zu überreden.

2, 20 *der unglückselige 10. April 1938*
siehe 2, 6/7

2, 23 *Kinderseelen zu morden*
In „Oberdonau" war ab Sommer 1941 religiöse Betreuung mit Ausnahme des Erstkommunionunterrichtes für Kinder unter 10 Jahren generell verboten, für ältere Kinder stark eingeschränkt.

2, 28 *gegenseitig zerfleischen müssen, die doch ein und dasselbe Ziel vor Augen*
In diesem Fall übernimmt Franz Jägerstätter die folgende Passage nicht ins Heft (II, 21):
Es ist ja schon fast wie ein Wunder Gottes anzusehen, daß sich zwei Mächte gegenseitig zerfleischen müssen, die doch ein und dasselbe Ziel vor Augen haben, anstatt gemeinsam und mit vereinten Kräften ans Werk zu gehen? Durch diese

Uneinigkeit und Gehässigkeit dieser antichristlichen Völker kann es leicht vorkommen, daß Gott noch lange nicht auffallend eingreifen wird, denn sie werden sich vielleicht gegenseitig so zerfleischen und verbluten, daß sie zu schwach werden, den Endsieg zu erleben. Der seligen Katharina Emmerich wurde geoffenbart, daß um die Jahre 50—60 vor dem Jahre 2000 auch Luzifer freigelassen wird, andre Teufel sollen schon früher freigelassen werden.
Ein Beweis, daß uns keine Kleinigkeit bevorsteht und daß der Kampf um S e i n oder Nicht-S e i n der Kirche schon begonnen und niemand wird in diesem Kampfe einen Drückeberger spielen können, „entweder für Christus oder gegen Christus!"
Heiliges Kreuz, du Siegeszeichen,
selig, wer auf dich vertraut.
Glücklich wird sein Ziel erreichen,
wer auf dich im Kampfe schaut.
(3. Str. des Liedes Gotteslob Nr. 820)

2, 29 *weil doch damit der Bolschewismus ausgerottet wird*
Im Zeitschriften-Dienst, den höchst geheimen und verpflichtenden Richtlinien des Propagandaministeriums für Hauptschriftleiter von Zeitschriften, 113. Ausgabe vom 27. 6. 1941, wurde für den Rußlandkrieg festgelegt, daß er als „alle vom Bolschewismus Unterdrückten befreien" bezeichnet werden muß. Jägerstätter durchschaut die Propaganda und benennt das, was zu schreiben ausdrücklich verboten war.

Am 27. November 1941 beschließen die „Bischöfe der Ostmark" in Wien einen Hirtenbrief zum Thema: Krieg und Bolschewismus. Einleitend wehren sich die Bischöfe mit Zitaten aus päpstlichen Verlautbarungen gegen den Vorwurf, „daß die

katholische Kirche in dem gegenwärtigen(!) Kampfe gegen den Bolschewismus ein auffallendes Schweigen bewahre."
So wie die Kirchenverfolgung der Bolschewisten geschildert ist, liegt es nahe, an die Parallelen im Nationalsozialismus zu denken. Soziale Gerechtigkeit und Liebe wird als Hilfsmittel gegen die Irrlehre und Macht des Kommunismus aufgezeigt.
Aus dem Rundschreiben Pius XI. „Über den atheistischen Kommunismus" vom 19. 3. 1937 zitieren die Bischöfe unter anderem ausführlich aus dem Schlußteil: „Nochmals stellt der Papst als einzig sichere Grundlage aller staatlichen und gesellschaftlichen Ordnung fest: Ohne Anerkennung der Autorität der göttlichen Majestät gibt es auch auf Erden keine Autorität; kein Eid hat Geltung, wenn er nicht geschworen wird im Namen des lebendigen Gottes; Verträge und Abmachungen besitzen keine bindende Kraft, wenn es keine Garantie durch das Gewissen gibt; von einer Garantie durch das Gewissen kann aber keine Rede mehr sein, wo der Gottesglaube und die Gottesfurcht geschwunden sind; mit dieser Grundlage steht und steigt (!) jedes Sittengesetz."
Obwohl im Text der Bischöfe die Passagen aus dem päpstlichen Dokument unter Anführungszeichen stehen ist der Text zum Teil verändert und interpretiert. So heißt es im Originaltext: „. . . denn das Übel, das es zu bekämpfen gilt, ist vor allem, in seinem Quellgrund betrachtet, ein Übel geistiger Natur, und eben nur aus dieser Quelle entspringen aus teuflischer Folgerichtigkeit alle die Ungeheuerlichkeiten des Kommunismus. Nun nimmt aber unter den moralischen und religiösen Mächten die katholische Kirche unbestreitbar den ersten Rang

ein; und so verlangt das Wohl der Menschheit, daß man ihrer Tätigkeit keine Hindernisse in den Weg lege.“
Dies war schon 1937 gegen die nationalsozialistische Kirchenpolitik gerichtet. 1941 machen die „Ostmark“-Bischöfe daraus: „Die ungeheuerlichen Übel des Kommunismus entspringen einem Quell geistiger Irrungen und können daher nur mit geistigen Waffen endgültig und von Grund auf bekämpft werden. Unbestreitbar nimmt unter den moralischen und religiösen Mächten die katholische Kirche den ersten Rang ein.“ (Sperrung im Original)

2, 32 *Abschüttlung der Schulden*
Bereits am 9. Juni 1933 wurden Zinszahlungen von Deutschland an das Ausland wegen „Devisenmangels“ z. T. eingestellt.

2, 41 *von echt illegalen Parteigenossen, die seinerzeit trotz Verbot für ihr Ideal, für ihre nationalsozialistische Weltanschauung gekämpft,*
Ab 19. Juni 1933 war die Nationalsozialistische Partei in Österreich verboten, zahlreiche nunmehr illegale Mitglieder inszenierten Gewaltakte und kamen auch dafür ins Gefängnis.

2, 54 *„Wie glücklich ist der Christ“*
Schluß der 3. Strophe des Meßliedes „Hier liegt vor deiner Majestät“, Text: Franz Kohlbrenner 1777, Melodie: Michael Haydn 1795, Gotteslob 801,3.

2, 60 *Nationalsozialismus . . . gefährlicher als Kommunismus*
Im März 1937 erließ Papst Pius XI. zwei Rundschreiben, eines über den Nationalsozialismus,

eines über den Kommunismus. Bischof Gföllner ließ nur das gegen den Nationalsozialismus gerichtete von allen Kanzeln der Diözese in einer gestrafften Fassung verlesen mit dem Hinweis: „. . . endlich sind die Gefahren, denen die Kirche in Deutschland ausgesetzt ist, auch unsre eigenen Gefahren . . ."
(Linzer Diözesanblatt 1937/49f)
Ausdrücklich schärft Bischof Gföllner den Eltern ein, die Kinder von den damals noch illegalen Organisationen der Nationalsozialisten fernzuhalten. Im selben Hirtenbrief wiederholt der Bischof den schon am 21. Jänner 1933 geschriebenen Satz: „Es ist unmöglich, gleichzeitig guter Katholik und wirklicher Nationalsozialist zu sein".
(Linzer Diözesanblatt 1937/55f)

2, 64 *Von den gefährlichen Waffen*

Im Hirtenbrief vom 26. Juni 1941 beklagen die Erzbischöfe und Bischöfe Deutschlands die Einschränkungen in der Kinderseelsorge und im Religionsunterricht und betonen die stärkere Verpflichtung der Eltern unter den neuen Umständen. „Nun gilt für Euch, christliche Eltern, das streng verpflichtende Gottesgebot, selbst die Religionslehrer Eurer Kinder zu werden." In der Diözese Linz war dieser Hirtenbrief am 6. Juli zu verlesen.

Lose Blätter

II, 1	*Tauet Himmel den Gerechten* Beginn eines beliebten Adventliedes (Gotteslob Nr. 812)
II, 3	*hl. Elisabetha, Äbtissin des Klosters zu Schönau bei Bingen* Elisabeth von Schönau (1129—1164), visionär begabte Ordensfrau, ihre Schriften waren im Mittelalter weit verbreitet, wurden aber nie offiziell anerkannt.
II, 31	*Fügt man ihnen aber in den Briefen öfters christliche Ermahnungen . . . bei* Beispiele solcher Ermahnungen sind die Briefe vom 30. 11. 1941 an Hans Rambichler und vom 30. 8. 1942 an Franz Huber.
(. . . nach diesem Krieg)	*die nationalsozialistische Gefahr für uns noch gefährlicher* Die Enzyklika Pius XI. „Mit brennender Sorge" wurde in der Diözese Linz mit dem Hinweis darauf verbreitet, daß „die Gefahren, denen die Kirche in Deutschland ausgesetzt ist, auch unsre eigenen Gefahren" seien. (Linzer Diözesanblatt 1937/49f)
Zur geistigen Betrachtung	Dieser Text ist zeitlich schwer einzuordnen. Das Papier auf dem er geschrieben ist, ist von sehr schlechter Qualität. Bei diesem Text ist auch nicht auszuschließen, daß er abgeschrieben wurde.

10 Fragen

Diese kurzgefaßten Fragen sind von Jägerstätter dreimal geschrieben, in einem Fall findet sich eine weitere (elfte) Frage angefügt.

Heft 3

7 Fragen
Diese Fragen finden sich in einem aus drei Blättern bestehenden Heft. Der Text bricht unvermittelt ab.
Mit diesen Fragen dürfte sich Jägerstätter auf Gespräche und Auseinandersetzungen über sein Vorhaben, den Wehrdienst zu verweigern, vorbereitet haben.
Mit diesen Fragen aus seinem Gewissen ging der junge Bauer auch zu Bischof Fließer.
Mit denselben Argumenten begründete er bei den Vernehmungen durch die Wehrmachtsbehörden seine Verweigerung.

3, 4 *wenn also außer Kirchenaustritt ohnehin nichts mehr schlecht ist, was die Partei von uns Katholiken wünscht?*
Im gemeinsamen Hirtenbrief der Bischöfe Deutschlands vom 26. Juni 1941 heißt es:
„Es gibt aber auch heilige Gewissenspflichten, von denen uns niemand befreien kann, und die wir erfüllen müssen, koste es uns selbst das Leben: Nie, unter keinen Umständen, darf der Mensch Gott lästern, nie darf er seinen Mitmenschen hassen, nie darf er außerhalb des Krieges und der gerechten Notwehr einen Unschuldigen töten, nie darf er ehebrechen, nie lügen. Nie darf er seinen Glauben verleugnen oder sich durch Drohung oder

Versprechung verleiten lassen, aus der Kirche auszutreten. Wir erinnern die Katholiken, die meinen, aus irdisch-menschlichen Rücksichten aus der Kirche austreten zu können, an die eindringlichen Worte des Papstes Pius XI: ‚Hier ist der Punkt erreicht, wo es um Letztes und Höchstes, um Rettung oder Untergang geht, und wo infolgedessen den Gläubigen der Weg heldenmütigen Starkmutes der einzige Weg des Heiles ist. Wenn der Versucher an ihn herantritt, mit dem Judasansinnen des Kirchenaustrittes, dann kann er ihm nur — auch um den Preis schwerer irdischer Opfer — das Heilandswort entgegenhalten: Weiche von mir Satan, denn es steht geschrieben: Den Herrn Deinen Gott sollst Du anbeten und ihm allein dienen.'"

3, 6 *um das*
Der Text bricht hier unvermittelt ab.

Heft 4

Ein helloranges Heft trägt auf dem Umschlag den Vermerk: „Im Kerker geschrieben"
Auf den beiden ersten Seiten findet sich ein „Kalender für das Jahr 1943" in Franz Jägerstätters Handschrift. Er beginnt mit Mai und bezeichnet die einzelnen Wochentage. Neben den Daten, die mit seiner Anklage zu tun haben, wie am 24. Mai „Vernehmung" oder am 6. Juli „Verhandlung", finden sich die Feste des Kirchenjahres und die Tage, an denen er Post erhält. Ab 21. Mai finden sich Ziffern bei den einzelnen Tagen mit Ausnahme der Sonntage und des Vernehmungstages („60, 65, 76, 94 . . . 200, 200, 181, 185"). Franz Jägerstätter kann Briefkuverts anfertigen, vielleicht sind das seine „Produktions-

zahlen"; jedenfalls sind am Verhandlungstag die letzten dieser Eintragungen. Ab 6. Juli war der zum Tod Verurteilte Tag und Nacht an den Händen gefesselt. Der Kalender ist bis Ende Juli geführt, am 22. heißt es „Brief erh. v. 13. VII.".
Den Textteil überschreibt Franz Jägerstätter:
„Was jeder Christ wissen soll"
Sodann folgen die Überlegungen zur Bibel, von Jägerstätter durchnumeriert von 1) bis 208). In den knappen Kommentaren von Punkt 1) bis 187) hat der Bauer eine unvergleichliche Ausdruckskraft. In den letzten 20 Punkten schreibt er Bibelstellen ab.
Im Gefängnis hatte der junge Bauer ein Exemplar der „Stuttgarter Kepplerbibel, neu bearbeitet von Prof. Dr. Peter Ketter", Stuttgart 1939, bei sich.

60), 70) *fehlende Nummern*
Jägerstätter numeriert wohl irrtümlich auf diese Weise.